모든 생명 하늘같이

이종명 목사 시와 에세이

신앙과지성사

발간사

이종명 목사의 『모든 생명 하늘같이』를 펴내며
– 1주기를 추모하면서

_ 전성환(아산YMCA 부이사장)

초봄 긴 겨울을 지나 아직 눈얼음이 뒤덮인 낙엽 속에서 가만히 피어난 복수초의 반짝이는 꽃잎처럼 반가운 사람.

우리의 벗, 故 이종명 목사가 하늘 여행을 떠난 지 벌써 1년이란 세월이 흘렀습니다.

광덕산 어둔골 참나무 도토리를 줍는 다람쥐도, 마리골 계곡 돌 틈에 사는 가재도, 송남초 냇가 웅덩이에 사는 구구리도, 평촌들 냇가에서 물장구치고 어죽을 쑤어먹던 아이들도, 송악동네 왁자지껄한 놀장축제에 모여든 어른들에게도 오랜 친구를 잃어버린 슬픔과 함께 나누었던 추억이 짙고 길게 드리워진 시간이었습니다.

돌이켜보면 그와 처음 만나 인연을 맺은 것은 29년 전 아산지역 첫 시민단체인 YMCA를 함께 세우자고 의기투합하면서부터입니다. 그의 진솔하고 담백한 성품에 반해 시골 마을 작은 교회인 송악감리교회 교인으로 출석하면서 낡은 복사기로 찍어낸 주보 앞면에 실린 이종명 목사님의 시와 산문 그리고 한 장의 사진은 저에게 온전한 묵상이자 기도였습니다.

언젠가 낡은 복사지가 아닌 번듯한 책으로 엮어서 선물로 드리면 좋겠다는 생각을 했었는데 이렇게 유고집으로 세상에 빛을 보내 될 줄은 꿈에도 몰랐습니다.

故 이종명 목사님의 추모문집 『모든 생명 하늘같이』를 출간하게 됨을 하느님께 감사드립니다. 이 책에는 30년 아산지역과 송악 땅에서의 지역사회 활동, 목회 여정에서 쓰신 시와 산문, 언론 기고글과 언론에서 취재하여 쓴 기사글, 그리고 30여 년간 그의 눈으로 마음으로 담아 온 송악의 사진 등 불나비처럼 살다 간 그의 삶의 흔적들을 담았습니다.

"산에 들면 모두가 흘러간다는 걸 알게 되지. 물, 달, 별, 바람 …
산에 들면(중략) 머물다 간다는 걸 알게 되지. 꽃, 나무, 산새, 너와 나
산에 들면(중략) 알게 되지. 함께 하는 순간, 함께 걷는 당신 얼마나 내게 소중한지."

삶과 죽음이 시작과 마지막 지점 사이에 존재하는 다양한 시간과 겹겹의 인연들이 모여있는 생명들의 서사로 채워진다는 걸 시인은 '산에 들면'이라는 시로 함축적으로 표현했습니다. 그가 청년 예수의 삶을 실천하고자 30년 전 아산 송악감리교회에 부임해 온 후 송악지역에 있는 600년 된 전통 마을인 외암리 민속마을 뒷산에 군부대가 들어선다는 소식에 외암민속마을군부대 반대운동에 나서고, 조선 초 청백리로 일컫는 맹사성고택이 있는 설화산 채석장 반대운동과 '광덕산지키는사람들'이라는 환경단체를 만들어 광덕산 임도설치 반대와 강당골 계곡 불법영업에 반대하

는 운동을 주도하고, '송악동네친환경농사연구회'를 만들어 송악지역을 전국에서 대표적 친환경 농업지구로 만드는데 일조한 것도, IMF 외환위기 이후 농촌 독거노인 반찬 배달 사업인 '오병이어사업'과 한부모가정, 조손가정 아이들을 돌보기 위해 '반딧불이지역아동센터'를 만들고, 지금은 전국적으로 마을교육과 혁신학교 운동의 모범이 된 송남초등학교 생태 선생님으로 마지막까지 함께 하신 것도 물, 달, 별, 바람… 꽃, 나무, 산새, 너와 나… 함께 걷는 당신… '모든 생명 하늘같이' 여긴 시인의 지독한 짝사랑 때문임을 알게 됩니다.

송악지역이 마을교육과 마을만들기, 혁신학교와 친환경 농업지역의 메카, 송악 동네 사람들과 고랑이랑 등 협동조합의 모범사례로 '아이부터 어르신까지 행복한 마을'로 전국적으로 유명세를 타면서 이종명 목사님은 자연스레 인싸(?)가 되셨습니다. 감리교단은 물론 장로회신학대학교 대학원사경회 강사로도 불려 다니시고 수도권 큰 교회의 청년회, 대학부 수련회 장소로 송악교회와 송악지역이 각광받기도 했습니다. 스페인 내전에 참여하는 등 불꽃처럼 살다 간 프랑스의 여성철학자 시몬느 베이유가 죽어가는 가운데 신부님으로부터 세례를 권유받았으나 자신을 알고, 삶을 나누었던 비기독교인 친구들이 자신을 낯설어할까 봐 세례를 받지 않고 죽음을 맞았던 것처럼 이종명 목사님과 송악교회는 그저 송악지역에 사는 사람들과 친구가 되고자 했습니다. 오늘날 기독교가, 교회가 잃어버린 친구를 찾는 것, 그것이 그분의 '하느님의 선교(Missio Dei)'였습니다.

그분은 강자에겐 한없이 강하고, 약자에겐 한없이 약한 분이었습니다. 이 땅의 불의와 부조리에는 분노하고, 소수자의 인권유린 앞에는 망설임 없이 앞장서서 싸우셨습니다. 외국인노동자와 소수자에겐 함께 연대의 촛불을 드는 동료였으며, 권력자들의 권력남용을 질책하고 호통치는 투사이자 예언자였습니다. 한편으론 어린아이들에게는 족대 들고 물장구치며 버들치며 피라미며 구구락지 잡아 어죽 끓여 먹던 다정한 개구쟁이 동무였고, 발달장애인들에게 유곡리 밭에서 시금치며 감자 캐며 생활공동체를 꿈꾸며 산 형제였고, 송악동네 골짝마다 홀로 계신 어르신들의 말벗이자 기댈 언덕이었습니다.

우리는 인생에서 우리가 맡은 역할을 의식하게 될 때, 비로소 우리는 행복해질 수 있습니다. 크기가 어떻든 상관없는 일입니다. 그것만이 삶과 죽음에 의미를 부여하기도, 평화롭게 살고 또 평화롭게 죽을 수 있도록 할 것입니다.

재를 치우며

네가 그토록 위대한 것은
이느 한순간 자신을 태워
누군가를 따뜻하게 해 주었기 때문입니다.
네가 그토록 소중한 것은
세상에 흩뿌려져
누군가의 밑거름이 될 것이기 때문이지.

하늘, 우주에 떠도는 시인의 언어들… 기억의 조각들…
함께 나누었던 기억들, 함께 겪었던 고통의 순간들, 엇나간 감정들…
이 모든 것이 더없이 소중합니다.
그는 우리에게 여운을 남기고 떠났습니다. 그는 우리에게 미련을 남기고 떠났습니다.

한그루 나무를 심든, 사회변혁의 길을 걸었든 세상을 조금이라도 살기 좋은 곳으로 만들어놓고 떠나는 것이 성공이라면 이종명 목사님은 진정 성공한 삶이었습니다.

"복되어라 의로움에 굶주리고 목마른 사람들…" (마 5:6)

차례

3 발간사

이종명 목사의『모든 생명 하늘같이』를 펴내며/ 전성환

POEM
1장 모든 생명

- 16 산에 들면
- 18 꽃으로 좋은 봄날은
- 20 땅을 파보면
- 22 봄꽃을 보았다
- 26 부끄러워하지 않는 한
- 29 개불알풀
- 32 속셈
- 35 꽃을 닮아
- 37 소망
- 39 매미
- 41 그저
- 43 평촌리 논두렁에서
- 45 상사화
- 48 송악골 아침
- 50 별은
- 53 들국화 한 송이로 하여

- 17 아름다운 것은
- 19 산에만 가면
- 21 어느새
- 24 가뭄 속에 복수초는 더 아름답습니다
- 28 한계령 풀에서 배우다
- 30 올해 모내기는 다 하셨습니까?
- 34 범부채
- 36 비교하지 마세요
- 38 그 분 하신 일
- 40 새날 아침
- 42 꽃으로
- 44 풀
- 46 꽃이 비가 되어 내리던 날
- 49 추석 전날
- 52 마곡리 도랑에는
- 54 하늘이 잠들어 있어요

- 55 자각
- 58 때꼴
- 60 봉수산 숲길에서
- 63 평촌들 나무
- 65 재를 치우며
- 67 솔개가 보고 싶다
- 56 월하 감나무
- 59 소롱골 가을
- 61 산국
- 64 자벌레
- 66 겨울철 풀잎이

POEM
2장 하늘같이

- 70 부활은
- 73 감사
- 75 끌어안기 2
- 78 지금 여기
- 82 손님
- 84 장작을 패며
- 87 샘이 되거라
- 89 새로 시작할 때는
- 91 늙는게 아까워 증말…
- 94 한가위
- 96 미련한 사람
- 99 내 소리를 낮추면
- 102 먹고 사는 삶이란
- 104 좋은 영화
- 106 산동백 당신
- 72 내 안에
- 74 끌어안기 1
- 76 온 누리에
- 80 악수
- 83 사랑은
- 85 아들에게
- 88 달란트
- 90 2월을 닮은 아이
- 93 새벽 달보기
- 95 장마
- 98 다시 주님께로
- 100 느티나무
- 103 목마름
- 105 똥꼬 수술을 하고 나서야
- 109 눈 쓰는 사람

110 아이야
113 요나
116 여전히 보름달인데
118 사람 냄새
120 발을 내밀어 주는 사람

112 나에게
114 누구라도
117 병이러니
119 나 찾기
121 별을 닮은 이에게

ESSAY
3장 모든 생명

124 세시는 하나님
128 매미한테 배우기
134 좋은 것을 담고 있어
140 제비가 보고 싶습니다
148 그 자리에 그 모습으로
152 머리가 세어버리는 대나무
156 뱀 나왔어요!
162 할 말이
166 물 맑게 하는 비결
171 송악골어린이집에서
178 어린이집 마당에 닭을 풀어
  놓을 수 없는 이유
182 꽃은 거기 있어 아름답습니다
186 달과 박
190 서툰 앓이와 까치밥
194 도토리 잔치

127 광덕산 층층나무
132 까치에게 배우자구요
136 풀꽃처럼
146 콩밭에 가 있어야
150 홑잎나물
154 가재
159 업두꺼비
164 딱새부부
168 범돌이
176 약 되는 건
180 멋진 신발 하나 얻어 신었습니다.
  그런데…
184 느리게 살자
188 들꽃이 아름다운 이유
192 풀이 웬수다
196 송악골 아이들

198 잠자리 좀 있습니까?
204 말매미
208 꽃으로
212 미세먼지
217 쇠비름꽃

200 우리가 잃어가고 있는 것
206 쉿!
210 먹고 살자고 하는 말
214 자연이 가장 훌륭한 선생님입니다
218 무늬가 되는 티

ESSAY
4장 하늘같이

222 감사
226 손발 좀 맞춥시다
232 저… 금식 안했어요
237 말 접대
242 아름다운 자리
248 참외 서리도 못하는 아이들
254 어두운데 서서 보기
262 앵두 한 주먹
266 목사 씨!
272 오래 묵으면 가시가
    세어집니다
277 이번엔 무조건 가세요
279 바로 사는 기쁨
282 아무도 못 말리는
288 안개꽃 같은 사람
292 나의 천사님

224 아이고 목사님, 가차이 오지마슈~
230 다, 목사님 될 줄 믿습니다~!
234 꼭 성불하세요
240 대군
246 왕언니 왕오빠
252 열정
258 니들이 농심을 알기나 알어?
264 종 주제에
268 내년이면 다 관둘껴…
274 금강산 아래 온정리 마을에는
    박철민이라는 청년이
    살고 있습니다
280 내 것이 아닙니다
284 그래도 감사
290 알곡으로 여물기 위하여
294 꿈은 ★ 이루어진다

298 산타가 없다구요?
300 새해 첫날
302 따스한 병실 이야기 둘
304 평생 송악교인
306 우리 목사님…
308 묻지마 심방
310 송악골에 사는 맛
312 속아라
315 이제야 알게 된 것
316 우렁 각시
318 송악골어린이집 다닐 때부터
    축구를 좋아하는 승진이
320 우리곁에 스쳐간 천사들
322 심방도 품앗이유~
324 따스한 날
326 더 늦기 전에
327 그 분
328 교회가 예뻐야…

기고글

사진과 함께 보는 마을생태 이야기

332 길 이야기
340 봄이 오는 소리
344 옹달샘 이야기
350 논이 만드는 것 1 '쌀'
356 논이 만드는 것 2 '물'
360 가을, 들국화 이야기
366 장어의 꿈
374 우리가 불나비입니다
380 내외바위를 아십니까?

기사글

386 송악교회와 마을 목회
394 지역사회와 함께 만들어가는 생태 공동체
    - 송악교회 이종명 목사 이야기

추모글

- 410 내가 만난 이종명 목사, 마을 목회의 장인/ 김홍선
- 414 故 이종명 목사를 추모하며/ 윤병민
- 416 이종명 목사를 그리며/ 이영우
- 419 난 목사님처럼 안살꺼여…/ 지동흠
- 422 내가 아는 이종명 목사/ 박정민
- 424 바위처럼 너의 자리를 꼭 지켜줘…/ 임순혁
- 427 당신의 삶에 동의합니다/ 김영미
- 434 아름다운 눈빛을 가진 청년, 이종명 목사님이 그리워집니다/ 이세중
- 438 레인 메이커/ 천경석
- 440 나의 아빠에게/ 이봄

포토에세이

- 446 어린시절 - 청년
- 458 송악마을과 함께
- 472 가족과 함께
- 450 송악교회와 함께
- 468 지역사회와 함께

- 474 이종명 목사 생애 연보

- 476 편집후기
  박사라/ 이복희/ 김기연/ 홍승미/ 이명화

POEM

1장
모든 생명

산에 들면

산에 들면
모두가 흘러간다는 걸 알게 되지
물, 달, 별, 바람.

산에 들면
살아 있는 것들은 모두가
머물다 간다는 걸 알게 되지
꽃, 나무, 산새, 너와 나.

산에 들면
고운 님 편히 잠든 산에 들면
알게 되지
우리 모두는 잠시
머물렀다 갈 뿐이라는 걸.

산에 들면
더불어 산에 들면
모든 걸 알게 되지
함께 하는 순간, 함께 걷는 당신
얼마나 내게 소중한지.

아름다운 것은

풀잎에 맺혀 구르는 새벽이슬 한 방울
물줄기 타고 튀어 오르는 은빛 피라미 한 마리
가을 오솔길 낙엽 더미 속에 고개 들어 붉은 붉나무 잎 한줄기
서리진 가랑잎 위에 모여들은 눈싸라기 한 줌

애호박 한 덩이 유모차에 담아 새벽기도 오시는 할머니
논두렁, 밭두렁 넘어 교회 종소리에 발맞추는 주일학교 남매
찬송가 한 절만으로 금세 눈시울 적시는 슈퍼 아주머니
아빠 없는 옆집 아이와 영화 구경 함께 가는 선생님

아름다운 것은 무엇이나 작은 것에 담겨 있지요.

꽃으로 좋은 봄날은

방정맞은 산개구리
벌써 무슨 봄이라고 와글와글
꽃으로 좋은 봄날은
그리 가벼이 오는 법이 아니지
유채꽃밭 넘어 무등산 넘어 비무장지대까지
꽃으로 좋은 봄날은
그리 가벼이 오는 법이 없지

아무리 오고야 말 봄이라지만
꽃으로 좋은 봄날은
이놈에게나 저놈에게나 아무렇게나
그렇게 그저 오는 법이 아니지

모질게 시샘하는 찬바람
온몸으로 살아낸 가지 끄트머리
불쌍한 우리네 어여쁜 누님
길고 긴 한숨 다 내쉬고
살며시 웃음 보이시는 그날

그제야 꽃으로 오는 법이지

산에만 가면

산은 아내의 시장바닥이다.
머위쌈, 원추리무침, 달래간장에 밥 한 그릇 뚝딱.
산에만 갔다 오면 우리 집 밥상은 떡 차려진 잔칫상이다.

산은 아이들 이야깃주머니다.
쪼르르 다람쥐, 꼬물꼬물 도롱뇽 올챙이, 슬금슬금 가재,
노랑매미꽃 꽃밭에서 옹기종기 찍은 사진
산에만 갔다 오면 우리 아이들은 자랑거리 한 아름이다.

산은 나의 설교집이다.
햇살로 비쳐오는 은총, 풀 벌레, 나무, 새들과 더불어 살기,
인간의 탐욕과 타락. 온전히 회복하시는 하늘과 땅의 십리.
산에만 갔다 오면 내 영혼은 옹달샘이 된다.

땅을 파보면

무엇이 그리 흔들어 깨웠는지 씨앗들은 벌써 땅속에서
눈을 빼꼼히 뜨고 있습니다.

누군가 힘을 보태어 주었는지 꽃나무 뿌리들은
대지를 향해 솟구칠 준비를 벌써 끝내놓고 있습니다.

어느 분께서 훈기를 보내셨는지 삼성댕이 앞 논두렁에는
달래들이 어느새 실바람 춤을 추고 있습니다.

그 누구도 모르는 사이…
생명의 주인은 당신의 따스한 입김으로 질펀한 땅으로
또다시 새로운 세상을 열고 계십니다.

땅을 파보면, 삽으로, 괭이로, 호미로 흙을 파다 보면
어느새 봄은
우리 마음 밭에 깊이깊이 와 있습니다.

어느새

오병이어 반찬가방 들고 산동네 가는 길
구불구불 생강나무 꽃들이 벌써 피었네요.
눈 비비며 문고리 잡으시는 배골 아저씨
종일 어둔 방에서 누워 사시는 지레 할아버지
달래 다듬어 신문지에 싸 주시는 삼막골 할머니
마당의 울타리 뒤란에는
매화며 개나리며 산수유 꽃들이 피어있고
달래향 진한 차 안에는
어느새 봄꽃들이 가득 담겼네요.

봄꽃을 보았다

마을에야 들에야 벌써 봄이지마는
破雪草라 눈 속에 핀 노루귀라도 볼 욕심으로
몸달아 서너 차례 파고든 광덕산은 여전히 한 겨울이었다
멀리서 바라본 광덕산 엊그제만 해도 하얗게 눈 덮여
마냥 찬겨울이거니 했다.

아내와 석 달 만에 함께 한 산행
함께 걷는 길이라고 아무렇게나 좋아하는 걸음으로
새소리에 끌리며 흘러가는 산행

어둔골 감추어진 양지
산달래가 많다고 우리 맘대로 지어붙인 달래골
달래나 캐자고 헤쳐 본 마른 풀숲에
보라색 옷으로 살짝 단장한 현호색
나는 오늘 봄꽃을 보았다.

응달진 계곡에는 얼음이 여전하고
등성이 치올리는 산바람이 아직은 차갑지만
나는 오늘 광덕산에서 봄꽃을 보았다.

가뭄 속에 복수초는 더 아름답습니다

광덕산에 올랐습니다.
오랜 봄 가뭄에 땅이 다 풀썩거리고
약수물까지도 겨우 한 주먹씩 고여
등산객의 갈증을 힘겹게 달래줍니다.
위로 올라갈수록 메마름은 더해 나무도 풀도
그저 허덕입니다.
등성이에 올랐습니다.
목마름에 지쳐 쉬는데 노란 꽃잎이
햇살에 반짝 비칩니다.
'아, 복수초!'
그러고 보니 하나가 아닙니다.
여기저기 노랗게 무리지어 피어 있습니다.
가뭄 속에 복수초는 더욱 아름답습니다.

어제 해쟁이 권사님네 집에 난 불은
모든 것을 다 태워버렸습니다.
온 식구가 교회 교육관에서 하룻밤을 묶었습니다.
맛 없는 아침밥을 먹는 둥 마는 둥, 무엇이 남았는지,
임시거처라도 마련해 보겠다며
자동차에 빽빽이 올라타고
교회를 나서는 권사님 가족.
아내-아들-딸-딸-여동생-시누이….

어쩌면 광덕산에 모여 핀 복수초를 그리 닮았는지
그 모습에 눈물이 핑 돌며 부러웠습니다.

부끄러워하지 않는 한

종탑 아래 꽃밭에 고개 숙여 피어나는 수선화를 봅니다.
그토록 두텁게 쌓인 낙엽을 비집고 올라와서도
결코 자랑하지 않는

교육관 담장 너머에 머리를 내밀고 있는
두릅나무 새싹을 봅니다.
억센 가시 사이로 단단한 껍질 찢어내고서도
전혀 으스대지 않는

생명은 그렇게 부끄러워하며 열립니다.

모진 채찍, 욕설과 조롱 온몸으로 다 받아내고
마침내 십자가에서 '다 이루었다' 하신 주님
누구도 어쩔 수 없는 죽음까지도
바윗돌 밀쳐내고야 말았지만
세상에 결코 높이 들지도 않고, 크게 소리치지도 않고,
다정한 사람에게조차도 "나를 만지지 말라"
부끄러워하신 주님

부활은 그렇게 부끄러워하는 마음속에 싹이 틉니다.

어느새 삶 속에 두텁게 쌓여버린 위선,
단단하게 굳어버린 편견,
그리고 나태…
스스로 부끄러워하지 않는 한 내 삶에
부활은 영원히 없습니다.

한계령 풀에서 배우다

풀꽃처럼 살자구요.
하늘이 바람으로 정해준 자리 그대로 파고 들어앉아
세월이 오면 봄바람 불면
제 속에 담긴 색깔 드러내며 그렇게 당당하게

풀꽃처럼 살자구요.
하늘이 바람으로 정해준 자리 그대로 파고 들어앉아
세월이 가면 여름 햇살 따가우면
내 속에 영근 씨앗 갈무리 해두고

풀꽃처럼 가자구요.
하늘이 바람으로 정해준 자리 그대로 파고 들어앉아
세월이 흘러가면
두리번거리지 말고 돌아보지도 말고,
가을 겨울, 아니 더 많은 햇살이 남아있더라도

그저 주어진 시간만큼 그리워하면서
주어진 사랑만큼 감사하면서
우리,
풀꽃처럼 가볍게 가자구요.

개불알풀

교회 옆 길가
탱자나무 그늘에
양지쪽을 찾아
자리 잡은
개불알풀

사람들이
아무렇게나 이름 붙여
손가락질하든 말든
휴지 조각 코 풀어
던지든 말든

제 나름대로
받은 햇살
아스팔트에서 튀어온
흙탕물이라도
은총으로 삼아

탱자나무 가시덤불 속
보랏빛 꽃을 피워
고난절
예배하는
개불알풀

올해 모내기는 다 하셨습니까?

집사님, 농부 집사님
올해 모내기는 다 하셨습니까?
이른 아침 경운기에 삽이며 써레며 쇠스랑이며
새참 받쳐든 아내까지 함께 싣고는
통.통.통.통. 논으로 출근하시는 농부 집사님

오양골 앞마당 논바닥에서
매일 들어도 싫지 않게 정든 소리로
애들 얘기, 부모 얘기, 동네 사람 얘기,
도란도란 고단한 맘 서로 보듬으며
하루 종일 모내기하신 농부 집사님

비룟값에 농약값에 기계 품삯까지 떼고 나면
미리 받은 수매된 돈 남을 게 별로 없지마는
그저 있는 논 놀릴 순 없어 식량이나 하련다며
못자리 펼친 농부 집사님

올해도 모내기는 다 하셨습니까?
그 일로 하늘 짓고 땅 짓고 사람 지어
맨 처음 시작한 일 올해에도 하시는 겁니다.

속셈

교회 앞뜰 키 작은 앵두나무는
봄바람 눈치채고 꽃망울을 잔뜩 부풀렸습니다.
작년 여름에 이 권사님 댁에서 떠다 심은 수선화는
올봄에 포기나누기를 해서 그런지
아직은 몸살 중인가 봅니다.
단단히 오므린 자그마한 꽃봉오리 좀체로 열지 않네요.
교회 앞마당 자리 잡은 지 십수 년 족히 된 옥매화는
어김없이 올해도 꽃망울을 잔뜩 종구고 있습니다.
작년에 종탑 높이까지 기어오른 으름덩굴은
동글동글 마디마다 꽃방울을 달고 있어
잡아당기기만 해도 달랑달랑
종소리가 다 날 것 같습니다.
해마다 내 손에 모질게 당한 두릅은
겨우내 가시를 날카롭게 세워놓고도
작년에 당한 일을 못 잊었는지
아직도 파란 싹을 주저주저하네요.
땅바닥에서 종주먹 잔뜩 움켜쥔 돌단풍도,
낙엽을 슬쩍 밀어 올리고 둘레둘레 망보고 있는 더덕도,
가지 끝마다 이파리를 슬그머니 끄집어낸 느티나무도
봄소식일랑 전혀 못 들은 양 웅크리고만 있는 대추나무도

내 이놈들 속셈 다 알고 있지요.
언젠가 봄날만 되면 따스한 봄날만 되면
한꺼번에 들고 일어나
온 세상을
제 놈들 색깔로 다 덮으려고
태초부터 품어온
봄날만 되면 어쩌지 못하는
그 깊은 속셈을.

범부채

범부채 잎을 보면
얼어붙은 땅 녹여 달래가면 일구어낸 화평이 보입니다.
따가운 여름 햇살 가려주는 선선한 양선이 보입니다.
장맛비 거친 바람 막아주는 넉넉한 자비도 보입니다.

범부채 꽃을 보면
폭풍 속에도 기어코 올려낸 인내가 보입니다.
바람에 맞서지 않는 부드러운 지혜가 보입니다.
마침내 피워낸 기쁨의 절정이 보입니다.

범부채 열매를 보면
잡다하지 않아 더욱 영롱한 절제가 보입니다.
올해에도 어김없이 이루고야 만 충성이 보이고,
누구에게나 한 줌씩 나누어 줄 사랑이 보입니다.

우리 교회 종탑 옆에 피고 지는 범부채에는
우리 주님 영광이 담겨 있습니다.

"오직 성령의 열매는 사랑과 희락과 화평과 오래 참음과
자비와 양선과 충성과 온유와 절제니…"(갈 5:22)

꽃을 닮아

송악골어린이집 담장에
으름꽃이 뎅그렁뎅그렁 열렸습니다
솔솔바람 타고 퍼지는 꽃향기에 취하여
어린이들 얼굴이 처녀 선생님들 마음이
향기 좋은 으름꽃을 닮아갑니다.

달아미 마을회관 한쪽에
수수꽃다리가 흰 눈 마냥 피었습니다.
솔솔바람 타고 퍼지는 꽃향기에 끌리어
동네 꿀벌들이 다 모여들고
농사일에 지친 노인네들도
꽃그늘 아래 징거움으로 모여듭니다.

교회 앞마당 화단에
옥매도 능금도 꽃망울을 터트립니다.
얼핏 마주 잡은 교우들 손길에서
작년 봄보다 꽃송이 수만큼 더 많아진
감사의 정을 봅니다.

봄에는 꽃으로 하여
세상이 온통 꽃이 됩니다.

비교하지 마세요

나무를 볼 땐 비교하지 마세요.
나무 한 그루엔 저마다의 향기가 담겨 있잖아요.
소나무엔 송화 가루, 참나무엔 도토리 향기가,
아카시아 나무엔 꿀 냄새 나잖아요.
나무는 바라보면 그렇게 그윽하답니다.

사람을 볼 때 비교하지 마세요.
한 사람 사람마다 인생이 담겨 있잖아요.
행복한 사람에겐 미소가,
지금 슬픈 사람에게는 눈물이,
지금 참고 있는 사람에게는
쓴맛이 나잖아요.
깊고 아픈 쓴맛이.

비교하지 마세요. 누가 길고 짧은지
제발 비교하지 마세요. 누가 더 높고 낮은지
멀지 않은 어느 날
모두가 한자리씩
산이 되고 내(川)가 되고 바다가 될 터인데.

소망

소름까지 끼치던 광덕산 어둔골도
발길에 '푸석' 흙먼지가 다 차이는
길고도 먼 가뭄
구십 년 만에 처음 맞는 가뭄이라고
꽃들도 일찌감치 폈다가 지고
열매라고 잔뜩 오그라들어
씨만 겨우 감싸안고 매달려 있는데
역말 사는 이 권사님은 엊그제 밤늦도록
텃밭 마늘을 다 거두어
새끼 엮어 처마 밑에 갈무리까지 마쳤다.

내일 비님이 오시면 마늘 다 썩는다며

그 분 하신 일

송악저수지 옆으로 돌아
분토골 고랑 따라 물 따라 오르는 길

싸리꽃 사방으로 흰 세상을 만들어 놓았고
뽀로롱 노래하는 작은 새
사람 발소리 바람으로 여기는지 마냥 제짝만을 부른다.

오 년 전엔가 아니 십 년은 족히 되었을 폐농한 논두렁 자리마다
청년 버드나무들이 키 재기 해대고
복사꽃은 제 햇빛을 뽐내느라 그늘 사이 빗살에도 눈부시다.

사람의 자리라곤 도랑 따라 탐욕스럽게 쳐놓은
뱀 그물 긴 한 자락
그래, 사람 손 닿아 좋은 건 이 세상에 다시없다.

하나님 하시는 일이 언제나 천국인 것을…

매미

누구도 가까이하지 않는 이른 새벽
교회당 옆 대추나무 줄기에 매미 한 마리가
땅속으로부터 기어올라 매달렸다.

칠 년 세월 어둠 껍질을 찢고 우윳빛 알몸으로
새날을 준비하는 엄숙한 순간
새들도 풀들도 나무도 온 세상이 숨죽여 있다.

지금 한 생명이 목숨 걸어
찬란한 하늘을 바라고, 영원을 향해 진통하는 일

그래, 하늘을 나는 비결은 단 하나.
속을 단단히 비우는 거야.

새날 아침

새벽기도 길에 버릇처럼 바라다보는 설화산

여명은 부챗살 되어 산 너머로 펼쳐 오르고
산마루 어딘가에 둥지 틀어 사이좋은 백로 한 쌍

맨 처음 그날처럼
새날을 휘장 걷듯이
앞 냇가 우렁이를 바라고 산허리를 날고 있다.

그저

사람은 소리로 말하잖아요?
꽃들은 향기로 말한답니다.
소리로 하는 사랑과
향기로 하는 사랑
어떤 사랑이 더 진할까요?
나의 말이 향기가 아니라면
그저 침묵이 좋겠습니다.

우리는 구원 받는 자들에게나 망하는 자들에게나
하나님 앞에서
그리스도의 향기니… (고후 2:15)

꽃으로

꽃이 어느 때 꽃 아닌 적 있나요

심란한 바람에도, 성근 비에도
꽃은 그래도 꽃으로 웃잖아요.

살 도려낸 아픔에 눈물보이고
일자리 맘고생에 몸져누워 버리고
한 해 농사 허망함에 한숨짓는 님들도

그렇지요. 그렇게 바람꽃처럼
그렇지요. 그렇게 엉겅퀴처럼
그렇지요. 그렇게 아카시아꽃처럼

그렇게 꽃으로 웃자구요.

평촌리 논두렁에서

며칠 동안 장맛비로 머리를 감더니
오늘은 바람으로 머리를 말리고 있네요.

상큼한 새벽바람에 저리도 기분 좋은지
사각사각 노래하며 비틀비틀 춤을 다 추네요.

바람 부는 새벽 평촌리 논두렁에 서서 보니
바람들 향기 담아 너도나도 달려가는 것이
여기 어디쯤 하늘 문이 열려 있나 봅니다.

풀

콩밭에서
하루 종일
풀을 매면서 생각했다.

니들은
이 땡볕에
기어코 살아
씨를 맺고야 마는구나.

나는 여지껏
무슨 일에
그리
열심이었나

상사화

종탑 옆에 상사화가 한주먹
벌써 노랗게 피었다 지기 시작한다.
미안하다.
거기 있는 걸 몰랐다.
내가 사느라 네가 거기 살고 있는지
그렇게 아름답게 피고 있었는지

남녘 땅끝에서 살아온 후배 부부를 만났다.
얼굴에 그어진 잔주름이 참 아름다웠다.

꽃이 비가 되어 내리던 날

겨울바람 차가운 새벽에도
장맛비 축축한 어스름에도
가을바람 소슬한 이른 아침에도

달아미 동구밖에
새벽마다 환한 웃음꽃으로
피어주더니

꽃이 비가 되어 내리던 날
그 새벽에는 웃음꽃 향기만 남기고
멀고 먼 아주 환한 곳으로
날아가셨네요.

아름다운 자태로 피어나
땅에 하늘에 세상에
빛과 향기를 가만가만 나누어주더니
이제 가실 때는 마음의 비가 되어
세상을 적시네요.

아침의 해와 같이 떠올라
석양으로 지는 해를 따라
하늘이 주신 시간을 살며시 접고
아름다웠던 몸을 떨구시네요

함께 할 때 그리도 곱더니
하늘로 떨어지는 모습은 더욱더 고우시네요.

한없이 한없이 아름답게
축복의 비가 되어 내리는 당신을 보니
내 삶의 끝자리도 그렇게 닮고 싶네요.
하늘 꽃이 축복이 되어 내리는 날

송악골 아침

비 그친 날 아침

파~란 산 위로
하~얀 새가 날고 있다.

반짝반짝 빤짝

모두 다섯 마리
어느새 두 마리가
하늘 그늘 속으로 숨어 들었다.

추석 전날

누구나 어머니 뱃속에서부터
보름달을 닮지요.

모질고 험악한 세상 살다 보니
날 세워 찌르고, 금 그어 편 가르고
어느새 나도 모르는 사이에
볼품없이 메말라 버린 초승달처럼
뾰족해졌나 봅니다.

미안해요
저도 모르게 친구의 울음 함께 울다 보니
어느새 감추어둔 모서리
또 돋았나 봅니다.

많이 아프세요?
저도 아프답니다.

달아 달아 밝은 달
어머니 뱃속에서처럼
그렇게 밝고 둥근달
나도 님도,
함께 보름달을 봅니다.

별은

별은 밤하늘
별은 기다림입니다.

어린 날, 까마득한 그 여름밤
모래사장에 동무들 함께 누워
쏟아지듯 흘러가는 그 별들도
아득한 기다림이었습니다.

젊은 날, 터지도록 뜨거웠던 유월
대전역 뒷골목 포장마차를 거쳐
비틀거리는 걸음으로 바라본 별들도
간절한 기다림이었습니다.

그렇지요 다르지 않습니다.
수십 년을 빠짐없이 새벽기도 다니시는
어머니 발길을 비추는 별도,
장마철 새벽 논두렁 밟으며
물꼬 보러 가는 길 비추는 새벽별도
모두가 기다림입니다.

태초부터 별은 기다림이었습니다.
그 의미를 알기에
예언자도, 동방박사도, 수많은 순교자도
거기서 하늘 너머 새 땅을 바라본 겁니다.

별은 밤하늘
별은 행복한 기다림입니다.

마곡리 도랑에는

심방길 윗마실 길가에서
언뜻 내려다본 도랑물

다슬기 촘촘히 박혀있고
피래민지 중태민지 제 맘대로 까놓아
동그라니 둠벙 안에는 아직도 제맘 껏 자유인데

바닥에 가라앉은
복날 개뼉다구 삼양라면 봉지 찌그러진 스뎅 요강단지
나무젓가락 서너 개 맥주병 하나 다 구겨진 일회용컵

어느 놈이 더 오래 버티나 용을 쓰고 있다.

들국화 한 송이로 하여

가을 산에 들었습니다.
쑥부쟁이, 구절초는 무더위를 저만치 밀어내었고
나무 이파리들도 어느새 산국 감국으로 물들어갑니다.

가을 햇살에 한껏 취한 우리는
고등 된장국 향수에 젖다가 그만
차가운 계곡물에 발을 담고 말았습니다.

맑은 물에 씻겨가는 땀도, 산바람에 얹혀가는 정담도
그저 가볍게만 여겨지는 가을 한나절 여유곁엔
벌써 날아오를 준비를 마친 쑥부쟁이 솜털 씨앗은
바람을 기다리고…

고등 한주먹 주전자에 담아 내려오며
내일 아침 된장국 이야기에 구수해진 우리 마음도
들국화 한 송이로 하여 가을이 더욱 깊어졌습니다.

하늘이 잠들어 있어요

얼마 전에 하늘길 밟아가신 우리 할아버지
논두렁에 둘러앉은 점밥 시간
한 숟깔 듬뿍 "고시래~" 하시더니

일찌감치 하늘길 밟으신 우리 할머니
탱탱하게 추운 날 물 데워 손주 얼굴 씻겨놓고
퇴비 더미에 조심조심 "눈 감거라~" 하시더니…

굶어 죽은 원혼, 배고픈 새, 벌레, 짐승들조차도
나누면서 살아야 하느니, 나는 것들 기는 것들아, 고시래…
무엇하나 내버릴 때는 거기 숨 쉬고 있을 생명까지도
생각해야 하는 겨, 벌레들아, 눈 감거라…

지금 우리 교회 옆 냇가에 하상 정비 대공사가 한창이다.
갈대이삭 겨울 양식 삼은 멥새들에게 '고시래'는 했는지,
뚝방 떳장을 이불로 덮고 고이 잠든 개구리들한테는
'눈 감거라'는 했는지

자각

방앗간에 갔다

올해는 비가 잦아
청치가 많댄다

청치도 모르는 주제에
무슨 농사를 안다고

청치같이

제 색깔만 드러내는
아식 널 여문 놈

월하 감나무

달을 마주보는 마을 달아미에는
달을 닮은 사람들이 모여 살지요.
어쩌다 별이 되는 사람도 있지만
그때마다 둥그렇게 넘어간답니다.

마을 한 가운데 유난히 달을 닮은 사람들이 사는 집
마당 한쪽에 아주 오래전에 할아버지가 심으셨다는
감나무 한 그루 둥그렇게 서 있지요.

오랜 세월 햇살, 비, 바람, 눈보라도
제 복으로 받아들이고,
가지가 부러지는 아픔조차도
가끔씩 웃음으로 둥그렇게 넘길 뿐
마당 한구석 둥그렇게 서 있는 월하감나무

참새들이 수다 떨며 놀다가는 봄
둘러앉아 어죽 한 그릇에 낮잠 자는 여름
며느리 시어미 둘러앉아 두런두런 콩 고르는 가을
배고픈 까치들 깍깍 투덜대는 겨울

날 가고, 달 넘고, 해 지나며
80년을 그렇게 서 있는 월하감나무

이제는 가을날
달을 꼭 닮은 둥근 감들이 가지마다 주렁주렁
찾아오는 사람들에게, 날아오는 새들에게까지
달디 단맛 두루두루 나누어 주려고
80년을 그렇게 달처럼 둥그렇게 서 있는

우리 모두의 사람 월하감나무

때꼴

콘크리트 속보다는 맨땅
여기 사는 것이 멋지게 사는 거라고
산이라도 찾고 들이라도 거닐자 했으면
그리해야지

맨날 컴퓨터 앞에서 자판기 두드리고
전화기 붙잡고 뭔 일을 그리한다고
재미없게 사는 거냐는 내 친구

오늘에서야 알게 되었습니다.
내가 정말 멋모르며 살고 있다는 걸

"아빠 때꼴 따준댔잖아!"
잡아끈 봄이 손에
집 둘레 때꼴밭 한 바퀴 돌아보고서야,
은행잎 덮인 노란 덤불속
까만 알 서너 개 입맛 다셔 보고서야
알게 되었습니다.

은총의 가을이 이만치 와 있었다는 걸

소롱골 가을

소롱골짜기에는 가을이 한 아름 와 있다.

까치밥으로 남겨둔 둥수리감은 넉넉한 주인 마음 담아
나무마다 한 접씩이나 제멋대로 익어가고

아름드리 밤나무 그늘 아래에는 토실밤들이
돌짝 밑이고 덤불 속이고 유리구슬마냥 박혀있다.

사람이 놀려둔 다랑논 몇십 마지기쯤에는
하나님 농부 되어
바람으로 씨뿌리고 햇볕으로 두엄 메고 가재로 두렁 갈아
산과 일로 들풀씨로 주렁주렁 결실히 셨다.

마냥 넉넉하신 그분은 태초 그렇게
들짐승 산새들 손님으로 불러드려
한바탕 흐드러진 잔치마당을 열고 계셨다.

봉수산 숲길에서

작년 이맘때 우리 가족 넷이서 오고 다시 처음인가 보다.
아내와 함께 봉곡사 숲길에 들렀다.
가을은 벌써 깊어졌다고 산개구리가 노래를 다한다.
나무에도 풀잎에도 가을 햇살이 이미 진하게 물들었다.

가을 숲길을 따라 오르다가 낯익은 나무들을 만났다.
10년도 더 된 때부터 보아오던 그 자리에 그 나무.
이끼 낀 바위, 그리고 그 색깔 그대로 물든 잎새.
아직도 소나무 둥걸을 타고 오르는 단풍 든 담쟁이…

여기서는 모든 것이 이토록 느린데
우리는 너무도 빠르게 살아가고 있다.
내가 어찌 변해 가는지도 모르면서.

숲길에서 나무가 가르쳐준다. 천천히 살라고…
숲길에서 이끼 낀 바위가 가르쳐준다. 말없이 살라고…
단풍 든 풀잎이 나를 부끄럽게 한다. 이렇게 세상을
아름답게 만들어 보라고…

산국

광덕산 어디선가 씨로 받아
여기저기 뿌려놓은 산국 씨앗
해마다 영락없는 가을만 되면
진하게 소리치고 있네요.

다시 가을 가면 풀덤불로 돌아갈지언정
지금은 낙엽 지고, 햇살 좋은 가을이라고
온몸으로 진하게 외치고 있네요.

"가을입니다. 다시 가을입니다."

산국 가득한 고개 넘어 떠나간 님도
다시 향기로 피어날 때면
다정한 웃음으로 속삭이네요.

"사랑합니다. 다시 사랑합니다."

평촌들 나무

—

세상 바람
매섭고
요사롭고
허무할지라도,

평촌들 나무처럼
끝 날까지,
마지막 순간까지

가난에도 풍요에도
흔들리지 않게
태초에 주신 자리
지켜내게 하소서.

자벌레

광덕산에 갔어요. 자벌레랍니다.
손바닥 위에 올려놓고 무심코 쳐다보니
이 녀석이 나를 재고 있네요.

한 자인지 두 자인지, 크기가 몇 자나 되는 인간인지.
많은 사람들이 우리의 삶을 스쳐 지나가지요.
어떤 사람은 상큼한 웃음을 남기고,
어떤 사람은 그윽한 향기를 남기고,
어떤 사람은 발자국만 남기고,
또 어떤 사람은 상처를 남기기도 합니다.

그 사람이 나에게 무엇을 남기든
그도 역시 나를 재어주는 '자' 입니다.
더 넓어져야겠습니다. 더 깊어져야겠습니다.
그분 곁에 닿을 수 있도록 더 자라야겠습니다.

재를 치우며

네가 그토록 위대한 것은
어느 한순간 자신을 태워
누군가를 따뜻하게 해 주었기 때문이지

네가 그토록 소중한 것은
세상에 흩뿌려져
누군가의 밑거름이 될 것이기 때문이지

겨울철 풀잎이

겨울철 풀잎이 바람에 눕는 것은
비굴하기 때문이 아닙니다.
겨울철 풀잎이 푸름 없이 메마른 것은
죽어 있기 때문이 아닙니다.

땅바닥에까지 누워 낮아지고,
솔바람에까지 내주도록 비우고 비워
그저 한 줌 덤불이 되고만 것은

포근한 바람
부드러운 흙
그 힘을 믿기 때문입니다.
대지가 품고 있는
생명의 힘을 믿기 때문입니다.

지금보다 더 좋은 날,
맑고 밝은 영원한 바로 그날,
태초에 말씀하신 그 분 앞에
환희로 피어날 꽃을 보고 있기 때문입니다.

솔개가 보고 싶다

오늘처럼 쨍한 날에는 솔개가 보고 싶다.
해 뜨는 국사봉 어디선가 치솟아
중말뜸 종식이네 앞마당을 노리며
하늘 한가운데 빙빙 돌던 솔개가 보고 싶다.

오늘처럼 바람 찬 날에는 솔개가 보고 싶다.
"소리개가 시 마리나 떴다~ 닭장 문 단도리 허고,
애덜 얼른 일루 오넌" 하시던
뒷집 문수네 그 할머니 옛날얘기도 다시
듣고 싶다.

오늘처럼 쨍하게 추운 날에는
찬 바람 타고 한없이 먹구름도 타고 한없이
마침내 보이지 않게 하늘나라로 올라간
그 솔개가 참 보고 싶다.

POEM

2장
하늘같이

부활은

높고 큰
그래서 가난한 이들이 주눅 드는
하나님의 도성 예루살렘에 부활이란 없었다.
감히 가까이할 수 없는
대제사장 바리새인 큰 종놈들이 주인 된
대성전 예루살렘에 부활이란 원래 없었다.

전능하사 천지를 만드신… 믿으며…
받은 복을 자랑하며 쌓는 것을 겨루어
빌딩 틈을 뚫고 하늘까지 치솟아
사람이 만드신 하나님의 성전
거기에 부활이란 애초에 없다.

콘크리트로 깔끔하게 덧입힌 온양역 앞마당에도 없다.
페인트 원색으로 분단장한 경찰서 담벼락에도 없다.
철 지난 마을회관 선거 벽보에도 없다.

부활은
광덕산 마리골 묵은 논 한 해 한 해 허물어져 가는
축댓돌 틈바구니에 물기 머금은 이끼 속에 있다.

부활은
긴긴 가뭄 끝 한나절 비에 마음까지 흠뻑 젖어
호미며 고추모며 챙겨 들고 텃밭으로 나서는
허리 굽은 할머니 주름 패인 얼굴에 살짝 있다.

정녕 부활은
갈라지고 찢겨져 딱딱하게 굳어져 버린 민족의 가슴에
용서와 화해를 일깨우는 한줄기 눈물 속에 있다.

부활은 단지
생명이기 때문이다.

내 안에

행복한 사람도 불행한 사람도
언제나 적은 내 안에 있다.

지금 행복한 사람에게 가장 무서운 적은
'교만'이다
지금 불행한 사람에게 가장 무서운 적은
'절망'이다
이들은 내 안의 가장 깊은 곳에서
언제나 결정적인 순간을 기다리고 있다.

행복한 사람도 불행한 사람도
언제나 친구는 내 안에 있다.

지금 행복한 사람에게 가장 좋은 친구는
'배려'이다
지금 불행한 사람에게 가장 좋은 친구는
'믿음'이다

이들은 내 안의 가장 깊은 곳에서
언제나 우리를 은혜의 길로 이끌고 있다.

감사

고개 들어 하늘을 보면
햇볕 한 줌, 새벽별 빛 한 줄기,
보름달 한 아름이 고맙습니다.

사방을 둘러 산들을 보면
겨울날 북박골 따스한 햇살 포근히 감싸주는 설화산이
여름밤 별똥별들이 수면으로 떨어지는 송악저수지 뚝방이,
자갈 속에 구구리 숨겨놓고 동네 아이들 모으는 앞 냇가 웅덩이가
고맙습니다.

사람 사람을 돌아보면
교회 일이리고 안쓰리운 마음에
"이러다 집에서 쫓겨나시것네~" 하는 목사에게
"나 쫓아내면 누가 아쉬운디유~" 하며 흔쾌히 내보이는 웃음이,
이른 아침 초상집 장례예배 목사 혼자 가게 된다며
내 몸 하나 더 보태자고 한 차에 모자라게 모여든 그 마음이,
한 달에 두어 번씩 "좋아허시는지도 모르는디~" 하시며
머위며 씀바귀며 한 주먹씩 불쑥 내미는 그 손이 고맙습니다.

고개 들고 돌아보면
삶의 매듭마다 그저 감사뿐입니다.

끌어안기 1

한 사람 끌어안기가 어려운 것은
그 사람 머리끝에 난 뿔 때문이 아니다.
그 사람 입에서 돋는 가시 때문이 아니다.
한 사람 끌어안기가 그토록 어려운 것은
내 팔이 짧기 때문이다. 내 품이 좁기 때문이다.

제 팔로 자신조차 끌어안지 못하면서…
제 품에 자기 꿈조차 제대로 품지 못하면서…

끌어안기 2

암탉처럼
품어야 합니다.

운명이라는 껍질에 갇힌 생명
혁명을 꿈꾸며…

너무 뜨거워도 너무 차가워도 안 돼
오래오래 포근하게 포근하게

마침내 단단한 부리가 생길 때까지
마침내 박차고 갈 다리가 생길 때까지

포근하게 따스하게
품어 안아야 합니다.

온 누리에

하늘과 땅을 지으시고, 남자와 여자를 만드시고
서로 도우며 더불어 행복하게 살라 축복하신 주님.

삼천리 방방곡곡 힘찬 만세로 어둠을 몰아내던 날,
집집마다 태극기 내걸어 축복하는 상서로운 이날에

남남으로 만난 김홍태 채희주 두 사람이
친구가 되고, 연인이 되고, 마침내 부부가 되어
태초의 창조 역사, 독립의 역사 이루는 거룩한 시간

"우리 홍태는 어려서부터 참 착했지요
우리 희주는 똑똑하고 속이 참 깊지요"
보듬어 안고 키워낸 부모님 정성 한 자락

"어쩌면 저렇게 닮았다~ 꼭 오누이 같어
알콩달콩 다정하고 재미있게 잘 살 거여!~"
격려하고 칭찬하는 어른들 기대 한아름

"홍태 오빠 홧팅! 희주샘 아쟈!"
함께 나누고 의지하던 동무들 마음 한 줌까지

여기 떨리는 마음, 한 마음에 담아
간절히 기도하오니

더욱 뜨겁게 사랑하여 아들 낳고 딸 낳고
더욱 넉넉하게 나누어 마음조차 풍요롭고
그리고는…
그 행복 함께 나누어
온 누리에 하늘 뜻 가득하게 하옵소서.

모든 생명의 기원이신 예수 그리스도의 이름으로 기원하나이다.
아멘.

- 2008.3.1. 홍태와 희주의 결혼을 축복하면서

지금 여기

언덕이면 어떻고 동산이면 어떻습니까
소들에는 솔뫼가 있고
송악에는 설화산이 있는걸.
주님도 그러셨지요
갈릴리 언덕에,
겟세마네 동산에 마침내 가장 높은 산
함부로 오를 수 없는 해골의 산에 올라
나무 위에 매달려 마침내 별이 되었지요.
별은 어디서나 보입니다.
길은 어디에나 있답니다.
샛별이 아니라면 또 어떻습니까
가을밤 남쪽 하늘 물고기 놀던 자리라도
한순간 별똥별이라면 또 어떻습니까
내 살아가는 여기
끌어안고 살 부비며 눈물 뿌릴 수 있다면
마주 앉은 사람 아프게 사랑할 수 있다면
눈을 들면 별은 어디서나 보입니다.
나서 보면 길은 어디에나 있답니다.

악수

처음에는 손 내밀어 악수하는 것이 몹시도 어색하더니
이제는 손잡아 정 나누는 것이 예배 후의 큰 기쁨이다.
처음에는 그저 그 손이 그 손이더니
이제는 안 보고 잡아도 알 것 같이 그대로 얼굴이다.

남 권사님 손은 등꺼럭이다
평생을 시부모, 남편, 자식, 손주들, 시집간 딸들까지
그 손으로 섬기시다 보니 거북손이 되셨나 보다.

전 집사님 손은 조막이다
시집와서 애 낳아 키우고 또 운명처럼 손주까지
맨날 애기만 생명처럼 키우다 보니 더 작아졌나 보다.

허 집사님 손은 솥뚜껑이다
동네 농사일에 수감일에 거기다 애들 엄마 일까지
그 손으로 돌보시다 보니 더 큼지막히 두꺼워졌나 보다.

신 집사님 한 손은 포크레인이다
교회 청소, 커튼 빨래 교회 마당 풀까지
한 손으로 쓱쓱 썩썩 다 해치우다 보니
젊은 놈이 맞잡아도 도리 없이 손 꾸겨져
속으로 무지 아픈 무쇠가 되었나 보다.

예배 후 잡는 빈손들에는
서로서로의 인생들이 소담히 담겨있다.
평생을 나 아닌 누군가를
기도하며 섬겨온 따스한 마음이 담겨있다.

그래시 우리들의 악수는
한 주먹 안에 담긴 삶과 따스한 마음을 나누는
또 하나의 예배이다.

손님

신발장 맨 위 칸 지혜롭기도 해라
개구쟁이 아이들 손 닿지 않을 만한 높이에
음흉한 고양이 오르지 못할 만한 자리에

잘 마른 나뭇가지, 보드라운 풀잎
뽀송뽀송 자기 안 가슴 솜깃털 뽑아내어
둥지를 짓고 신방을 차리네요.
꼬까옷 딱새 한 쌍이

혼자 사는 할머니 권사님 친구라도 되어주려나
집 떠난 아들 보고 싶을 땐 노래라도 불러주려나

이제 교육관 드나들 땐
살금살금 조심조심
우리 교회 귀한 손님 오셨으니

사랑은

더불어 산다는 것 그것은
향기로운 인생의 열매 같은 것이다.
더불어 산다는 것 그것은
사랑을 전제로 하기에 진정 위대한 일이다.

봄꽃 가벼운 바람꽃 향기는
이른 봄 한 줌 봄바람만으로도 오가지만
가을 열매 깊은 모과 향기는
긴 여름 끈적한 열기와 긴긴 장마
쨍쨍한 가을 햇살 한 아름까지
몸을 채워 넣어서야 익어 놓는다.

그래서 더불어 사는 사랑은
마음에 영글도록
오래 기다려야 하는 것이다.

"사랑은 언제나 오래 참습니다" (고전 13:4)

장작을 패며

밤나무는 쪼개기는 쉬우나 자르기는 만만찮다.
위아래만 보다 보니 옆으로는 챙기질 못한 게지.
옹이 박힌 소나무는 쪼개기가 쉽잖다.
뭔가 배배 꼬인 것이 박힌 게 많은가 보다.
쑥쑥 자란 미루나무는 가벼운 데다가 다루기도 만만하다.
불땀도 참 싸기도 허지. 키 크고 싱겁잖은 놈 없다더니
마디게 자란 향나무는 도끼날은 어림없다.
그 옹골찬 품성이 불 속에서 까지 향을 낸다.

장작을 패보니
나무마다 제 성깔이 그대로 담겨있다.
살아온 나날이 고스란히 담겨있다.

누군들 불 피우는 날, 저마다 드러나지 않겠는가?

아들에게

그때, 내가 봄이었을 때에는 봄인 줄 몰랐지 정말 몰랐어.
그저 누구에게나 오는 화사한 날인 줄만 알았지.
내가 꽃이었을 때에는 꽃인 줄 몰랐지 정말 몰랐어.
그저 언제까지나 그렇게 피어있을 줄 알았단다.
웃음도 열정도 한숨과 분노조차도 특권이었던 걸
이제야 돌아보니 그날이 봄날이었어 나도 꽃이었던 거지.

이제, 눈이 시리도록 환하게 핀 벚꽃 나무 아래
와글와글 둘러앉아 피어나는 꽃들을 보면서
함께 피어 끼어들지도 못하고 포장마차 떡볶이 몇 개로
환하게 웃음꽃 피우며 돌아오는 너를 보면서
한 때 봄이었던 내가, 한 시절 꽃이었던 내가
미안하구나. 미안하구나.

이 땅에 태어나 다르게 피어나는 꽃들아
이토록 척박한 땅에 나비도 벌도 찾지 않는 애처로운 꽃들아
맑은 향기 잃지 않기를, 고운 마음 다치지 않기를…
남쪽 바람 어느새 고개를 넘었으니

샘이 되거라

아가야 샘이 되거라
소롱골 옹달샘처럼 맑은 눈을 가진 아가야
저 아래 어지러운 동네에서 놀지 말고
소나무 동네에서 자라
한없이 맑은 샘이 되거라

아이야 샘이 되거라
삼막골 박씨샘처럼 깊은 눈을 가진 아이야
저 아래 메마른 동네
언제나 넉넉하게 적셔주는
다함 없이 깊은 샘이 되거라

꼬마야 샘이 되거라
정골 골짜기 물처럼 짙은 눈을 가진 꼬마야
너는 서어나무 바위 그늘 뻐꾸기 솔바람
송악의 아이야
저 아래 무더운 동네 지친 영혼들에
언제나 짙푸른 샘이 되거라

- 2004. 11. 2. 송악의 아가를 축복하면서

달란트

우리는 매일 매일
하느님께서 주신 보물 상자를 열고 닫는다.
가난한 마음
아파하는 마음
따스하고 부드러운 마음
정의를 갈망하는 마음
불쌍히 여기는 마음
맑고 깨끗한 마음
평화롭게 하는 마음
옳은 일을 이루기 위해 참을 줄 아는 마음
고난과 역경 중에서도 소망으로 기뻐하는 마음
우리는 매일 매일
하느님께서 나에게 주신 보물 상자를 열고 닫는다.

"그 주인이 이르되 잘 하였도다 착하고 충성된 종아
내가 작은 일에 충성하였으매 내가 많은 것으로 네게 맡기리니
내 주인의 즐거움에 참예할찌어다"(마 25:21)

새로 시작할 때는

하나부터
한 걸음부터
작은 일부터
한 가지 일부터
한 사람부터
지금부터
그리고…
바로 나부터

2월을 닮은 아이

모두 다투어 앞서갈 때 내어주고 밀어주고
마침내 기꺼이 내려앉아 2월을 닮은 아이야
너의 맑은 눈은 어쩜 낮아짐의 뜻을 아는 걸까?
하늘 높은 자리 버리고 베들레헴 마구간으로 오신
그분의 깊은 뜻을 아는 걸까?
너의 아장걸음은 어쩜 낮아짐으로 우러름 받은
갈보리 언덕 그분의 진리를 정말 아는 걸까?
구름 속에 햇살 반짝 복을 가득 담은 이날
2월의 꽃을 닮아 용감하고 섬세하게 자라
눈물이 촉촉하여 낮은 자를 보듬어 주는
보랏빛 사랑으로 우리 모두의 보람이 되어 주기를…

- 2007. 2월의 아이를 축복하며

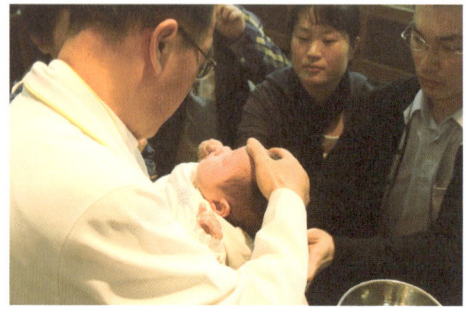

늙는게 아까워 증말…

심방 때마다 구부러진 허리 위로 성경 가방 척 둘러메고
행여나 뒤처질까 팔 내두르며 앞장 서시는 복구미 권사님

"내가 살면 얼마나 살것슈, 내년엔 하게 될지 어찌 될지…"
하면서 떼거지 쓰는 건지 통사정하는 건지 올해에도
점심 준비 다른 사람 밀쳐두고 차지해버린 해쟁이 권사님

당신이 빠지면 은혜도 한 쪼가리 빠지기라도 한다는 듯
피곤한 몸 마다잖고 언제나 한결같은 우리 장로님

가는 동네마다 집마다 "아이구, 집사님도 오셨네유…"
환영받으면서도 내가 젤 인기없다고 툴툴대시는 집사님

그러면서 하시는 말씀
"오래 오래덜 살어야 되는디, 늙는게 아까워 증말…"

새벽 달보기

우리 동네는 달하고 친한 동네랍니다.
달을 늘 마주 보고 살아 월구리이고
달눈썹을 닮았다고 달아미라네요.
달이 벌거벗고 누워있어 월라산인가? …

속회 심방길에 월구리 사는 유 집사님 댁에 들렀는데
사방이 캄캄해서 물었지요
"집사님, 어두워서 어찌 다니신대요?"
"달이 있잖유~"
그 말 듣고 올려다보니
설화산 위로 둥그라니 떠있는 달이
동네를 마주 비추고 있네요.

새벽에는
송악저수지 뚝방 위에 처억~걸쳐 있지요.
오미니로 삼거리로 해쟁이로 차운행 하다보면
그 달이 앞서가다 옆에 가다 쫓기다가
물 너머로 깔딱 "잘가~" 하고 인사를 다 합니다.

사순절 새벽
달하고 함께 기도하러 안 다니실래요?

한가위

해쟁이 고랑 강 권사님 댁 늙은 감나무는
홍시를 뚝뚝 떨어뜨리고
여름내 복구미 초입서 가시를 세우며
앙탈 부리던 밤송이가
얌체처럼 삐쭉 알밤 내미는 가을
돌모랭이 김 집사님네 마당가에
미련스러울 정도로 가랑이 찢어지게
다글 다글 열린 왕대추알 마냥
모여 앉은 가족·친지 한가위 밥상 위에도
처남·매부 둘러앉은 친선 고스톱 판 위에도
하나님 축복 설화산에 휘엉 걸친 달덩이만큼
집안마다 동네마다 가득하시길.

장마

여름날 장맛비가 오면 부침개 냄새
고등어자반 지게꼬리에 매달고 외삼촌 오시면
비닐우산에, 주전자에, 동전 몇 개 쥐여주며
양조장 막걸리 심부름 보내시던 어머니.
그 손에는 들기름 냄새.

여름날 장맛비가 오면 봉숭아 꽃잎
장독대 옆에서 따온 봉숭아 꽃잎 댓돌에 찧어
할머니 지청구 들으며 모여 잠자던 누이들
아침에 풀어낸 빨~갛게 물든 손톱처럼
환하게 피어난 사촌누이 얼굴.

긴 긴 여름날 장맛비만 오면
부엌문 삐걱 열린 틈새로
부침개 기름도 누이들 웃음도
빗줄기 타고 슬며시 흘러나오네요.

미련한 사람

미련한 사람이 사흘을 굶으며 깊은 산속을 헤매다가
주저앉아 하나님께 구했다.

"하나님, 당신 모습을 보여주십시오"
"하나님, 당신 음성을 들려주십시오"
"아니면 당신을 느낄 수 있게 저를 만져주십시오"

숲속에서는 나뭇가지 사이로 햇살이 반짝이고,
바람소리 새소리가 들리고
바람에 스치는 풀잎이 흔들리고 있었다.

"하나님, 확실히 듣고 보아야겠습니다"
"……"

정신을 잃었는지 잠들었는지 한참을 엎드려 있다가 눈을 떴다
여전히 숲속에서는 나뭇가지 사이로 햇살이 반짝이고,
바람소리 새소리가 들리고
바람에 스치는 풀잎이 흔들리고 있었다.
그리고 미련한 사람의 숨소리와 가슴이 뛰는 소리가 들렸다.

"하나님, 확실히 보여주십시오, 확실히 들려주십시오"
"……"

깊은 산속에 하나님께서 만드신 태양은 빛을 비추고 있었고,
하나님께서 창조하신 나무와 풀들은
짙은 그늘을 드리우고 있었고,
새들은 노래하고 있었고,
거기서 하나님께서 만드신 그 미련한 사람은
헐떡헐떡 숨을 쉬고 있었다.

다시 주님께로

살다 보니
거뜬히 일어나는 것도,
가볍게 눕는 것도
일이 되어 버렸습니다.

내려놓겠습니다.
어느새 욕망의 그림자가 비치는
그 옛날 꿈도, 소망도

내려놓겠습니다.
어느새 버거운 짐이 되어버린
그 잘난 이름도, 자리도

바람처럼 훨훨 날아
마구간에, 빈들에, 마침내 바다에
거기서 다시 주님께로
한 걸음씩만 걷겠습니다.

내 소리를 낮추면

사순절 특별 새벽기도
며칠째 나는 심한 일교차로 목이 잠겨
제소리를 낼 수가 없었습니다.

뜨거운 물 한 컵에 의지하여
겨우겨우 소리내어 찬송하고 말씀 전하고…
그러기를 나흘째…

오늘은 말 그대로 최악입니다.
부슬부슬 내리는 새벽 봄비에
강단에 오르자 갑자기 전기마저 '뚝'
여전히 잠긴 목에 마이크마저 먹통
세상이 캄캄해지며 앞도 캄캄해지는 겁니다.

그런데 말입니다.
오늘에서야 깨달았지 뭡니까?
내 소리가 작아지면
다른 사람의 소리가 크게 들리는 것을…

겨우겨우 촛불 밝혀 맨 소리로 부르는 찬송
다박다박 입을 열어 간절히 드리는 중보기도
어느새 훤하게 밝아오는 강단에서
나는 주께 드리는 아름다운 마음들을
깊이깊이 주워 담았습니다.

느티나무

동구 밖 언덕에 홀로
느티나무

화려한 꽃 피우지 않아
탐스런 열매도 매달지 않아
유혹하는 향기조차 풍길 줄 모르는
느티나무

봄부터 가을까지
그저 자신에게 주어진 사명인 양
가지 뻗고 잎사귀 내어
짙푸르고 깊은 그늘

그저 넓게 높이 서 있는
느티나무 그늘 아래

개구쟁이 동네 아이들
청춘남녀 젊은이들
땡볕에 지친 일꾼
길손 나그네
안식을 청하는 모든 생명에게

가을날 떨구는 낙엽조차
겨울날 햇살을 바라는 땅을 향한 따스한 배려

봄, 여름, 가을, 겨울. 비, 바람, 눈, 서리까지
가고 오는 세월을 온몸으로 살다가
마침내는
속 비워 생명을 품어 안는 느티나무

- 2006.2.25. 곽노문 집사님의 칠순을 맞이해서

먹고 사는 삶이란

높다란 가을하늘 아래 커다란 키 수수 이삭마다
양파망이 하나씩 씌워져 있습니다.
"아니, 저게 뭐래요?"
"새덜 헌티 안 뺏길려구유~"
"그래도 저렇게까지 해야 하나요?"
"걔들도 목숨 걸고 뎀비니께유~"
빼앗아 먹으려는 새들은 목숨 걸고 양파망 속까지 파고들고
빼앗기지 않으려는 농부는 사다리 타고 올라가 양파망을
더 조입니다.
어디서나 삶이란 이토록 치열한 겁니다.

목마름

이제야 듣습니다.
희미하지만 분명히 알 수 있는 당신의 목소리
미친놈 마냥 스무날을 주려 쏘다닌 나머지
이렇게 대비뚝 끄트머리에 서서

"내가 목마르다…"
신음소리 다시 듣습니다.
저리도 벌겋게 메마른 땅에
사랑에 목말라 지친 영혼들
그 가운데 당신의 신음소리 뒤엉켜 있습니다.

좋은 영화

엊그제 영화를 보고 나서
음악을 몇 시간째 들었다.
어제는 괜히 생각난 친구한테
전화를 두 시간 동안 했다.

좋은 영화 가끔
보면서 살아야겠다.

똥꼬 수술을 하고 나서야

나는 자주 '요리가 내 특기'라고 자랑했다.
그러고는 설거지는 한사코 다른 사람에게 미루었다.
똥꼬 수술을 하고 나서야 깨달았다.
요리 잘해 칭송받는 것보다
설거지 잘하는 것이 더 좋은 일이라는 걸.

산동백 당신

이른 봄 각흘고개 산마루에 노오란 산동백이 피었었지요.
꽃향기에 취한 꾀꼬리 노오란 노래도 더욱 간절했고요.
"담배밭에 조도령~"
"담배밭에 조도령~"
"담배밭에 조도령~…"
노오란 산동백꽃 시들고 긴~긴 여름 다 지나서
이제는 꾀꼬리 목소리도 그만 지쳐 사그라질 때
산동백나무 가지 끄트머리 마다 한 알씩
동백기름 알차게 담아 영글었답니다.
님 기다리며 울다 지친 꾀꼬리 머리에 곱게 발라주려고.

하나님, 참 감사합니다.
우리 곽노흥 선생님,
이렇게 당신의 따스한 자연의 품에 안아주시니
감사합니다.
이 세상에서 만나 산동백꽃 향기처럼
진하게 사랑했던 님과 함께
영원한 하늘나라에서 영생의 복을 누리게 하시오니
감사합니다.

이 세상에 남겨진 나혜와 윤신이도 어머니 아버지처럼
그렇게 사랑하고 사랑받을 수 있는
의연하고 성숙한 사람으로
키워주셨으니 감사합니다.
가고 오는 세월 속에 사람들도 산천초목도 가고 오지만
오직 하나님의 말씀만이 영원하심을 믿사오니
오늘 이 아프고 슬픈 현실 속에서도
하나님 아버지의 선하신 뜻을 믿고 의지하여,
낙심하거나 절망하지 않고 우리에게 주신 이들을
더욱 뜨겁게 사랑하며 살아가게 하옵소서.

눈 쓰는 사람

"삐리릭삐리릭…" 새벽 4시 50분
끈질기게 악써대는 알람 시계부터 눌러놓고 이불속으로
너무 피곤하다 오늘은
그래, 어젯밤은 새벽 2시에 잠자리에 들었지
온양에서 돌아오는 길엔 눈이 수북이 쌓이고 있었지
몇 사람이나 오시겠어! 오늘 새벽엔
하루쯤 빠진다고 별일이랴
그래, 특별한 날이야 오늘은…

이불 속은 더없이 따스했고 몸은 훨씬 더 무거워지고
꿈길은 한없이 달콤했다.
……

꿈에선지 마음속에선지
'삯꾼!'
한 마디에 불에 덴 듯 일어나
옷이라고 꿰어 입고 부랴부랴 문 열고 나선 발 앞에
뿌옇게 눈 수북 쌓인 마당 한 가운데로
홍해바다 마냥 갈라져 열린 빗자루 자국길.
그 끄트머리에는 교회로 닿아있다.

누군가 나를 기다리며 눈 쓰는 사람이 있다.

아이야

동구나무 아래 햇살 그렇게 좋은데
오손도손 소꿉놀이 함께 놀지 못했구나.
골목길은 요리조리 숨을 데도 많은데
무궁화꽃 피고 지는 숨바꼭질도 못 했구나.
초등학교 앞마당은 넓기도 한데
달음박질 공놀이 함께 하지 못했구나.

미안하다, 아이야.
나누고 싶은 이야기는 너무 많은데
다윗 소년 돌팔매 동방박사 별 이야기도
팥죽할매 호랑이 담배 시절 이야기도
가보고 싶은 곳들은 너무 많은데
인어공주 용궁에도 어린 왕자 사막에도
별이 쏟아지는 알프스 어느 산골짝에도
초롱초롱 네 눈망울에 가득 담아주고 싶은데

무슨 대단한 어른 일 한다고
반짝 눈빛 깊이 마주치지 못하고
보드라운 볼에 진한 뽀뽀 한 번 못 하고
한 줌 짧기만 한 겨울 햇살 한나절도
까르르 웃음으로 함께 하지 못했구나.

아이야 눈을 뜨렴
샘처럼 맑은 눈의 아이야
이제는 일어나렴
동생아가 뒤뚱뒤뚱 걸음마 가르쳐달라고
'형아! 형아!' 부르잖니

- 2006.12.31. 지우를 위해…

나에게

일보다 사람이 중요하다.
일보다 사람이 더 중요하다.
일보다 사람이 훨씬 중요하다.
일보다 사람이 중요하다.
일보다 일보다
사람이 사람이
백 번이고
천 번이고
더 중요하다.
일은 얼마든지
돌이킬 수 있지만
사람을 잃는 것은
자신조차, 온 천하까지
다 잃는 것이기 때문이다.

요나

어쩌겠습니까? 이것이 나인 걸요.
제비뽑아 물속에 던져 넣어도,
물고기 아가리서 겨우 나왔더라도
불쌍한 어머니 나를 가질 때부터
뼛속까지 담아둔 우리의 정당한 분노는
나도 어쩔 수 없습니다.
내 모든 것 삼켜버린 저 원수들을
기필코 멸망시켜 갚지 못한다면
죽는 것이 사는 것보다 차라리 나은걸요.
길이야 알지만, 당신 뜻도 알지만
우리는 아직도 어쩔 수 없습니다.

누구라도

누구라도 산에서만 살 수는 없지요
누구라도 바다에서만 살 수는 없구요

산골 사람들은 어쩌다 바다에도 가보고 싶고
섬 사람들은 어쩌다 산 구경 나들이도 가고 싶고
그렇게 산도 바다도 오가며 살아가잖아요.

좋은 날만 살 수는 없지요
나쁜 날만 살 리도 없구요
누구라도 좋은 날은 있는 것이고
누구라도 나쁜 날은 오는 것인데

좋은 날에 나쁜 날을 생각 못 하는 것도
나쁜 날에 좋은 날을 바라보지 못하는 것도
바로 앞도, 저 너머도 못 보는 어리석음 때문이지요.

산처럼 높게 보면
바다처럼 넓게 보면
나무처럼 숲처럼 바위처럼
길게 보고 깊게 보고 오래오래 보며는

좋은 날도 잠깐, 나쁜 날도 잠깐
고상한 날도, 험한 날도
그렇게 흘러 흘러 가는 시간일 뿐인데

순간에 홀려 스쳐 지나가는 바람에 홀려
품위도 의리도 사랑도 친구도 잃어버리고 마는
이 어리석음이여…

여전히 보름달인데

부엉골 고랑밭에서 두근거리며 콩서리 하던 그날 밤도
박봉산 솔가지 꺾어 맑은 물에 씻어 송편 빚던 그날 밤도
송악저수지 대비둑에 자리 펴고 앉아 바라보는 오늘 밤처럼
동산 위에 떠오른 달은
여전히 그분처럼 포근하기만 한 보름달인데
욕심에 눈 뒤집혀 어린 생명마저 겪어버린
캄캄하기 그지없어 음울하기만한 가인의 세상

그분이 하늘 가득 보름달로 비추고 있는데.

병이려니

해마다 이날만 오면 도져나는 병이 있어
젊은 날 양심의 화인으로 찍힌 뜨거운 상처
켜켜이 십 년을 넘게 맞아온
일상이라는 망각이라는 영양제에도
여전히 이리 무감각할 줄 모르니
평생을 앓아야 할
병이 밴 큰 병인가 보다.

무지하고 비굴했던 내 거울 속 모습도 이러한데
사랑하는 이를 잃어야 했던 남도 그분네들은
닦을수록 생생해질 눈물자국 통곡 소리 핏자국 얼룩

그 뼛속에 박혀버린 아픔을 어찌한다나.

사람 냄새

세상에서 가장 좋은 향기는 사람으로부터 나온다.
사람에게서 사람 냄새가 날 때 세상은 살만 해진다.

세상에서 가장 역겨운 악취는 사람으로부터 나온다.
사람에게서 사람 냄새가 날 때 세상은 사람 살 곳이 못 되어간다.

나 찾기

나는 누구인가
자상한 남편, 믿음직한 가장, 엄한 아버지는
벌써 지났고
그토록 기술 좋고 힘 좋고 성실한 농사꾼도
한 시절로 지나갔고
맘씨 좋은 아저씨, 이것저것 많이 아는 아저씨도
어느새 흰 백발에 실려 다 흘러갔고
주일 잘 지키는 아무개 집사까지도
찬송가 소리에 묻혀 어느새 지나가 버린 나.
그나마 한 가닥 움켜쥔
혼자 어린 손녀딸 밥해 먹이는 할아버지도
이제는 한두 해니 남았는지 몰라

이제는 아무 옷도 걸칠 것 없고
누구도 바라보지 않는
황량하게 넓고 넓은 세상 한 귀퉁이에
덩그러니 남은 나는
나는 누구란 말인가?

발을 내밀어 주는 사람

얼굴을 내미는 사람은 많지만,
발을 내밀 수 있는 사람은 많지 않다.
그만큼 알기에
그만큼 믿기에
그만큼 사랑하기에
그렇게 편안하게
"시언~해요, 간지러워요, 또 해줘요…"
할 수 있는 것이다.
발을 내밀어 주는 사람은
그 마음에 천국이 준비된 사람이다.

별을 닮은 이에게

미안하단 말을 하고 싶어요.
늘 곁에 있으면서도 무거운 짐 거들지 못했네요.
나에게 말했지요.
"하소연이라도 할 곳이 없어 하는 거"라고
하나님께 하고도 남은 하소연 하도 답답하고 막막해서
그저 털어놓는 거라고
무겁고 깊은 한숨조차 맞들어 드리지 못해 미안합니다.
젊은 날에는 머리엔 짐을 이고, 등에는 아이들 지고
그렇게 살았다 하셨지요.
지금은 뒤에 매달고 다니시네요.
평생을 찬송 부르며 걸으셨지요.
찬송 부르는 사람은 언제나 그 마음에 별이 있지요.
별을 바라보는 사람은 삶이 아무리 질펀해도,
입술이 아무리 메말랐어도
마음은 세상이 결코 닿을 수 없는 별을 닮아
언제나 별만큼 아름답지요.

ESSAY

3장
모든 생명

세시는 하나님

월요일 새벽 4시. 열 일 제치고 산에 갔습니다. 산에 가야지 가야지 하면서도 이일 저일 밀리다 보니 벌써 삼월 중순이 되었습니다. 하여 이러지 않고는 또 한 주 미뤄지고 말 것 같아 어둠을 탓하지 않고 산으로 뛰어든 겁니다.

하지만 아직은 이른지 무려 여섯 시간을 헤매고 다녔는데도 그럴듯한 봄꽃이라고는 그림자도 보이질 않았습니다.

물가 버들강아지 끄트머리에, 다랭이논 산개구리 울음소리에 봄기운은 완연한데…

지칠 대로 지쳐 어느 깊은 계곡 양지바른 낙엽 더미에 누워버렸습니다. 한참을 누워서 아른아른 게으름 피우고 있는데 갑자기 눈앞에 노루귀 하나가 보였습니다. 아니, 다가온 겁니다. 그토록 헤매 다닐 때는 안 보이더니 내가 누워버린 거기에 기다리듯 피어있는 겁니다. 그저 멍해져서 한참을 보았지요.

꿈같이 다가온 노루귀 꽃 하나
하나 둘 셋 넷 다섯 여섯 일곱 여덟 아홉.
꽃잎처럼 보이는 꽃받침잎이 모두 아홉 장.
하나 둘 셋 넷 다섯 여섯 일곱 여덟 아홉 열 열하나 열둘…
보리밥 미낭 둥그스름한 수술은 모두 스물 네 개.
그리고 꽃을 받치고 있는 잔털 덮인 포가 3장

한참을 그렇게 세어 가다가 문득,
'아 여기까지 세고 계셨구나…'
이 깊은 산속에 자그마한 꽃을 두어
가만가만히 세시는 하나님.

봄이라고 산엘 가면 거기까지 세시는 그분을 만납니다.

- 2001.4.1. 송악주보

PS. 내 딴에는 깊은 산속에서 받은 은혜를 혼자만 품고 있기에 아쉽다고 이렇게 글이라고 써서 교회 주보에 실었습니다. 그러면서도 '괜시리 폼이나 잡는 거지 누가 제대로 읽어보기나 하겠나' 싶기도 했습니다.

목요일 아침. 면사무소 앞에서 가게 하시는 윤 집사님께서 전화하셨습니다.

"목사님헌티 이 말씀 디리고 싶어서 즌화했슈."

몇 마디 하시더니 갑자기 흐느끼며 우시는겁니다. 한참을 그렇게 울다가 띄엄띄엄 하시는 말씀.

"지가 맨날 새벽기도 끝나고 물건 하러 온양도매시장까지 걸어갔다 오는 디 그 어둔 길이서 아무도 봐주는 사람두 읎고, 이제는 늙어서 발이 떨어져라 아픈디 이 고생하는 걸 자식새끼덜이 알어주나, 이우지(이웃)가 알어주나, 혼자 먹고 살것다고 이 고생고생 허는디 아무도 알어주지 않는 이 신세가 너무 처량 맞고 한심해서 뭐 할라고 이 지랄로 사나 싶어서 맨날 울믄서 댕긴다니께유. 그래서 살맛이 하나 읎었는디."

"근디 어젯밤에는 주보에 있는 글 읽어보고 얼마나 울었는지, 꼭 내 얘기 쓰신 것 같더라구유. 아무도 알어주지 않는 그 깊은 산속에 그 하찮은 꽃까지 다 세시는 하나님인디. 오늘 새벽기도 끝나고 온양 도매상 갔다 오는디 그 생각만하믄 오치기 은혜가 되던지 찬송이 저절로 나구유, 발걸음이 거쩐거쩐 가벼워유. 이 못난 것도 하나님이 봐주시니께유. 갔다 와서 목사님 글 다시 읽어보고 또 읽어보다가 너무 은혜시러워서 이러키 즌화허내유. 목사님 괜찮지유?"

집안이 가난해서 핵교 문 앞에도 못 가보았다는 윤 집사님, 교회 나오면서 찬송가 따라 부르다가 어느 날 글씨가 확 읽어지더라고 늘 간증하시는 할머니 집사님입니다.

광덕산 층층나무

광덕산 정상 바로 아래 일마당 등산로 곁에 아름드리 층층나무 한 그루가 있습니다. 이름 그대로 층층으로 가지를 뻗어내며 자라서 한눈에 바라보아도 기막히게 멋진 수형을 가진 나무였습니다. 그런데 몇 해 전 겨울날, 그 멋진 나무가 중간쯤에서부터 '뚝' 부러진 겁니다. 찢어진 나뭇가지는 등산로 위로 쓰러져 걸쳐있고 반쪽을 잃은 나머지만 볼품없이 위태롭게 서 있습니다.

그 아래를 지나다가 아쉬워 제가 한마디 했지요. "이번 겨울엔 바람이 참 모질었나 봅니다." 그랬더니 동행하던 선생님 한 분이 툭 하시는 말씀. "바람이 너무 없어서 이렇게 된 거지요." 눈이 올 때 바람이 불면 가지가 흔들리면서 가지에 눈이 쌓이실 않는답니다. 나뭇가지에 눈이 쌓이는 것은 바람 한 점 없이 고요한 가운데 눈이 내릴 때랍니다. 그 눈은 계속 가지 위에 쌓이고 또 쌓이고… 결국에는 쌓이는 그 눈의 무게를 견디지 못하고 그만 나뭇가지가 부러져 버리는 겁니다.

지금 내 삶에 바람이 몰아치고 있습니까?
감사할 일입니다.
혹, 아무런 걱정거리 없이 평안하십니까?
그렇다면 뭔가 쌓이고 있는지 돌아보아야겠어요.

- 2002.6.30. 송악주보

매미한테 배우기

긴긴 여름날 하루 종일 매미잡이 해보셨어요?

소나무에 잘 붙어있는 털매미.

우는 소리는 긴소리로 "찌~……" 한다고 우리 고향동네에선 "찌매미"라고 부른답니다. 매미 중 가장 먼저 나와서 초가을 가장 늦게까지 울어대는 참 부지런하고 끈기 있는 놈입니다. 그러다 가을날 마지막까지 울다가 그 자리에서 땅바닥에 떨어져 개미의 먹이가 되더라구요. 마지막 남은 힘까지 다하여 자신의 사명을 다하고는 장렬하게 죽음을 맞이하는 존경스러운 매미.

덩치가 가장 작은 애매미.
마치 모시옷을 입은 것 같이 투명하여 '모시매미'라고도 하고 울음소리

가 "오~씨 오~씨 오~씨" 하다가 "씨리리리" 하고 고비를 넘으면 그 다음엔 "찌우 찌우 찌우 찌우" 하다가 "츠츠르르르…" 운다고 우리 고향 동네에선 '오씨매미'라고도 불렀답니다. 우는 소리가 어느 부분은 길게 하고 어느 부분은 짧게 하기도 하지만 처음-고비 넘기-중간-마무리 순서는 어김이 없습니다. 언제나 어디서나 똑같습니다. 그럼요, 여기 가서 이 말하고 저기 가서 상황 바뀌었다고 저 말하면 안 되는 거지요.

우선 가장 덩치도 크고 우는 소리도 제일 큰 말매미.
우는 소리가 "아갈아갈아갈…" 한다고 우리 고향 동네에선 '아갈매미'라고도 불렀답니다. 요즈음엔 이놈들이 도시의 밤 불빛을 낮으로 착각하여 밤새 아파트단지 나무에 붙어 그 큰 소리로 "왁왁" 울어대어 사람들이 잠을 이룰 수 없도록 소음공해를 일으켜서 문제랍니다. 한밤

에도 대낮같이 불 밝혀 놓고 사는 사람들이 문제인지, 밤이든 낮이든 밝기만 하면 우직하게 제 할 일을 해내는 말매미가 문제인지…

두 번째로 덩치가 큰 유지매미.
아주 특별한 놈입니다. 다른 매미는 날개가 모두 투명한데 이놈은 붉은색을 띤 검정 무늬가 있는 불투명 날개로 기름종이(유지) 모양이지요. 그래서 저희 고향에서는 '불(붉?)매미'라고 불렀답니다. 낮에는 잘 울지 않다가 저녁때가 되어 약간 어둠이 비칠라치면 "지글지글지글…"하며 기름 끓는 소리로 울지요. 이놈이 한번 날아오르면 가뜩이나 붉은 날개가 석양빛에 비취면서 더 붉어 보였지요. 아마도 돌담 타고 낑낑거리며 겨우 치켜올린 매미채로 헛손질하던 어린 마음에 아쉬움이 더해져 더욱 근사해 보였는지도 모릅니다. 뒤란 돌담 사이에 심어진 참죽나무에 높이 앉아 울던 그 유지매미를 요즈음에는 통 볼 수 없네요. 혹, 사라져 버린 건 아닌지… 언제나 특별하다는 것은 흔치 않다는 것이고 귀하다는 것은 약하다는 뜻입니다. 특별한 사람이 되고 싶습니까?

최고의 매미, 참매미.

나무 중에 최고는 참나무, 나리 중에 가장 좋은 참나리, 외(오이) 중에 가장 맛있는 참외, 매미 중에 매미는 참매미, 아마도 '매미'란 이름은 이놈이 우는 소리를 흉내 냈을 겁니다. "맴-맴-맴-맴-맴"하고 몇 번이고 울다가 길게 한 번 "맴~ㅇ~"하고 마무리하지요. 이 녀석은 공기가 맑은 곳이 아니면 살지 않는지 도시에서는 이놈 소리를 도저히 들을 수 없답니다. 그리고 이른 새벽, 주변이 막 보이기 시작할 때 제일 먼저 울지요. 하루 중 가장 맑은 공기, 맑은 영혼의 시간. 송악교회 새벽기도에 나와 보세요. 이놈들이 글쎄 특송을 한다니까요…

- 2002.8.4. 송악주보

까치에게 배우자구요

토요일 아침, 어린이집 차량 운행 나가려 하는데 오미니 조 권사님 댁에서 전화가 왔다. 어린이집 차가 아직 안 왔다는 거다. "아니, 차량 운행 시간이 아직 안 되었는데요?" "그래요? 애 할아버지랑 아까 8시 안 돼서 나갔는데…" "세상에!~ 그럼 이 추위에 40분 동안이나 밖에서 기다리고 계신 거예요?"

토요일에는 어린이집 차가 8시 40분에 거기 도착하는 것을 모르시고 일찌감치 나가 기다리셨던 것이다.

급한 마음에 어린이집에 가서 선생님을 태우고 갔다. 마을 앞에서 그때까지 기다리고 계시는 모습에 얼마나 안쓰러운지…

다음부터는 꼭 시간 맞추어서 나오시라고 몇 번이고 당부드리고 다음 집으로 향했다. "이젠 다음부터는 좀 늦게 나오시겠지요?" 묻는 나에게 선생님은 대뜸, "아~닐걸요? 시간을 모르시는 게 아니에요. 우리가 기다리지 않게 하려고 미리 나와 기다리시는 거예요…" 그 선생님 말씀이 평일에도 차량 운행 시간을 몇 번이고 말씀드렸지만 늘 미리 나와 기다리신다는 거다. 그러고 보니 할머니 할아버지가 계신 집은 다 그런단다. 그런데 젊은 엄마·아빠가 있는 집은 그 반대란다. 심지어 어떤 집은 집 앞에 가서 한참을 '빵빵' 해도 안 나와 집에 들어가 보면 그제야 잠옷 입은 아빠나 엄마가 아이를 데리고 나오는 집도 있단다. 그게 바로 '차이'란다.

그런 말을 하면서 저수지 아래 해쟁이 뚝방을 지나는데 "깍깍" 까치 소리가 들렸다.

가만히 보니 부부로 보이는 까치 두 마리가 번갈아 바쁘게 나뭇가지를 물어 나르는데 나무 위에 집을 짓고 있다. 나뭇가지에는 이제 막 만들어지기 시작한 둥지가 보인다. "참나, 저놈들 이상한 놈들이네요? 이 추운 겨울날 집을 짓고 있어요. 글쎄…" 그랬더니 "까치들은 소한(小寒)이 지나면 집을 짓는데요." 예사롭지 않은 그 소리에 "예? 누가 그래요?" 했더니 그 선생님 웃으면서 하시는 말씀. "엊그제 TV에서 그랬어요."

순간, "띵~" "그렇구나!"

까치란 놈은 이 추운 겨울에도 벌써 봄을 준비하고 있는 것이다. 알을 낳고 새끼를 키울 둥지를… 생각해보니 까치의 지혜는 참으로 탁월한 것이다. 그렇게 해야 혹 물어다 얹은 나무가 생가지 일지라도 겨우내 바짝 말라 둥지가 뽀송뽀송해질 터이니…

미리미리 준비하며 기다리는 것.
그것이 바로 자연의 지혜요, 하느님의 창조 섭리인 게다.

- 2003. 1. 19. 송악주보

좋은 것을 담고 있어

한 삼 년 되었는가. 교회에서 꽃주일날 설화리 쪽으로 야외예배 갔을 때 어떤 집사님이 "이거 음나문디 좋은 거유" 하시면서 캐 주시길래 별생각 없이 교회 화장실 옆에다 심었는데 어느새 어른 키를 두 길이나 넘게 자랐다.
온몸에 날카로운 가시를 촘촘히 달고 있어 가까이하기엔 정말 부담스럽다. 게다가 여린 잎사귀를 만져보면 풍겨오는 냄새가 아주 독하다. 생김새와 냄새로 엄나무는 우리에게 이렇게 말하고 있는 거다.
"내 몸에 절대 손대지 마시오. 접근금지!"

작년엔가 달아미 집사님 댁에 심방 갔는데 문설주에 웬 가시나무 토막이 매달려있어 보니 엄나무다. 무심코 물었다. "저거 뭐 하려구요?" 돌아오는 대답이. "나쁜 거 들어오지 말라구유…"
가시투성이로 보기만 해도 섬찟하니 그렇게 쓰일 만도 하다. 근데 예수 믿는 집사님네 집에 귀신 쫓는 엄나무라니 좀…

어제는 엄나무 순을 땄다. 듣기로 엄나무 순이 그리 맛있다니 올해는 꼭 먹어보자고 벌써부터 별렀던 터다. 가시를 피해 가며 꼼꼼히 따낸 잎에서 나는 냄새가 아무래도 불안했다. 그런데 끓는 물에 데쳐 양념에 버무려 먹어보니 '이 기막힌 맛!…'

그 독한 냄새 속에 아주 좋은 향취를 숨겨두고 있었던 거다. 순식간에 다 먹어 치우고 그날 저녁에는 어린이집 선생님들까지 불러들여 함께 만찬을 벌였다. 모두가 별미라며 쌉쌀하면서도 고소한 그 맛을 행복하게 즐겼다.

엄나무가 그토록 온몸에 가시로, 독한 냄새로 무장한 데에는 다 이유가 있는 거다. 그만큼 좋은 것을 속에 담고 있으니 불안할 수밖에.

사람 중에도 날카로운 가시를 품고 다니는 사람이 더러 있다. 대개의 경우 사람들은 그 가시 때문에 그 사람에게 가까이하기를 꺼린다. 그런데 꾹 참고 잘 사귀어 보시라. 그런 사람은 뭔가 기막히게 좋은 것을 속에 담고 있다.

- 2003.4.27. 송악주보

풀꽃처럼

우리끼리 이름하여 엠마오 여행. 부활절후 1박2일의 짧은 휴식입니다. 올해는 강원도 태백산으로 갔습니다. 오랜만에 만나는 정겨운 사람들에 설레는 나에게는 또 하나의 기쁨이 있습니다.

그곳에 가득한 태백산 야생화들.
거기 태백에서 진폐 환자들을 돌보며 목회하는 박 목사가 그토록 자랑하는 얼레지 군락을 꼭 보고 싶었습니다.
우리 동네 광덕산에 오르다가 우연히 가까이하게 되면서 공부를 시작한 우리 들꽃이 나에게는 산행에서 얻는 또 다른 기쁨이 된 것입니다.
전문가들 입장에서 보면 하품 나는 초보 수준이지만 호랑이 없는 산에서는 토끼가 왕초라고, 목사들끼리 가는 산행에서야 내가 '강사'지요. 동료들은 저에게 황감하게도 '식물 박사'라는 별명을 붙여주었답니다.
동료들도 이제는 가다가 모르는 꽃만 나타나면 저에게 묻습니다. 제가 한껏 아는 체하면서 마구 주워 삼키면 모두 고개를 끄떡끄떡. 그러면서 '언제 그렇게 많이 배웠냐고, 그것 참 신기하다고…' 그러다 보니 이제는 그 '가짜 박사' 처신에도 이골이 났습니다. 이따금 모르는 꽃을 만날 때가 있지요. 그럴 때 나는 대충 얼버무리면서 그럴듯하게 말합니다. '이놈은 백합과(科)인데 이놈들은 하도 비슷한 놈이 많아서 도통 전문가도 동정이 어렵답니다.' 이런 식으로…

그런데 그만 거기서, 태백산에서 딱 걸린 겁니다. 그날도 주저리주저리 아는 체하면서 산길을 오르면서 등성이쯤에 다다랐는데 갑자기 바닥에 노랗게 군락으로 핀 꽃을 만났습니다. '저놈들은 뭐지?' 이런!… 도대체 가 처음 본 꽃 모양에다가 생기기는 요상하게 생겨서 도무지 무슨 과인 지도 알아낼 수가 없는 겁니다. 가지고 간 휴대용 도감에도 없어요. 얼마나 당황했는지… 동료들은 궁금하다고 저를 재촉합니다.

한참을 뒤적이다가 그만 손을 들고 말았지요. '정말 신기한 꽃이네, 저도 처음 보는 꽃이랍니다.' 그러니까 함께한 동료들이 실실 웃어요. 그도 그럴 것이 그렇게 야생화를 잘 안다는 놈이 처음 볼 정도로 귀한 꽃이라면 아무도 모르는 깊은 산속에 단 하나 콕 박혀있어야지 이렇게 길옆에 노랗게 떼로 모여 사방이 다 그 꽃이니… 참나… 가짜 박사가 들통난 거지요.

집으로 돌아와 도감부터 찾아보았습니다. '한계령풀!'
'강원도 가리왕산, 점봉산, 태백산 및 북부 지방의 고지대에 자라는 여러해살이풀. 매자나무과. 북음양곽, 메감자라고도 부르는데 전체가 연한 녹색으로 털이 없으며 연약하다. 실처럼 가늘어지는 뿌리줄기의 20cm쯤 아래에 둥근 덩이뿌리가 있는데, 여기에서 수염뿌리가 난다. 줄기는 덩이뿌리에서 1대가 나고 곧추서며 높이는 30~50cm. 노란색의 꽃을 피우며 주로 군락으로 자생한다.'

특히 내 눈에 띠는 것은 그 아래 붙은 말입니다.

* 희귀식물. 환경부가 1998년부터 보호 야생식물 28호로 지정해 보호하고 있는데 세계적으로 특정 지역에만 불연속 분포하는 식물이므로 보호가 절실하다. - 현진호 선생님의 책 '아름다운 우리 꽃' 중에서.

전문가는 과연 전문가로서 아마추어들이 주눅이 들만한 무엇인가가 있습니다. 아산YMCA 사무실에서 만난 신현철 교수님께 한계령풀 이야기를 했더니 심드렁하게 하시는 말씀이 "만나기 어려운 놈 보셨네요?" 그래요. 그래서 "언젠가 다시 봐야겠다"고 했더니 "쉽지 않을걸요?" "왜요? 그렇게 많던데…" "걔들은요 그때만 확 올라왔다가 싹 없어져요. 순식간이지요." "아니 왜 그런데요?" "더 살 필요 없잖아요?" "아니 그건 왜요? 여름도 있고 가을도 있고 햇살이 많이 남아있는데…" "뭐 하러 더 살아요? 볼일 보았으면 사라지는 거지, 식물 중엔 그런 놈들 많잖아요. 복수초도 그렇고 노루귀도 그렇고…" "그리고 보니 그렇네요…" "살 만큼 살았으면 사라져 주어야지요. 그래야 다른 친구들도 그 자리에서 살 거 아닙니까?" "……"

갑자기 눈앞이 확 열리면서 한계령풀이 나에게 설교하는 모습이 보입니다.

제목은 '풀꽃처럼'

풀꽃처럼 살자구요
하늘이 바람으로 정해준 자리 그대로 파고 들어앉아
세월이 오면 봄바람 불면
제 속에 담긴 색깔 드러내며 그렇게 당당하게

풀처럼 살자구요
하늘이 바람으로 정해준 자리 그대로 파고 들어앉아
세월이 가면 여름 햇살 따가우면
내 속에 영근 씨앗 갈무리 해두고

풀처럼 가자구요
하늘이 바람으로 정해준 자리 그대로 파고 들어앉아
세월이 흘러가면
두리번거리지 말고 돌아보지도 말고,
가을 겨울 아니 더 많은 햇살이 남아있더라도
웃음 한 보따리로 넉넉하게 넘겨주고

그저 주어진 시간만큼으로 그리워하면서
주어진 사랑만큼으로 감사하면서
우리,
풀꽃처럼 가벼웁게 가자구요

- 2004.4.29. 한계령풀에서 배우다

하늘 보좌를 내려놓고 이 땅에 오신 그분을 생각합니다. 온 천하 권세를 밀쳐 두고 십자가를 지신 그분을 생각합니다. 다시 사신 후 깨끗이 하늘로 사라졌다는 그분을 생각합니다.
다른 사람에게 내 자리를 내어주고 비켜 서 준다는 것이 우리에게 얼마나 어려운 일인가요? 스스로 깨끗이 사라져 주고 하늘이 정해주는 다음의 때를 기다린다는 것이 정말 얼마나 어려운 일입니까? 하지만 그것이야말로 이 땅에 더불어 사는 지혜라는 걸 풀꽃 하나가 깨우쳐주고 있잖아요?

제비가 보고 싶습니다

"아니, 벌써 떠났어요?"
"그럼요. 올해는 구월 십오일날 갔지유…"
달아미 임 집사님 댁에서 모이는 속회예배는 다른 집에서 맛볼 수 없는 특별한 재미가 있는데. 바로 제비를 보는 겁니다.
한동안 전혀 볼 수 없었던 제비가 몇 해 전에 나타나 처마 밑에 둥지를 짓더니 이제 매년 삼월 삼짇날이면 어김없이 돌아와서 집을 짓는답니다. 무더운 여름철에는 속회를 마루에서 모이는데 바로 머리 위 처마에 제비집이 있습니다. 초봄에는 집을 짓느라 바쁘고, 한 달쯤 있다 가면 알을 품느라 둥지에서 꼼짝도 안 하고 있고, 또 다음 속회에 가보면 어느새 새끼가 깨어나 번갈아 먹이를 물어다 주느라 분주합니다. 처음에는 약간 경계하는 듯하다가 금방 익숙해져 예배드리는 한 시간 내내 아무렇지도 않게 들락날락합니다. 어미가 벌레를 물어오면 새끼들은 서로 먼저 달라고 얼마나 악을 쓰며 소리를 질러대는지….

집사님 말씀이 올해는 첫배로 다섯 마리를 깠는데 그중 한 마리가 떨어져 죽었고, 둘째 배로 두 마리를 까서 키웠으니 올해 제비 부부는 모두 여섯 마리의 자식을 키워 내고 강남으로 돌아간 겁니다.

아직도 제비집 아래 마루에는 제비똥 자국이 하얀데 제비 떠난 빈 둥지를 보니 괜시리 허전~합니다.

그 아래에 둘러앉아 찬송을 부르며 예배를 드리다 보니 허…. 월구리 아무개 집사님도, 아무개 권사님도, 이 집 주인이신 집사님도 그렇게 자식들 다 키워 내보내고 혼자만 남으셨네요.

따사로웠던 봄 햇살도 어느새 지나가고 이젠 제법 후덥지근한 초여름입니다. 우리는 사람이 만든 시계보다 훨씬 멋스러운 시계를 알고 있습니다. 자연이라는 생태 시계.

봄이 되면서 산에 산에 피어났던 신록도, 눈에 넣어도 전혀 아플 것 같지 않게 보드랍기만 하던 집 앞 느티나무 신록도 어느새 거뭇거뭇 거칠어져 있습니다. 이것은 눈으로 보는 시계입니다. 귀로 듣는 시계도 있지요. "쫑알쫑알쫑알…" 냇가 하늘 높이 날갯짓하면서 종다리가 울어대면 따스한 봄날이고 "뻐꾹뻐꾹뻐꾹…" 이산 저산 뻐꾸기가 돌아다니며 울어대면 모내기철인 초여름이지요. 우리에게는 늘 가까이에서 볼 수 있는 아주 좋은 시계가 있었습니다.

참새목 제비과 제비.

음력 삼월 삼짇날 강남에서(사실은 인도차이나 필리핀, 오스트레일리아, 서태평안군도 어디쯤입니다만 그냥 강남이라고 하는 편이 낫겠습니다. 워낙 넓으니까) 월동을 끝내고 우리나라로 올라와 집을 짓고 알을 낳아 품어서 보름 만에 새끼를 까고, 한 달 정도 키워 내보내면 한 보름 정도 후에 또 알을 낳고 보름을 품어, 또 새끼를 한 달 정도 키워 내보내고, 그렇게 두 배를 키워 번식을 끝내는데 그리고 나서는 두 달 정도 자유롭게 개인 생활을 즐기면서 살아갑니다. 이때가 음력 6월이 되고 그때부터는 가족끼리 낮에는 먹이를 사냥하거나 날아다니며 노닐고 날이 어둑해지면 수백, 수천 마리씩 무리 지어 다리 아래에나 갈대숲 같은 곳에서 잠을 잡니다. 그러다가 음력 9월 9일이 되면 인근 동네의 모든 제비들― 수천수만 마리가 한곳에 모여들어 함께 강남으로 날아갑니다.

근데… 오늘날 우리는 통 제비를 볼 수 없습니다. 봄이 되면 어김없이 날아와 초봄, 중봄, 늦봄, 이른 여름, 한여름, 그리고 가을이 왔고, 겨울이 다가옴을 알려주던 제비가 오질 않습니다. 어찌 된 일일까요? 그 많던 제비가…

제비집을 보면 우리는 그 사연을 유추할 수 있습니다. 위의 사진은 제비집입니다. 아산 음봉의 유기농마을인 산정리의 한 농가에서 촬영한 겁니다. 산정리 마을은 20년 전부터 유기농을 했으니 이런 특별한 모습을 볼 수 있습니다. 제비가 지금 알을 낳고 품고 있으니 제때를 맞춘 거지요. 제비는 사람 사는 집 처마 밑에 이렇게 집을 짓습니다. 그런데 그 집 짓는 재료가 바로 논의 흙입니다. 제비는 그냥 진흙만으로 집을 지으면 그 진흙이 마르면서 갈라터져 집이 허물어진다는 것을 알기에 자연 골조용으로 지푸라기가 섞여 있는 논에 있는 진흙을 가져다가 입으로 반죽해서 그걸로 집을 짓습니다. 그래서 제비는 논흙으로만 집을 짓습니다.

* 이것이 얼마나 대단한 지혜인지 아세요? 성경에(출 6장) 보면 이집트에서 건축물을 지을 때 사용한 진흙벽돌에 지푸라기를 넣은 걸 볼 수 있는데 제비의 지혜가 어디에까지 닿아있는지 알게 되지요.

그런데 오늘날 논둑을 보면 어떤가요? 한참 푸르러야 할 논두렁의 풀들이 누렇게 다 죽어있습니다. 제초제를 뿌린 겁니다. 단 한 모금만으로도 사람이 즉사한다는 그 독한 제초제가 듬뿍 담긴 논두렁. 사람들은 그 논

과 논두렁에 초봄부터 서너 차례씩 뿌립니다. 아무리 영악한 제비라도 그걸 알 리가 없지요.

그 오염된 논흙을 입으로 수십 번, 수백 번씩 물어 날라다 집을 지으면서 제비는 자기도 모르게 독약을 계속 마신 겁니다. 그 결과는… 끔찍하지요. 아마도 제비는 그 집을 짓지도 못하고 죽어갔을 겁니다. 그러기를 수십 년. 그동안 제비는 이 땅에서 소리도 없이 사람들의 무관심 속에 사라져갔고, 이제는 이 땅 어느 곳에서도 쉽게 볼 수 없는 희귀한 새가 되어 있습니다. 이렇게 사라져간 자연의 친구들이 어디 제비뿐이겠습니까마는… 우리는 어쩌면 이 땅에서 영원히 제비를 볼 수 없게 될지도 모릅니다. 그리고 다음 차례는 누구일까요?

제비가 보고 싶다.
들판 날 샌 제비 냇가 물 찬 제비
빨랫줄 '재갈 조갈' 부부 제비
처마밑 모기지 치켜든 형제 제비
마루 끝 신문쪼가리 제비똥
할머니 무릎베개 흥부네 박씨 제비
봄이 오고 가을이 가는
철조차 모르고 정신없이 살아가는
오늘 나는 뻐꾸기 귀 기울이는 처녀처럼
제비가 보고 싶구나.

- 2004.5.30.

콩밭에 가 있어야

올해 깊은골 밭에는 처음으로 콩을 심었습니다.
우리 중 누구도 지어본 적이 없는 콩 농사지만 그나마 친환경농업 중에 수익성이 있다니 욕심을 내본 겁니다. 그런데 올해 그 콩 농사는 정말 아슬아슬했습니다.
먼저, 교회 옆 텃밭에 콩모를 부었는데 차일피일하다가 그만 심는 시기를 놓쳐버렸습니다. 다 커버린 콩 모를 농활 온 대학생들과 장대비 홀딱 맞으며 심으면서 이렇게 기도했습니다. "그저 살게만 해주십시오."
그렇게 심어놓은 콩이 겨우겨우 살아난 것을 확인하면서 안도의 한숨을 쉬었는데…
곧바로 할 일. 콩과 함께 나오기 시작하는 풀(잡초)을 잡는 일입니다. 풀들도 어렸을 때 매주어야 잡기 쉬운데 그 일도 이 일 저 일로 때를 놓쳐 그만 풀이 산더미가 다 되어서 허 집사님네 관리기 빌려다가 매려니 얼마나 어려운지…
그 뜨거운 여름날 관리기 시동 꺼뜨려 가면서 며칠 동안 고생 끝에 풀들은 대충 잡아 두었습니다. 그러고는 여러 가지 일로 바쁘기도 하고 서로 시간도 못 맞추어 여름 내내 누구 하나 콩밭에 가보질 않았습니다.

가을이 되어 동네 콩들은 다 거두는데도 우리는 '늦게 심었으니 아직 멀었겠거니…' 하면서 한 번도 가 보지 않은 겁니다. 그러다가 어느 날 우연히 콩밭에 가보니 글쎄…
콩들이 터져서 밭에 하얗게 쏟아진 겁니다.
부랴부랴 자루 들고 콩대를 뽑다 보니 바싹 말라서 손만 대도 우수수…
반은 밭에 흘리고 반은 주워 모으고… 그러다가 다음 날 아침에 가보니,
전날 쌓아놓은 콩대더미 위에 산비둘기란 놈들이 수십 마리씩 모여 앉아
반상회를 하면서 아예 잔칫상을 차렸더라구요.
콩 농사짓는다고 폼만 잔뜩 잡고는 산비둘기 사료 농사만 지은 겁니다.

그렇지요. 마음도, 몸도 콩밭에 가 있어야 진짜 농부지요. 문뜩 생각해 보았습니다.
'근데, 내 콩밭은 어디인가?…'
어떠세요? 천국 콩밭엔 자주 다니시나요?

- 2004.10.31. 송악주보

그 자리에 그 모습으로

광덕산 마리골에 갔습니다.

몸도 다 낫지 않았는데 무리하는 거라고, 점심에 손님까지 청해놓은 사람이 산은 무슨 산이냐고, 급기야는 함께 가는 사람들이 아줌마들이라서 굳이 가겠다는 응큼한 속셈 아니냐며 어깃짱 놓는 아내의 걱정스런 만류에도 굳이 거길 갔습니다.

짐작은 했지만 일찌감치 피는 꽃들이 벌써 잔칫상을 벌이고 있습니다. 길옆으로 제비꽃들은 여기저기 꽃을 피운 지 오래된 눈치고, 너덜겅의 바위틈 비집고 사는 생강나무는 지난 꽃샘 눈발 때부터 꽃을 피웠을 터이고, 묵은 논 한쪽 모서리에 자리 잡은 괭이눈은 '이제서야 온 거냐'며 노오란 눈을 크게 뜨고는 쳐다보고 있습니다.

돌 틈바구니 고인 옹달샘에는 올해에도 어김없이 산개구리가 한 무더기, 도롱뇽이 대여섯 줄 사이좋게 알을 낳아놓았고, 작년에 반딧불이 아이들과 함께 찾았던 큰 바위 옆 노루귀 꽃밭은 여전히 꽃밭입니다. 유난히 파란 달래밭은 여전히 달래밭이고, 바람 타는 돌틈바구에 자리 잡은 바람꽃들도 여전히 그 자리입니다.

그러고 보니 아줌마들의 재잘거림도 함박웃음도 여전히 그대로군요. 아이들이나 아줌마들이나 산속에 들면 누구나 다 그저 산이 됩니다.

무리한 낮 일정에 잠자리에 들어 끙끙 앓게 되었으면서도 마음속에 결코 후회하지 않는 보람은… 그래요. 그걸 보고 싶었던 겁니다.

자고 나면 달라지고, 작년 다르고 올 다르고, 어제 맘 다르고 오늘 맘 다른 세상에서 살다 보니 언제나 그 자리에 그 모습으로 살아가는 그 친구들을 그토록 보고 싶었던 겁니다.

- 2006.3.26. 송악주보

홑잎나물

지난 주일 낮예배 전에 넉넉한 웃음과 함께 목사관에 들르신 권사님의 손에는 검은 비닐봉지 하나가 들려있습니다.
"이게 뭐래요?" "기냥 암껏도 아뉴~ 목사님 좋아 허시는거니께 피기 전에 따왔슈~ 한번 무쳐 잡숴보시라구유~"
비닐봉지 하나 가득 차 있는 것은 홑잎나물입니다. 아주 부드러운 새순 잎에서는 산나물 특유의 풋풋한 향취가 풍겨 나왔습니다.

홑잎나물~ 우리나라 야트막한 산과 들에 흔히 자라는 노박덩굴과의 작은 키 나무. 키는 3m 정도까지 밖에 자라지 않는다. 흔히 홑잎나물이라고 부르는 잎을 내는 나무는 몇 가지 종류가 있는데, 잔가지에 날개가 달리는 것은 화살나무, 없는 것은 회잎나무, 화살나무 중에 잎의 뒷면에 털이 있는 것은 털화살나무, 회잎나무 중에 잎에 털이 있는 것은 당회잎나무라 한다. 그밖에 흔치는 않지만 잎의 뒷면 맥 위에 돌기가 있고, 열매 끝이 갈고리처럼 생긴 것을 삼방회잎나무라고 한다. 특히 화살나무 가지의 날개를 귀전우(鬼剪羽-귀신을 쫓는 날개?)라고 부르며 한방에서는 지혈·구어혈(驅瘀血)·통경 등에 아주 유용한 약재로 사용하는데 현대병에는 잎사귀, 가지, 뿌리 어디든지 암을 치료하고 당뇨병을 다스리며 월경, 생리불순, 몸을 덥혀주는 효능이 있는 것으로 알려져 있다.

화살나무는 생긴 모양이 마치 옛날 할머니들이 머리 빗던 참빗을 닮아서 '참빗나무'라고도 부릅니다. 그러니까 홑잎나물은 회잎나무, 화살나무, 또 참빗나무… 다 같거나 비슷한 겁니다.

홑잎나물은 데쳐서 간을 해 놓으면 고소하고 달짝지근하며 쓰거나 떫은 맛이 없어 먹기에 참 좋습니다. 거기에 들기름 몇 방울 떨어뜨리면 더 좋구요.

그런데 이렇게 요리하기도 좋고, 맛있고, 몸에도 좋은 홑잎나물은 나물로 먹을 수 있는 시기가 아주 짧습니다. 우리 동네에서는 4월 초순부터 중순까지 대략 보름 정도 따서 먹을 수 있는데 그때가 지나면 맛도 없고, 떫고 질겨져서 먹을 수 없습니다. 여차하면 때를 놓쳐 버리는 나물이지요.

그러고 보니 권사님이 홑잎나물을 제게 가져다주신 뜻이 바로 여기 있었군요. 화살처럼 빨리 지나가는 세월, 때를 놓치지 말고 열심히 일하라구요.

또 인생의 푸르름이란 홑잎(때를 놓치면 홀연히 사라진다고 해서 '홑잎'은 아닐까?)처럼 깜짝할 새에 세어 버리는 것이니 어영부영하지 말고 부지런히 살자구요.

- 2006. 4. 23. 송악주보

머리가 세어버리는 대나무

봄비가 내립니다.
올해에는 꽃샘추위가 유별나게 늦게까지 따라붙는 바람에 이상저온에 때아닌 우박까지 내려 풀들도 나무들도 싹을 내기가 조심스러웠던 모양인데, 그토록 느려 터지다는 대추나무조차 가지 끝에 살짝 새싹을 내는 걸 보니 이제는 누가 뭐래도 초록이 지배하는 세상이 온 겁니다.

'대나무 이파리가 뭐 저래?' 어린이집 앞마당 대나무잎을 보니 싱싱해야 할 댓잎이 누렇게 떠 있는 겁니다. '지난겨울에 참 추웠잖아요. 얼어 죽었나보지요' 아내의 말에 그저 '그런가보다' 했지요. 하지만 남들은 모두가 겨울 앞마당에 미리 알아서 이파리 떨구고 알아서 기는데 '대나무 너 하나만큼은 당당하게 추위에 맞서 푸르름을 놓지 않는 기개가 부럽구나' 했는데, 이제 와서 지난겨울 추위에 그만 지쳤나보다 하니 왠지 서글퍼졌습니다. 그런데…

오늘 어떤 책을 읽다 보니 그게 아니랍니다.
대나무가 이즈음에 잎이 누레지는 까닭은 지난겨울 추위에 지쳐서도 아니고, 무슨 병에 들어서도 아니랍니다. 이즈음에 대나무 잎이 누레지는 까닭은 새로 솟아나는 죽순에 모든 영양을 보내느라 그렇게 변하는 거랍니다. 그러니까 대나무는 자식을 위해 모든 것을 내어주는, 그러다가 머리가 하얗게 세어버리는 우리네 부모님들과 같은 겁니다.

우후죽순이라고 이제 봄비가 내리면 대나무밭은 여기저기서 귀엽고 부드러운 죽순이 솟아나겠지요? 다시 힘차게 하늘을 향해 치솟아 올라가 빽빽한 대숲을 이룰 겁니다. 대나무는 바로 그 꿈을 꾸면서 모든 것을 다 새싹에 쏟아부은 거지요. 그만큼 이파리는 세어지고…
이 계절에 고향의 부모님을 찾아보시면서 고향 집 뒤란의 대나무 숲도 한번 바라보시지요.
그리고 늙으신 부모님 머리카락도 한번 다시 보시구요.

- 2006.5.7. 어린이주일

가재

새우와 게의 중간 모양으로 몸길이 약 50mm, 이마뿔을 제외한 갑각길이 29~32mm이다. 한자어로는 석해(石蟹)라 한다. 머리가슴은 등배쪽으로 약간 납작한 원기둥 모양이고, 배도 등배쪽으로 납작하다. 몸 빛깔은 붉은빛을 띤 갈색. 알에서 부화한 새끼는 암컷의 배에 안겨 보호받는다. BOD(생화학적산소요구량) 농도 1급수에 해당하는 오염되지 않은 계류나 냇물에서만 살기 때문에 대표적인 환경지표종이다.

청정지역 송악에서조차 급속히 사라져가는 가재를 찾아 나선 송악광돌이 가재탐사대. 이번 주에는 외암리 오른쪽 골짜기 쪽에 사는 태호네 집 주변으로 찾아갔다. 간판은 절이라고 되어 있지만 송악동네 대부분 골짜기가 그렇듯이 모양새가 절인지 굿당인지 약간은 혼동스러운 곳이다. 그 옆으로 흐르는 물은 계곡이라고 하기에는 좀 그런, 그래서 도랑이라고 해야 할 만큼 평소에는 작은 물줄기가 흐르는 곳이다. 나도 그곳에 물이 흐른다는 것은 알고 있었지만 워낙 작은 골짜기인 데다가 이미 사람이 산 지 오래 되는 곳이라서 가재가 살 것 같지 않아 생각하지도 않았는데 얼마 전에 축구하다가 태호가 자기네 집 옆에 가재가 산다고 해서 반신반의하면서 찾아가 본 것이다.

유난히 길었던 장마 끝이라 물이 좀 불어있었는데, 아이들은 도착하자마자 익숙한 솜씨로 돌을 들추며 가재를 찾아 나섰다. 잠시 후, "가재다!" 아이들의 웃음소리와 함께 가재 한 마리를 손에 들어 올리는 창록이. 이후, 아이들은 여기저기서 가재를 찾아냈고 그때마다 요란한 웃음소리. 한 30분쯤 뒤졌는데 잡은 가재는 모두 열 마리. 어른 엄지손가락만큼 큰 놈도 있고, 이제 막 어미 품에서 떨어져 나왔을 만한 새끼가재도 있다.
아이들과 함께 잡은 가재를 풀어주면서 큰 소리로 외쳤다.
"가재야! 여기서 오래오래 잘 살아라!"

생각해보면 참 경이로운 일이다. 그 크고 깊다는 강당골 마리골, 어둔골 계곡에서도 사라져 버린 가재, 그 물 많은 마곡리 정골, 배댕이골에서도 사라져 버린 가재가 여기 이 이름도 없는 작은 골짜기, 도랑에서는 살아남아 있는 것이다. 크다는 것, 많다는 것이 오히려 생명을 해치는 것이고 작은 것이 생명을 품고 있었던 것이다.
내려오는 길에 기쁨이 가득 차 의기양양하는 아이들의 얼굴을 보면서 다시 한번 느꼈다.
"그래, 너희가 바로 소망이다."

- 2007.9.9. 송악주보

"뱀 나왔어요!"

송악골어린이집에는 어린이만 사는 게 아닙니다. 워낙에 송악 동네가 친환경 농업지역인 데다가 어린이집 주변이 냇가이고, 풀밭이고, 유난히 풀과 나무가 많은 어린이집이다 보니 잔디밭에는 메뚜기도 살고, 잠자리도 살고 방아깨비도 살고, 그뿐 아니라 모기도 살고, 거미도 살고 개구리도 살고 쥐도 살고… 그래서…. 뱀도 산답니다.

이쯤 되면 부모님들 생각에 '다 좋은데, 이건 좀 곤란한 거 아닌가' 싶지요? 생긴 것도 그렇지만 뱀이란 놈이 독을 가지고 있으니까요. 물론 어린이집에서는 그 친구들이 나타날 때마다 해결사(땅꾼 목사님?)를 급히 불러 잡아다가 멀리 숲속으로 데려가 이사도 시키고, 어린이집 주변에 그놈들이 싫어하는 담뱃가루에 명반을 뿌리기도 하지만 일 년에 두어 번씩 들르는 그놈들의 방문을 원천 봉쇄하기란 애초부터 불가능합니다.

문제는 그 놈들을 대하는 우리들의 자세지요. 어린이들은 처음보는 모습에 신기해하며 몰려들고, 그중에 좀 용기 있는 개구쟁이들은 막대기로 건드려보겠다고 덤벼들기도 하구요. 선생님들은 얼굴을 찡그리면서 멀리 도망부터 간답니다. 어떤 선생님은 '나는 이 세상에서 뱀이 제일 싫어요!' 하면서 방으로 들어가 공주님 흉내를 내기도 하지요. 그런데 선생님, 이거 아세요? 아주아주 특별한 취향을 가진 사람을 빼고는 대부분 뱀을 싫어한답니다. 뱀 좋아하는 사람 있나요? 너무 그러시는 것도 비교육적이라구요.

그러다가 함께 사는 것에 대해 생각해 보았습니다. 물론 뱀 하고 함께 노는 게 송악골어린이집은 아니지요. 하지만 뱀 또한 우리와 함께 살아가는 생명이랍니다. 그들이 없다면 어린이집은 쥐들 천지가 될 겁니다. 우리는 뱀을 보면 놀라고 싫어합니다. 그러면 뱀 입장에서는 어떨까요? 우리가 두려워하는 것보다 열 배나 백 배나 더 기겁을 합니다. 그래서 그 친구들은 우리를 보기만 하면 황급히 구멍을 찾아 숨지요. 그럴 것이 가진 거라고는 오직 독니 하나뿐, 손이 있나요 발이 있나요, 그렇다고 도구를 사용할 수 있나요. 인간은 보기만 하면 막대기로, 돌멩이로 공격해 대니 그들에게 인간이 얼마나 치명적인 존재인가요?

이쯤에서 생각해 봅니다. 나와 다른 것들과 더불어 살아간다는 게 어떤 걸까. 내게는 불편하지만, 싫지만, 그들에게 내 삶의 방식을 강요하지 않고, 그들의 삶의 방식과 영역을 있는 그대로 인정해주고, 공존의 길을 찾는 것. 그거 아닐까요? 男과 女, 南과 北, 경상도와 전라도, 左와 右, 진보와 보수… 송악골어린이집과 뱀. 함께 사는 법을 좀 배워야겠습니다.

- 2007.9.28. 송악골어린이집 편지글

업두꺼비

가을 대심방길,
강장리 혼자 사시는 할머니 집사님 댁. 그 집은 들어가는 대문 안쪽 오른쪽으로 사랑방이 있고, 오른쪽으로는 나뭇간, 앞마당, 그리고 샘가, 툇마루… 크지는 않지만 말 그대로 전통가옥입니다.
작년 이맘때 그 집에서 심방을 마치고 대문 쪽을 나서는데 큼지막한 정말 솥뚜껑만 한 두꺼비가 한 마리 슬금슬금 기어가는 겁니다. 이게 왠 떡이냐 싶어 덥석 잡아 비닐봉지를 찾았습니다. 집으로 가지고 가서 사진이라도 찍어두고 풀어줄 생각이었지요.

그 집주인 할머니 집사님 그걸 보더니 화들짝 놀라 "안 되유. 빨리 내려 노슈!" 그러는 겁니다. 나는 "아, 이거요, 사진만 찍고 풀어주려구요" 그랬더니 그 집사님 더 완강하게 하시는 말씀 " 아, 걔는 안 되유!" 합니다. 그 기세에 놀라 얼떨결에 내려놓으니 두꺼비한테 얼른 다가가 쓰다듬으면서 하시는 말씀 "야, 너 오늘 큰일날 뻔했다. 저쪽으로 가라이?~" 그러시는 겁니다. 하시는 말마다 '얘, 쟤' 하시면서 마치 사람한테 하듯 하시는 겁니다.
그러면서 나를 보고 하시는 말씀이 "쟤는 우리 집서 살유, 올마나 오래됐는지 몰류~" "쟤 데려가믄 클나유~" 하십니다. 그때서야 깨닫게 되었습니다. 업두꺼비.

저도 어려서부터 누구에겐가 들어서 알고는 있었지요. 집집마다 자기 집에서 함께 사는 동물이 있노라고. 그런데 직접 본 것은 그때가 처음이었던 겁니다.

올해는 그 집에 들어서자마자 인사부터 건넸지요. "걔는 올해도 나왔었나요?" "그러믄유, 더 컸든디유. 올해는 비가 많이 왔잖남유. 그래서 자주 봤슈~ 걔가 아주 이쁘고 얌전해유~" 함께 간 심방대원들은 '무슨 소린가' 하지만 나는 나름대로 할머니 집사님뿐 아니라 두꺼비 심방도 하고 있는 겁니다.

'업'은 '집안의 살림을 보호하거나 보살펴 준다고 믿는 귀신이나 동물'을 의미합니다. 업구렁이. 업두꺼비. 업족제비가 그렇고, 때로는 우연하게 들어와 살게 된 사람도(주로 버려진 아기였겠지요) '업둥이'라고 하지요. 이런 동물이나 아기가 집안에 살면 재물을 늘려 준다고 하여 쫓아내지 않았고, 오히려 집을 나가거나 다치게 되면 액운이 낀다고 믿어 잘 보살펴주었던 겁니다. 흥부 이야기의 추녀 밑의 제비라든가 앞마당의 까치는 아예 상서로운 동물로 존귀 받고…

이런 생각은 우리 민족의 문화 속에 뿌리 깊이 담겨있지요. 옛날 초등학교 때 소사 아저씨가 학교에서 함께 사는 이만~한 구렁이를 잡아 죽였다더니 소풍 때나 운동회만 되면 비가 오더라는 말은 어느 학교나 흔히 듣는 이야기이구요.(덕분에 소풍 때 비만 오면 소사 아저씨 원망 많이 했지요.)

깊이 생각해 보면 이 모든 것들이 생명을 보듬고 귀하게 여기면서 더불어 살려는 우리 조상님들의 고운 마음에서 나온 삶의 지혜였던 겁니다.

어제는 아내가 교회 울타리에서 큼지막한 뱀을 보았다며 어떻게 좀 해달라고 성화입니다. 괜히 건들지 말자구요. 내년 야외예배 때 화창한 날씨 보려면.

- 2007.10.7. 송악주보

할 말이

한이가 오늘은 제법 용감했다. 다른 때 같으면 엄마 아빠가 집에 없을 때 몰래 보다가도 아빠 차 소리만 나면 후다닥 다른 방송으로 돌리거나 꺼 버리는데 오늘은 아빠가 함께 있는데도 싸우는 만화영화를 보겠다고 TV를 켠 것이다.

금세 화면은 터지는 폭탄, 쏘아대는 총, 무너지는 건물로 가득 찼다. 거기에 이를 앙다물고 눈을 부릅뜨고 발사 스위치를 눌러대는 주인공의 얼굴이 오버랩 되면서…

얘가 웬일인가 싶었다. 그도 그럴 것이 우리 집에서는 '전쟁하는 만화영화 절대 금지'다.

이 원칙은 전쟁놀이 장난감 반입금지와 함께 우리 집에서는 아주 엄격하게 지키는 금기사항. 그러다 보니 애들이 채널을 돌리다가도 싸우는 만화영화가 나오면 '앗 뜨거!' 하며 급히 엄마 아빠 눈치 살피며 다른 방송으로 돌렸던 터다.

근데 오늘은 이놈이 아빠 앞에서 태연히 전쟁 만화를 틀어 보고 앉아 있는 거다.

"너 아빠가 뭐랬지? 전쟁 만화 보면 혼난댔지!"

그제야 생각난 듯 한이는 깜짝 놀라며 급히 다른 방송으로 채널을 돌렸다. 근데…

"빠바빠바 빰 빠빠빠 빰~ 탁.탁.탁.탁.탁…"

"여러분 안녕하십니까? 다섯 시 뉴스입니다…"

갑자기 장갑차가 사막을 질주하더니 포를 마구 쏘아대고, 항공모함에서 전투기가 이륙하고 폭격기가 공중에서 목표물을 향해 폭탄을 쏘아대고 금방 명중!

함포에서 미사일을 발사하는 장면이 나오더니 부시 대통령이 아주 냉정한 얼굴로 "우리는 강하며 보복할 준비가 다 되어 있습니다. 우리는 응징할 것이며 결국에는 승리할 것입니다."

긴장해서 열심히 뉴스를 보고 있는 나를 빤히 쳐다보더니 한이가 한 말.

"아빠, 여기도 싸우는 영화네!…"

자기는 못 보게 해놓고 아빠는 왜 보냐 이거다.

할 말이…

- 2008.1.8.

딱새 부부

한 달 전, 교회교육관 신발장에 둥지를 틀었던 딱새 부부.
일주일에 두어 번씩은 온통 난리를 치는 속에서 둥지를 짓고, 알을 낳아 품고, 새끼를 키워냈다. 모두 여섯 마리.
알을 품을 때 포장으로 살짝 가려주었지만, 아이들의 궁금증을 어찌 막으랴. 주일이면 수도 없이 포장 들추어 놀래키는 개구쟁이 아이들.
행여나 손타지 않을까 엄히 경고해두었지만 알에서 깨어난 딱새둥지를 보고 싶은 충동이 어디 아이들만이겠는가?
카메라를 설치하고 찍겠다며 죽치고 앉아 있는 통에 딱새 부모들 얼마나 속이 탔을까. 그래서 딱새 부부는 어느 날 그 편안한 둥지 놔두고 더 구석으로 새끼들을 몰아다 놓기도 했던 게다.
이른 아침부터 어둑어둑해질 때까지 딱새 부모는 하루에도 수십 번씩 먹이를 물어다 새끼들을 키웠다.
지난주 수요일 아침 갑자기 신발장이 조용해 가 보았더니 그날 아침 이소(移所)가 이루어진 것이다. 새끼 몇 마리가 느티나무 가지 사이에서 어미를 부르는 소리가 들린다.
승리의 노래인 듯 오늘 아침에도 딱새들이 교회 종탑에서 노래 부른다.
얼마나 장한가! 딱새 부모.
미리 알려주었더라면 - 축 졸업 - 현수막이라도 걸어 주었을 텐데……

- 2008.6.1. 송악주보

물 맑게 하는 비결

집안에 어항(수족관) 하나 둔다는 건 무척이나 귀찮은 일이다.
분명 수족관 파는 집에서 살 때에는 두어 달에 한 번 물을 갈아주면 된다 했는데 우리 집은 어떻게 된 일인지 두 주일에 한 번 정도는 물을 갈아주어야 했다. 물을 갈아준 지 사흘도 못 가 흐려지기 시작하는데 도무지 귀찮아서…
한 번은 물갈아 주고 나서 함께 넣어야 하는 물갈이약을 넣지 않는 바람에 귀한 물고기(앞냇가에서 잡다 넣은 것이니까!)를 떼죽음시킬 뻔하기도 했다. 그러다 보니 괜히 수족관 설치했다 싶어 은근히 후회까지 들기 시작했다.

지난주에는 새로 나온 오미니 한 성도님 가정을 심방했다.
방안에 수족관이 하나 있는데 물이 너무도 맑았다. 물론 전에도 그 자리에 그 수족관이 있었지만 이번에만 유독 눈에 들어온 것이다.
"집사님, 저 수족관은 한 달에 몇 번이나 물을 갈아 주시는 거죠?"
얼마나 부지런하시길래 저렇게 물을 자주 갈아줄까 싶어 물은 말이었다. 내 생각에는 저 정도 물이 맑아지려면 하루에 한 번 정도씩은 돼야 할 것 같았던 것. 그런데 집사님은 아무렇지도 않게 하시는 말씀이 "한 두어 달에 한 번 정도"라는 거다.
잘못 들었나 싶어 다시 물어봐도 틀림없이 '두어 달에 한 번 정도'란다.

'수족관 위치가 잘못되었나', 아니면 '산소 배출기가 뭔가 다른가', 별별 생각을 다 하는데 집사님 말씀 - '물고기 키우는 거 별로 힘 안 들던데요… 일 년에 한두 번 어항 청소해 주고, 한 두어 달에 한 번 정도 물 갈아 주고, 한 이틀에 한 번 정도씩 먹이 주고…
"뭐라구요? 아니 그렇게 먹이를 조금씩 줘도 굶주려 죽지 않아요?"
"아뇨, 여태까지 1년이 넘도록 그렇게 주었는데요…"

그랬다. 수족관 속의 물을 맑게 하는 비결은 바로 먹이 주는 양과 횟수에 있었던 것이다. 나는 그것도 모르고 빨리 먹고 자라라고 한 주먹씩 하루에 서너 차례나 주었다. 그러니 물이 흐려질 수밖에…
그날부터 우리 집 수족관은 금식에 들어갔다. 사나흘 후 수족관의 물은 수정처럼 맑아졌다. 그 안의 물고기는 더욱 건강해졌고…

"심령이 가난한 자는 복이 있나니 천국이 저희 것임이요, 마음이 청결한 자는 복이 있나니 저희가 하나님을 볼 것임이요."

그렇다. 무릇 맑은 영혼을 갖고 싶은 사람은 이런저런 소유의 탐욕으로부터 벗어날 일이다.

- 2009. 2. 10.

범돌이

몇 달 전 우리 집에 들어온 강아지. "아니, 오째 요렇기두 못생겼냐?" 세상에 이렇게도 못생긴 개가 있냐며 보는 사람마다 혀를 끌끌 차댔다.

그도 그럴 것이 강아지라면 저마다 귀여운 맛이 있는 법인데 이놈은 도대체 귀엽기는커녕 혐오감을 줄 만했다. 가죽 털 무늬가 워낙 지저분했다. 태생이 그랬다.
어디 뒷간 옆 오줌똥 섞인 잿더미에서 뒹굴다 나온 것 마냥, 아궁지 속에서 자다 말고 나온 것 마냥, 얼굴이고 몸통이고 대가리에서부터 꼬리까지 말 그대로 '고이 그리고 가이 그리고'다. 오죽했으면 손님으로 다녀갔던 친구 박 목사도 어디서 하이에나를 다 구해왔냐며 꼭 저 닮은 놈 하나 데려다 놨다고 껄껄거렸다.

내 보기에도 이놈은 워낙 옷을 잘못 입고 태어났다. 아무리 좋게 봐주려 해도 에지간 해야지 '밉땡'이라 불러도 서운찮을 이름일게다. 그래서 이름도 붙여볼 뻔도 안 하고 그냥 내쳐뒀다. 적당히 두었다가 덩치나 좀 커지면 복날쯤 해서 마곡리나 종곡리로 끌고 가서 잡아먹든지 지나가는 개장사나 있으면 다른 강아지하고 바꿀 셈이었다. 그래서 한이 봄이랑 선교원 친구들이 오다가다 지들 멋대로 붙인 이름이 '멍멍이'에다 '뽀삐'에다 또 누구는 폼낸다고 '복동이 2'라고도 했나 보다. 나는 까짓거 무어라 불리든 근수나 무지 나가게 잘 먹고 어여 크기나 해라' 했다.

밥그릇을 보면 그리 잘 먹는 것 같지 않은데 어디서 뭘 얻어먹는지 남의 개집 가서 훔쳐 먹는지 뺏어 먹는지 쑥쑥 잘 자랐다. 몇 달 만에 중개(中犬?)는 되었다.
그런데 내가 전혀 생각지도 않던 문제가 생겼다. 아들 한이가 이 녀석 하고 정이 들어 버린 거다. 처음에는 워낙 숭악하게 생겨선지 저도 "무서워, 무서워"하더니 이제는 새벽마다 마당에 나가서 한참을 뒹굴다 오는 거다. 딸 봄이는 예전같이 꺼리는 끼도 없이 그저 좋다고 멍멍이 쓰다듬어 주겠다고 나서곤 한다. 거기다 더 심각해지는 건 교우 중에서도 이놈을 좋게 보는 사람이 생겼다는 거다. "즘에는 그렇드만 자세히 보니 고놈이 호랭이 가죽을 뒤집어썼네유~" 아니, 이게 웬 날벼락? 사진관 김 집사님 바깥양반은 "저놈이 아주 근사한 호피를 입었구먼유, 도승했슈~"한다. 내가 "웬걸요, 너무 못생겨 꼴 뵈기 싫잖아요?" 해도 "아뉴, 저런 옷 아주 귀한거유~" 하면서 나중에 씨 받으면 한 마리 갖고 싶다고 덧붙이신다.
선교원 애들도 어느새 정들었다고 바깥에만 나오면 이놈과 함께 뛰고 뒹굴어 대고 이놈도 선교원 이사했는데도 애들하고 같이 놀겠다고 사회관 마당에서 어슬렁거린다.

어저께는 내 방에서 오랜 시간 고민했다. 그리고 결정했다. 어차피 잡아먹기는 틀려버렸고 이왕 좋게 봐주는 김에 인심이나 움팡 쓰자며 이름 하나 붙여주려고 끙끙거린 것이다.

"범돌이!" 붙여놓고 보니 정말 그럴듯해 보이고 밉상도 좀 봐줄 만 해 지는 것 같다. 그리고 생각해보니 오양골까지 심방 따라와 집 앞에서 기다렸던 걸 보니 이놈이 여간 영리한 놈도 아니다. 뜀박질도 아주 잘한다. 가끔 쥐도 잘 잡는다. 교인들 보고 짖지도 않는다.

그래. 사람이고 짐승이고 아무리 못났어도 비비고 뒹굴고 살아가다 보면 읊던 정도 생기는 거고 이쁜 구석도 하나둘 뵈는 법이니까…

- 2009. 5. 5.

송악골어린이집에서

엊그제는 그동안 별러왔던 어린이집 주변 나무들 가지치기를 하러 갔습니다. 톱과 낫, 그리고 전지가위 등 작업장비(?)도 준비하고 고무장화에 장갑까지 갖추고 작업을 시작했습니다.

13년 전 어린이집을 새로 지을 때, 광덕산 여기저기 다니면서 만났던 좋은 나무들, 풀들, 그리고 덩굴까지 다 캐다가 심었는데 이제는 그것들이 너무 자라 다듬어주어야 할 때가 된 겁니다.

혹, 송악골어린이집 주변 풀과 나무들을 돌아보셨나요? 얼핏 보면 잘 보이지 않지만 찬찬히 살펴보면 예사롭지 않다는 걸 아시게 될 겁니다.

요즈음엔 산수유 꽃이 볼만하고 눈에 잘 띄진 않지만 돌단풍과 제비꽃이 보일 겁니다.

엊그제 보니 주방 쪽으로 금낭화와 원추리 싹이 정말 예쁘게 솟아나더군요. 암튼.

어린이집 울타리에 있는 살구나무 가지를 다듬고 있는데 진이가 와서 묻습니다.

"목짜님 뭐해여?"
"응, 나뭇가지를 자르고 있는고야"
"그러면 나무가 아프잖아요!"
"……"

아이들에게 뭐라 해줄 말을 준비했어야 하는데, 그 생각을 미처 못한 겁니다.
조금 있다가 이번에는 울타리에 있는 으름덩쿨을 다듬고 있는데 지안이가 와서 묻습니다.
"목짜님, 뭐해여?"
"응, 으름덩쿨인데 다듬고 있는 거야"
"그러면 걔가 아프잖아여!"
"응, 이건 애들 머리 깎아주는 고야"
"응, 그렇구나… 예쁘라구여?"
"그렇지! …아유~ 똑똑해라 우리 지안이…"
조금 있다가 이제는 입구 쪽에 있는 청시닥나무 가지를 자르는데 아이들이 우르르 몰려와 구경하면서 묻습니다.
"목짜님, 모하세여?"
"응, 나뭇가지 자르잖니?"
"그러면 나무가 아프잖아여!"
이번에도 내가 준비해 둔 말이 있습니다.
"응, 이건 말야~ 나무 손톱 잘라주는고야!"
아이들 "……"
내가 해놓고도 내 대답이 그럴듯해 보여 '으쓱' 했습니다.
순간 아이들의 역습이 닥쳤습니다.
"그런데여, 목짜님, 나무가 눈물 흘리잖아여!"
"!…"
지금은 나무가 한참 물을 올릴 때인데 가지를 잘라내니 거기서 물이 흘

러나오는 건데, 아이들 눈에는 그게 나무가 아파서 눈물을 흘리는 걸로 보인 겁니다.

어찌 내가 감히 아이들의 생태 감성을 따라갈 수 있겠습니까.
고민하다가 내가 겨우 한 말이 "얘들아, 니들이 나무좀 끌어안아 줄래?"
내 말이 끝나자마자 아이들이 우루르 몰려들어 나무를 끌어안더니 금세 그 나무를 타고 올라가 매달립니다.
내친김에 한 녀석씩 나무에 올려주는데 저~쪽에서 꼭지샘이 보시고는 기겁을 하고 달려와 하시는 말씀
"얘들아! 나무 위로 올라가면 위험해요. 얼른 내려오자~"
느티나무 원장샘은 나를 보고 손사래를 치며 아이들이 나무에 올라가게 하면 안 된다고 말립니다.
송악골 아이들과 신나게 놀려다가 괜시리 눈총만 받았습니다.

- 2010.4.2.

약 되는 건

우리말 중에 아무리 좋은 뜻일지라도 이 한 자만 붙으면 영 점잖지 못한 말이 있다. 바로 '개' 자다. 뭐든지 앞에 '개' 자만 붙으면 점잖은 사람은 예를 들기가 민망할 정도로 천하고 못났고 추해진다. 귀하다는 '자식'에도 그렇고, 달콤한 '꿈'에도 그렇고, 신나는 놀이'판'도 그렇다.

우리 조상님들은 풀이나 나무에도 이 글자를 붙이셨다. 그래서 뭔가 고약하거나 실망스럽거나 못났거나 흔하다고 생각되는 것에는 이름 앞에 이 글자를 붙여 불렀다. 그 예쁜 나리꽃 중에서 오종종하고 별로 볼품없는 꽃이 '개나리'요, 좀 크고 멋있는 꽃을 피우는 풀은 '별꽃 나물'인데 작고 못생긴 꽃이 피는 풀은 '개별꽃 나물'이다.

나무도 마찬가지. 그 새순이 맛있고 몸에 좋다는 '옻 순'도 못 먹는 종류는 '개옻'이고, 그 맛난 복숭아 중에서도 시큼하고 씁쓸한 맛을 내어 인간을 실망시키는 야생 복숭아는 '개복상(숭아)'며 '개살구' '개오동' '개산초' '개머루' '개다래'도 있다.

엊그제 교회 앞을 정리했다. 지난 여름내 자란 한삼덩굴이 애기사과꽃나무를 덮어버려 덤불 더미가 된 것이다. 한참 갈퀴질을 하는데 보기에 딱했든지 개울 건너 초등학교에서 수산나 아빠 하시는 말씀. "불 질러 버려유~! 그렇게 해서 은제 되겄슈? 확 불 질러 버리지유~!" 하신다.

"나무가 죽을 깨비유~" 했더니 금방 하시는 말씀. "그까짓 개~가죽나무 뭐 죽으면 으떻테유?" 하신다.

교회 주변에는 유난히 개~가죽나무가 많다.

개가죽나무의 반대는 '참죽나무'다. 사람들은 꼭 쓸모가 있거나 보기 좋은 풀이나 나무에는 '참'자를 붙인다. '참나리' '참꽃'(진달래) '참나물' '참나무' … 참죽나무는 그 새순이 기막히게 맛있다. 그래서 '참죽'이요, 생김은 비슷하나 새순을 못 먹는 나무가 바로 '개가죽나무'다.

얼마 전에 새말 한 집사님 댁에 심방 갔는데 마당에 하얀 종이를 깔고 뭔가를 햇볕에 말리고 있었다. "이게 뭐래유?" "그 거유, 약에 쓸라구요" "이게 뭔데요?" "그건 저 나무껍질이유~"

담장 옆에 개가죽나무가 하얗게 껍질이 벗겨져 누워있었다. 개가죽나무 속껍질은 햇볕에 말려서 곱게 빻아두었다가 음식을 먹고 얹혔을 때나 체했을 때, 속이 더부룩할 때 한 숟갈씩 먹으면 특효란다.

사람 중에서도 어디서나 잘 맛 나는 사람이 있다. 모였다 하면 대장 노릇이요, 뽑혔다 하면 반장이요, 했다하면 1등이며 뜀박질했다 하면 언제나 공책 세 권인 사람… 또 어디서나 밀리는 사람이 있다. 모였다 하면 똘마니요, 뽑혔다 하면 변소 청소요, 했다 하면 꼴찌며 뜀박질했다 하면 언제나 운동회 다 끝나고 받는 참가상…

그런데 그런데 말이다. 언제나 약으로 쓰이는 것은 개복숭아고 개살구고 개가죽나무더라.

- 2010.6.1.

어린이집 마당에 닭을 풀어놓을 수 없는 이유

처음에는 도둑고양이나 동네에서 풀린 개가 무서웠습니다. 그놈들이 울 안으로 들어와서는 주먹만 한 병아리를 물어 죽이곤 했거든요. 근데 언젠가 병아리가 중닭 정도로 컸을 때 동네에서 풀린 개가 어린이집 울안으로 들어와 덤벼들었는데 사뿐히 날아 울타리 위로 사뿐히 날아 '메롱' 피하는 걸 보고는 닭들에게 개나 고양이는 위협이 못 된다는 걸 알았지요. 닭 쫓던 개 신세라고…

어제서야 어린이집 마당에 함부로 닭을 풀어놓을 수 없다는 것을 알게 되었습니다. 어린이집 공부방에 새 학기 들어 처음 들어온 애들이 마당에서 평화롭게 새싹을 찾고 있는 닭을 보자마자 달려들어 쫓아다니다가 울타리 위로 도망친 닭에게 빗자루를 찾아들어 휘두르며 짱돌을 던져대는, 도둑고양이보다, 동네에서 풀려난 개보다 훨씬 더 무서운 아이들을 보고서야 예쁜 꽃수탉을, 수다분해 알 잘 낳는 암탉을 어린이집 마당에 풀어놓을 수 없는 이유를 알았습니다.

텔레비전 만화에서, 컴퓨터 게임에서 빗자루보다 짱돌보다 몇십 배는 더 무시무시한 무기로 때리고, 부수고, 폭파하는 놀이를 몇 시간이고 한나절이라도 '스릴'로 즐기는 아이들에게, 나 아닌 것을 경쟁상대로만 배우는 아이들에게, 그래서 도망치는 닭을 향해 빗자루를 휘두르고, 황급히 도망치는 닭을 보고는 깔깔 재미있다 웃으며, 다시 무찌를 듯 앙다문 입으로 무어라 외치며 돌을 던져대는 아이들에게는 닭이라도 생명을 도저히 맡길 수 없다는 것을…

- 2010.9.10.

멋진 신발 하나 얻어 신었습니다. 그런데…

언젠가 읽었던 이야기

숲속에서 거친 맨발로 신나게 놀고 있는 원숭이들에게 사람이 찾아와서 말했습니다. "세상에! 맨발로 그냥 뛰어놀다니 불쌍해라… 그래서 너희들 발이 이렇게 거칠구나…너희들 신발 신지 않을래?" "우리는 신발이 필요 없어요!"

"하지만 이 신을 신게 되면 우리 사람처럼 멋쟁이 원숭이가 될 텐데? 문화 원숭이 말이야! 게다가 거저 주는 건데…"

극구 필요 없다는 원숭이들에게 사람은 신발을 거기 떡갈나무 아래에 두고 갔습니다. 처음에는 관심조차 보이지 않던 원숭이들이 거저 생긴 데다가 사람처럼 멋쟁이가 된다는 말에 하나둘씩 신발을 신더니… 나중에는 그 숲속에 사는 모든 원숭이들이 다 신발을 신게 되었습니다.

세월이 웬만큼 흘러 이제 원숭이들은 모두 신발을 신는 '멋쟁이들'이 되었습니다. 그리고 거칠었던 발도 신발 없이는 한 발짝도 걸을 수 없을 만큼 보드라워졌습니다. 그래서 원숭이들은 신발을 사기 위해 하루 종일 바나나를 따다가 사람에게 바쳐야 했습니다.

"전기는 늘 꽂혀있어야 하고, 약품은 한 달에 한 번씩 갈아 주어야 합니다"
시청의 환경보호과에서 추진한 '농촌지역 화장실 개량 사업'을 위임받아 공사를 시행한다는 회사의 담당자가 우리 교회 화장실에서 작업을 마치고 하신 말씀이다. 얼마 전에 동네 반장님이 '도장만 찍어주면 시설비고 뭐고 다 공짜'라며 "이번 기회에 문화 화장실로 바꾸시라"기에 손해 볼 것 없다 싶어 신청했던 것인데 설치 공사를 마치고 나서 생각지도 않았던 말을 들은 거다.
"전기세는 얼마 정도 드나요? 약품값은 얼마고, 어디서 구하지요?"
걱정스러워하는 내 질문에 담당자는 뭘 그런 걸 걱정하냐는 표정으로 말한다. "전기세는 까짓거 몇 푼 안 되고요, 약품은 우리 회사 전화번호가 여기 적혀 있으니 연락하십시오" "얼만데요?" 내가 다시 묻자, 그는 귀찮다는 듯이 "한 4, 5천 원씩 해요!" 한다.
한 달에 4, 5천 원씩이라… 일년에 화장실 유지비가 4, 5만 원, 거기다 전기는 하루 종일 일 년 내내 공급해야 하고… 거저로 혜택받은 처지에 그 약품 성분은 뭔지, 다른 가게서는 못 구하는 건지는 묻지도 못했다. 그분들이 돌아가고 나는 한참을 계산했다. 일 년 내내 돈 한 푼, 전기세 한 번 내지 않아도 수십 년을 사용해온 우리 교회 '푸세식 화장실'이 멋진 '서양식 문화 좌변기'로 바뀌었는데 뭔가 분명 개운치는 않다.

- 2010.11.5.

꽃은 거기 있어 아름답습니다

갈재에서 광덕산 정상 셋다리봉으로 가는 길. 산길은 꿈길 같고 동행한 사람들은 정인(情人)들… 산에 취하고 사람에 녹다 보니 네 시간이면 족한 길을 한 나절이나 걸었습니다.

하늘말나리, 올해에도 거기 있어 참 반가웠습니다. 진홍색의 꽃잎은 볼 때마다 더 짙어 보입니다. 동자꽃, 이제서야 거기 있음을 알게 되었습니다. 동자승을 닮아 수수하다 못해 천연덕스러운 얼굴… 원추리, 정골 깊은 바위틈에 한 줄기 노란빛을 내어 골짜기를 비추며 서 있습니다.

재작년에 마리골 초입에 하늘말나리를 심었습니다. 동자꽃도 거기 심었습니다. 또 교회 들어오는 길옆에는 노란색이 탐난다고 원추리를 줄줄이 심었습니다. 그런데…

마리골의 하늘말나리도, 동자꽃도, 교회 앞에 줄줄이 피어난 원추리도 거기 있는 그 꽃 같지는 못합니다. 똑같은 하늘말나리, 같은 색의 원추리인데 아무리 보아도 같지를 못합니다.

지난겨울 모진 바람, 두껍게 쌓인 눈 속에서 제 속의 색깔을 삭히고 삭혀, 흐드러진 봄날을 참고 참아 이제야 내뱉는 제 몸빛이라 그리 진해졌나 봅니다.
아무도 발길 주지 않는 등성이 바위벽에 앉아 아랫마을을 기다리다가 서러움에 지쳐 차라리 천연스럽게 웃어 버렸을지도 모르구요… 어쩌면 깊은 계곡 벌레들 불쌍타고 제 몸으로 노란 빛을 토해내고 있을지도…

그렇군요. 그래서 꽃은 거기 있어 아름답습니다.

이 땅을 딛고 살아온 님들을 생각해 보았습니다. 우리들의 아버지, 어머니를 생각해보았습니다.
피할 줄도 모르고 그렇다고 꺾이지도 않고 식민지, 전쟁터, 독재의 모진 바람을 온몸으로 맞으며 산등성에서, 바위 위에서, 짙은 그늘 속에서 그저 주어진 대로 운명처럼 피워낸 그 붉고, 수수하고 노란…

- 2011.4.5.

느리게 살자

유럽이, 아니 세계가 쇠고기 공포에 떨고 있다. 광우병- 소의 뇌가 구멍이 숭숭 뚫려 머리가 비어 죽어가는 병. 그렇게 죽은 소의 고기를 사람이 먹으면 사람도 역시 똑같은 증상으로 죽게 된다니 참으로 끔찍한 병이다. 그런데 소가 그 병에 걸리는 원인은 바로 사료 때문이란다. 사람들이 소를 빨리 키우기 위해 사료에 소고기를 넣은 것. 풀을 먹으며 살도록 되어있는 소가 풀이 아닌 자기 동료의 고기를 먹게 되니 그 스트레스 때문에 견디질 못해 그런 끔찍한 병이 되었나 보다. 결국 빨리 수익을 얻고자 하는 인간의 턱없는 욕심이 이런 재앙을 불러온 것이다.

우리 동네 앞 냇가 둑방에 공사가 벌어졌다. 국토관리청에서 하는 하상정비 공사인데 냇가 둑방 경사면에 풀이 나지 못하도록 콘크리트로 발라 옹벽을 치고 그 위 둑방까지 시멘트로 장벽을 세웠다. 큰물(홍수)이 갈 때 물이 빨리 빠져나가 둑방이 무너지는 것을 방지하고 물이 넘지 못하도록 하는 거란다. 얼마 전에는 저수지 둑방 아래 둠벙(웅덩이) 바닥을 온통 시멘트로 발라놓아 썩은 물웅덩이로 만들더니 이제는 앞 냇가 둑방 풀밭 전체(약 2㎞)를 시멘트로 매끈하게 바른단다. 오직 물을 빨리 빠져나가게 한다고…
풀이 없으면 꽃도 없고 나비도 없고 메뚜기도 없고 개구리도, 뱀도 못 사는 거지…

그러고 보니 송악면 마을마다 '오지개발사업의 일환'으로 마을 앞 도랑 바닥을 시멘트로 깔고 복개하는 사업이 한창이다. 물이야 천천히 흘러 햇볕도 쬐고 바위도 스치고 자갈도 만지고 모래에도 스며들었다가 다시 솟고 버드나무껍질에 물도 올리고 미나리꽝 꽃도 피워 올리고 새우며 버들치며 구구락지 뱃속에도 들어갔다 나왔다 하면서 온갖 생명을 다 보듬으면서 느릿느릿 흘러가고 싶지만, 사람의 욕심이 도무지 그냥 두질 않는다. 그저 빨리 빠져나가기만 바랄 뿐.

그러고 보니 이제까지 냇가를 거닐면서 여유롭게 보았던 풀밭도, 개구리도, 온갖 물고기도, 어쩌다 튀어나와 황급히 품숲으로 숨어버리는 너구리도 머지않아 우리 곁에서 사라질 것 같다.
빨리 달려야 한다고 구불구불 굽은 길을 반듯이 곧게 펴고 울퉁불퉁 비포장 길을 매끈한 아스팔트로 덮었다. 훨씬 더 빨리 달릴 수 있는 자동차도 많이 만들었다. 교통사고 사망률 세계 1위. 오늘도 더욱 많은 사람이 빨리 살다가 빨리 죽는다. 더 많은 사람들이 빨리 먹고 빨리 죽는다.

느리게 살아야 한다. 그래야 모두가 산다.

- 2011.6.5.

달과 박

초가지붕 위에 박이 열렸습니다.
처음에는 강낭콩만 했다가 점점 커져 달걀만해지고, 마침내는 달만해졌습니다.
달을 보며 자란 박은 달이 되고 싶었습니다.
산들바람이 불고 귀뚜라미가 울고, 곧이어 달이 둥실 떠올랐습니다.
"달님" 박이 불렀습니다.
"왜?" 달이 대답했습니다.
"제 모습이 달님을 닮았지요?"
"그렇구나"
"그런데 왜 나는 달님처럼 빛나지 않지요?"
박은 눈물을 글썽였습니다. 박의 마음속엔 언제나 하늘 높이 떠올라 온 세상을 환하게 비추는 달이 되고 싶은 마음으로 가득 차 있었습니다.
달은 부드럽게 웃으며 말했습니다.
"저 동산 너머 마을에 한 소녀가 있었단다. 소녀는 노래 부르는 사람을 보고 성악가가 되려고 했지, 그림 잘 그리는 사람을 보고는 화가가 되려고 했어. 그러다가 자라서는 동화 쓰는 사람이 되었단다"
"왜 그랬을까요?"
"그야 사람마다 하나님께서 주신 것이 다르니까"
박은 고개를 끄덕이며 생각에 잠겼습니다.

며칠이 지난 후, 박은 마침내 기쁨에 찬 얼굴이 되었습니다.
박이 달에게 말했습니다.
"단단한 그릇이 되겠어요"
달이 박에게 말했습니다.
"내가 못 하는 일을 너는 하겠구나"

지금 당신이 하고 있는 일은 그 어떤 사람도 대신할 수 없는 소중한 일입니다.

- 2012.7.3.

들꽃이 아름다운 이유

산과 들에 터 잡고 사는 풀들은 한 해에 한 번 저마다의 꽃을 피웁니다
"내 옷 어때요?"
하지만 때가 되면 그 옷조차 고집하지 않고 열매로 바꾸어 냅니다.
그러고는 유기질 대지를 재료로 맑은 물과 뜨거운 여름 햇살을 동력으로 하여 온 힘을 다해 열매를 익혀갑니다. 그래서 그 열매 안에 대지를 담고, 맑은 물을 담고, 또 밝은 햇살을 차곡차곡 담습니다.

겨울의 깊은 안식…
봄에 꽃들이 아름다운 것은 이렇게 영근 열매가 여기저기 떨어져 겨울을 넘기고 싹틔워 자기 안에 담긴 대지를, 맑은 물을, 밝은 햇살을 꽃으로 피워 올리기 때문입니다.
그들은 자주 떼자리(군락) 이루지요. 그 떼 자리 꽃들의 눈부신 아름다움은 풀들이 수십 년을 일한 결과인 겁니다.
이 나라 권세를 한 손에 쥔 고관의 부인들이 강남에서 주고받았다는 수천만 원짜리 옷들이 광덕산 꽃들의 아름다움에 어림턱도 없는 것은 그네들 안에 대지의 포근함과 아침이슬의 영롱함과 햇살의 따사로움이 없기 때문입니다.

들일에 거북등이 된 김 집사님 손이, 땡볕 일에 땀띠 범벅이 된 정 권사님

목이, 수천만 원짜리 다이아몬드 반지 낀 장관님 부인의 손보다, 오십 알 흑진주 목걸이 건 검사부인네 목보다 백배 천배 아름다운 것은 그 안에 대지가 있고 물이 있고 햇살이 있기 때문입니다.

- 2012.9.5.

'서푼 앓이' 와 '까치밥'

우리 조상들의 지혜로운 자녀 양육법 가운데 '서푼 앓이'라는 것이 있었습니다. 자녀들의 필요를 모두 다 채워주는 것이 아니라 열에 셋이 모자란 일곱만을 주어 자녀에게 아끼는 것, 참는 것, 혼자서 해결하는 것, 기다리는 것, 이웃과 보조를 맞추어 살아가는 것 등을 배우게 하는 지혜입니다. '서푼 앓이'란 보잘것없는 것을 위해서도 마음을 졸이고 앓아봐야 함을, 그래서 거기서 인생의 맛을 보고 삶의 깊이를 느끼게 하자는 겁니다.

진정으로 지혜롭고 현명한 부모들은 이웃집 아이와 크게 비교되는 화려하고 좋은 옷은 일부러 입히지 않고, 주머니를 넘치게 채워주지 않고, 고기반찬에 어른보다 먼저 손을 대는 아이는 회초리로 다스립니다. 세상의 어느 부모가 제 자식에게 편안하고 좋은 것을 주고 싶지 않으며, 실패하고 우는 자식의 눈물에 앞서 울지 않겠습니까마는 우리 조상들은 오로지 자식을 바르게 키우기 위해서 다 쏟아주는 사랑, 넘치는 사랑보다는 오히려 부족한 듯한 사랑법을 택한 겁니다.

우리 조상들의 지혜로운 농사법 가운데 '까치밥'이란 것이 있었습니다. 일 년 농사를 마무리하는 가을걷이 때 모든 것을 모조리 거두지 않고 듬성듬성 조금씩 남겨놓아 길가는 나그네나 들짐승이나 날짐승들의 고픈 배를 채울 수 있도록 하는 겁니다. 하얀 눈 덮인 겨울날 산비탈밭의 감나무 꼭대기에 빨갛게 매달려있는 서너 개의 감이 바로 까치밥입니다. 이는 이땅에 먹고 살아야 하는 것은 '나'만이 아니라 '너'이기도 하고 그 모든 생명은 서로 이어져 있다는 진리를 깨달을 데에서 비롯된 삶의 지혜인 것입니다.

"내가 못 이룬 꿈, 우리 자식만큼은 아무 부족한 것 없이 마음껏 할 수 있게 밀어주어야겠다"는 부모의 마음을 헤아리지 못하는 바 아닙니다만 여름방학조차 제대로 쉬지 못하고 학원으로, 교습소로 몰려다니는 아이들을 보자니…

여름이 되면서 광덕산 등산로 옆에는 둥굴레가 남아나질 않습니다. 몸에 좋은 차 끓여 먹는다고 둥굴레 뿌리를 모조리 캐어가기 때문입니다. 뒷산에 느릅나무가 많이 미을 이름조차 '느릅실'인 유곡리 2구 뒷산에서 이제는 더 이상 느릅나무를 볼 수 없습니다. 속병에 좋단다고 느릅나무라고 생긴 건 껍질째 벗겨갔기 때문입니다.

모든 것이 풍족하고 넘치는 이 시대입니다. 하지만 어찌 보면 대책 없는 소비문화, 끝없는 인간의 편리 추구로 우리 주변의 모든 것들이 병들어 죽어가고 있는 '죽음의 시대'이기도 합니다. 오히려 이 시대에 필요한 것은 '서푼 앓이'나 '까치밥'처럼 약간은 모자라고 또 약간은 남겨놓는 넉넉한 마음이 아니겠습니까?

- 2012.10.5.

풀이 웬수다

우리 어린 시절에 어른들께서 고된 노동에 시달리며 자주 하시던 말씀이다. 하기사 씨뿌리고 거두는 '큰 일'은 그렇다 치고 항시 게을리 말아야 할 일상적인 농사일의 대부분은 논과 밭을 매는('매다'는 뜻은 '풀을 뽑다'는 뜻) 제초 작업이었으니 농민들에게 '풀'이란 존재가 얼마나 원망스러웠겠는가? 조상 대대로 땀 흘리며 풀과 싸워온 것이 우리 농민들의 '노동의 역사'인 게다. 말 그대로 뼛속까지 '풀'들에 대한 '발본색원(拔本塞源)'의 투지로 꽉 차 있는 것이다. 그래서인가, 오늘날의 농민들은 제초제를 참 많이 쓴다. 논밭에 사용하는 것은 그렇다치더라도 논두렁 밭두렁은 물론이고 과수나무 아래에도, 웅덩이 주변에도, 길가에도 심지어는, 집 앞마당에도 여차하면 제초제를 뿌린다.

제초제 특유의 그 '역'한 냄새는 맡는 순간 머리가 '띵!'하며 본능적으로 헛구역질이 나온다. 제초제가 나온 이후 거의 20년 이상은 제초제의 독성과 폐해가 알려지지 않았었다. 그저 '얼마나 독하면 그 질긴 풀들까지 말라 죽겠는가' 하는 정도로 짐작할 뿐, 그저 노동을 덜어준 것에만 감사할 뿐이었다. 그러다가 월남전 때 미군이 사용한 고엽제의 후유증이 심각하게 발생하고 그때 사용한 고엽제가 바로 제초제의 주성분이라는 사실이 알려지면서 사람들은 제초제의 위험성을 인식하기 시작한 것이다. 그러다가 그 제초제에 지구상에서 독성이 가장 강하다는 다이옥신이 들어있다는 것과 1998년에는 그 다이옥신이 다름 아닌 생물의 내분비샘을 교란시키는 환경호르몬이라는 사실이 사회적으로 알려지면서 제초제의 위험성을 모두가 알게 되었다. 우리가 잘 알듯이 환경호르몬은 분해되지 않는다. 농작물 속에 포함되어서나 혹은 지하수나 냇물 속으로 흘러 들어가서 직간접으로 우리가 먹고 마시면 이는 우리 인체에 쌓여 온갖 질병을 다 일으키는 것이다. 제초제는 한마디로 인간을 포함한 모든 생태계에 '재앙의 씨'인 것이다.

얼마 전에 우리 딸 '봄'이가 집에 뛰어들며 내게 자랑 한다. "아빠, 나 지금 '사랑표 풀잎' 가져왔다? 볼래?" 내미는 그 고사리 같은 손에는 제법 큰 냉이 줄기가 들려있었다. 그러고는 거기 붙어있는 냉이씨를 가리키며 "요것 봐, 사랑 표지?" 한다.

냉이 씨앗의 모양이 '하-트' 모양인 것을 보고 꽤 신기했나 보다. "그렇구나, 정말 신기한데…" 하면서 동의를 표해주었는데 순간, 이상한 느낌이 들었다. 지금은 때가 아니다. 설사 열매는 맺혔을지라도 풀 전체가 이렇게 노랗게 말라버릴 때는 아니다.

불안한 생각이 들어 "이거 어디서 뽑아왔니?" 물었더니, "응, 솔지네 놀러 갔는데 거기 길가에 이렇게 사랑 표가 많이 있는 거야, 그래서 '하나'랑, '장규'랑 같이 뽑았다." "으악! … 거긴 바로 어제 동네 이장님이 제초제 뿌린 곳인데…"

- 2013.3.5.

도토리 잔치

설화산 북박골에 사는 참나무 친구들이 가을바람 우체부 시켜 초대장을 보내왔습니다. 맑은 햇살을 그려 넣은 초대장에는 '도토리 잔칫상을 차려놓았으니 부부 동반으로 오시라'고 적혀있습니다. 설레는 마음으로 장화에 모자까지 차려입고 보자기 하나씩 챙겨 들고 갔지요.

설화리 연못을 지나자 산길 옆에 감나무며, 붉나무에는 울긋불긋 청사초롱 달아놓았고, 산새들은 풍악을 울리느라 신이 났습니다. 숲으로 들어서자 올해 소문대로 떡~ 벌어지게 차려놓았습니다. 똥글똥글 상수리에, 도톰한 신갈에, 길쭉한 졸참에, 뺀들뺀들 알밤까지… 차려놓은 도토리가 하도 많아 걸음을 뗄 수가 없습니다. "허… 역시 손이 큰 참나무로구만…"

아내는 벌써 저 아래 상수리나무 밑에서 아예 주저앉아 버렸고, 호기심 많은 나는 다른 친구들 형편은 어떤가 더 올라가 보았더니, 역시! 비탈 양지에 생강나무도 산동백을 다닥다닥 매달았고, 골짜기 건너 명감나무도 명가를 한 움큼씩 챙겼고, 너덜겅에 사는 다래덩굴도 탱탱한 산다래를 주렁주렁 달았습니다. 개암은 고소하게, 멍가는 달콤 시큼하게, 다래는 새콤달콤하게, 디저트로 산초 이파리 향기까지 한참을 즐기다가 도토리를 한 자루씩 들쳐메고 내려오는데 바람이 언뜻 불더니 "탁!~" 알밤만 한 상수리가 꿀밤을 멕이네요. 아까부터 나무 뒤에서 망보던 다람쥐가 우리보고 욕심쟁이라고 꼬질렀나 봅니다. 아차 싶어 으름덤불 속으로 살짝 들어가 '꿍~' 노오란 돈 한 덩어리 부조하고 왔지요.

- 2014.10.5. 송악주보

송악골 아이들

원래부터 송악골 아이들이 땅(모래?) 놀이를 좋아했습니다. 앞마당 모래밭에 앉아 한없이 모래성을 쌓고, 거기에 구멍을 뚫어 두꺼비집을 만들고, 또 퍼 나르고, 뭔가를 짓고 부수고… 이것이 송악골의 일상이니까요. 그런데 올해의 송악골 아이들은 좀 과합니다. 모래밭에서만 노는 것이 아니라 송악골 마당 여기저기를 특히, 울타리 아래나 구석 후미진 곳까지 진출(?)해서는 땅을 파대는데…
"아니, 저 구멍들이 뭔가요?" 하루는 제가 선생님에게 물었지요. 혹시나 무슨 짐승이 들어온 건 아닌가 싶어서. 울타리 밑에 커다란 구멍이 뚫려 있었거든요. "네. 아이들이 파놓은 거예요." "아니, 왜 저렇게 땅을 파지요?" 선생님 말씀을 듣고서야 이해가 되었습니다.

올해 초에 행복한 반에서 지렁이 프로젝트를 했다네요. 그때 지렁이를 찾는다고 어린이집 여기저기 땅속을 파헤치다가 아이들이 땅속에는 지렁이만 사는 것이 아니라는 걸 알게 되었답니다. 크고 작은 지렁이, 각종 딱정벌레도 살고, 어쩌다 운이 좋아 굼벵이라도 찾아내면 탄성을 지르며 선생님한테 가져와 자랑을 하고, 그걸 보고 선생님은 또 감탄(속으로는 어쨌든지)하면서 칭찬해 주시고… 그러다 보니 아이들이 더 부지런히 땅을 파게 되었고 송악골 마당 곳곳에는 커다란 구멍이 생겼다는 겁니다. 어른들 눈으로 보면 아무것도 아닌 것이지만 아이들에게는 한없이 신기하

고 자랑할 만하고, 어깨가 으쓱해지는 것들이 있지요.

지난 주일에 교회에서 주일학교 아이들이 샘가에 모여들었습니다. 제가 송남초등학교 아이들 계곡 생태학습 한다고 가재를 몇 마리 잡아다 놓았는데 아이들이 그걸 보려고 몰려든 겁니다. 그런데 한참을 들여다보던 지헌이가 "여기 가재 새끼 있어요!" 합니다. 작은 가재를 그렇게 말하나 보다 하고 무심히 들여다보는데 어허… 뭔가 꼼지락거려 보았더니 진짜 아주 아주 작은 가재 새끼가 여러 마리 샘가 바닥에 기어 다니는 겁니다. 계곡에서 가재를 잡아 올 때 어미 가재의 꼬리에 붙어있던 가재알이 부화를 했나 봅니다. 하마터면 그 가재 새끼들 모두를 그대로 샘바닥에서 죽일 뻔했습니다.

덕분에 아주 소중한 걸 깨달았습니다. 어른들이 못 보는 아이들의 세계가 있다는 것을… 특히 생명이란 것은 아주 아주 작은 것을 볼 줄 아는 사람의 마음이 더 중요할 수 있지요.
하루 종일 땅만 파는 송악골 아이들?
괜찮습니다. 올해 송악골 아이들은 우리 눈에 보이지 않는 또 다른 세상을 탐사하는 중이랍니다.

- 2015.6.1. 송악골 편지

잠자리 좀 있습니까?

dragon(용)fly(파리) - 영어 이름을 직역하면 용팔이. 한국말 이름은 잠자리. 하루살이(하루를 산다고 우습게 보지 마세요)류와 함께 지구상에서 가장 오래된 곤충. 말 그대로 공룡시대에도 살았답니다. 잠자리의 선조는 고생대 석탄기 후기의 화석에서도 발견되는데, 생긴 모양은 현재의 잠자리와 거의 같고 덩치만 지금보다 훨씬 컸다는데 메가메우라라는 놈은 길이가 60㎝가 넘었답니다.

잠자리가 그 오랜 역사를 살아올 수 있었던 비결 중에 가장 중요한 요인은 바로 뛰어난 비행술 덕분이랍니다. 순식간의 수직비상, 수직착륙, 자유로운 직진과 후진, 순간적인 좌우 방향 전환과 사각 비행, 거기다가 매우 안정적인 정지비행, 이 모든 것이 현대 항공공학의 연구과제라네요. 이놈들이 공중에서 얼마나 자유로우냐면 가을하늘에 고추잠자리를 보면 알 수 있지요. 마당 한 가득 잠자리로 메우지만 충돌 추락사고 한 번 내지 않지요. 심지어 어떤 놈들은 공중에서 날고 있는 상태에서 짝짓기를 해요. 그것도 암수가 함께 오랫동안 멋진 하트모양을 연출하면서…
그렇게 비행에 자신이 있어선지 이놈들은 참 교만해요. 시골에서 차를 운전하다 보면 이놈들이 도무지 무서운 줄 모르고 찻길에서도 정지비행을 해요. 대부분은 잘 피하지만 그래도 워낙 많다 보니 교통사고가 안 날 수 없지요. 얼마 전에는 대천 앞바다에서 원산도까지 배 타고 가는데 글쎄 그 먼바다 한가운데에도 이놈들이 떼로 날고 있더라니까요. 거기가 어디라고 겁 없이 장거리 비행까지 나선 겁니다. 그래선지 잠자리 잡기는 아주 쉽습니다. 언제든 즉각적인 수직이착륙이 가능하니까 요놈들이 교만해져 가지고 사람이 다가가도 그냥 태평이랍니다. 그러다가 '잠자리 꽁꽁 앉은뱅이 꽁꽁 손가락도 뱅뱅 눈알도 뱅뱅' 하는 어린애들 손가락에도 잡혀버리지요. 게다가 공중의 자유를 한껏 누리다가 교만해져서는…. 그래서 이놈을 보고 한 번 노래를 지었지요.

잠자리/ 하늘 가득/ 바람마냥 누리는 자유/ 그래/ 비우면 가벼워/ 저렇게 여유로운 걸/ 그렇다고 우쭐대지 마라/ 세상 줄줄이 처진 거미줄

세상 어디든지 자유롭게 날아다니는 잠자리. 그런데 잠자리가 날지 않는 동네도 있다면서요? 그 동네는 도대체 어찌 된 겁니까? 잠자리가 먹을 하루살이나 각다귀도 살지 못하고 잠자리가 잠시 쉬어갈 풀 한 포기, 나무 한 자락 제대로 없는 동네는 대체 누가 사는 겁니까?

그 먼 원산도 앞바다까지 날아다니는 교만한 용팔이조차 다가갈 수 없는 동네, 오직 한 종, 인간만이 살 수 있는 도시란 정말 무서운 공간인 겁니다. 우리 동네엔 잠자리들이 무지 많아요. 그 동네는 어때요?

- 2015.6.5.

우리가 잃어가고 있는 것

대한민국에 사는 우리는 유전자 변형 농산물(GMO) 중에 우리나라에서 가장 많이 수입되고 가장 폭넓게 가공되는 콩을 먹지 않고 살 수 있을까요? 된장, 고추장, 간장, 두부, 콩나물, 두유, 식용유… 이런 것들을 우리 땅에서 우리가 기른 콩으로 만들어 먹을 수 있을까요?

유전자 변형농산물은 과도한 제초제 사용에 의한 대지와 수질오염, 슈퍼 생물체 출현, 그 조작된 유전자가 다른 생물에 옮겨지면서 생기는 유전자오염, 그에 따른 순수종의 파괴, 그리고 가장 두렵고 끔찍한 인간의 몸과 유전인자에 영향을 주는 것으로 알려져 있습니다.

2002년 스코틀랜드 조직병리학자인 스탠리 에이윈 박사는 "GMO 식품이 위암이나 결장암 등 암을 유발할 가능성이 높다"는 연구 결과를 발표했고, 2005년 러시아 과학아카데미 일리치 엘마코바 박사는 논문에서 "GMO 콩을 먹인 쥐에서 불임과 사산율이 상대적으로 높았고, 살아남은 쥐도 55.6%의 높은 사망률을 나타냈다"고 발표했습니다. GMO의 세계적인 전문가 마이클 한센 박사도 "GMO가 피부 알레르기를 유도할 뿐 아니라 내장 구조까지 변형시키고 항원 반응과 면역구조에도 영향을 미칠 수 있다"는 연구 결과를 발표하는 등 GMO 콩의 유해성을 말하고 있답니다. 이처럼 GMO 콩은 인체의 발육 부진, 위장 장애, 면역력 이상, 암 유발, 불임, 내장 구조 변형, 항원 반응 이상 등의 안 좋은 영향을 끼칠 수 있다는 것입니다.
그런데도 한국은 아직도 GMO 농산물의 완전한 표시제조차 없고, 있다 해도 예외가 너무 많아 실효성이 거의 없습니다. 우리는 과연 이 두려운 현실에서 벗어날 길이 있을까요?

"종콩은유~ 하얀색도 있구 노로소롬한 것두 있구유, 크기는 중간크긴디 갈어서 콩국수 국물내 먹고, 두부도 해 먹고, 쪄서 메주도 쑤구유… 암캐도 질 쓸디가 많지유. 방콩은유~ 검은 것도 있고 밤색 빛이 나는 것도 있는디, 서리태 방콩은 서리 온 뒤에 거두는 콩인디 그건 밥에 넣어먹고, 조려도 먹고 허지유~ 나물콩은유~ 까만색도 있고, 허~연 것도 있는디 됐다가 겨울이 콩나물을 질러먹지유. 강낭콩은 두 가지유. 울타리로 타고 올라가는 게 울타리강낭콩, 그냥 밭에다 심어 먹는 게 그냥 강낭콩인디 울타리를 타고 오르는 게 아무래도 많이 나지유. 근디 맛은 그냥 강낭콩이 비린내가 들 나는것같유~. 밥에도 넣어 먹고, 옛날에는 떡 해 먹을 때 넣고, 송편속이다도 넣어 먹어유. 또 완두콩은유~ 밥에 넣어먹기도 하고, 죽 쒀서 먹기도 허는디 이건 땅이 질믄 안되유~ 또… 팥이 있는디 재색깔 나는 팥도 있구, 검은 팥두 있구, 원래는 빨간색 팥이지유… 죽 쑤어 먹고 가루내어 떡에 버무리기도 하고…"

계속 이어지는 송악면 마곡리의 마실에 사시는 할머니 윤 집사님의 콩 이야기는 녹두며, 동부며, 끝도 없습니다. 그리고 콩의 종류에 따라 농사 시기와 심어야 할 밭의 토질이며 종자 보관 방법에까지… 그러면서 광에서 마치 보물을 꺼내듯이 종자를 하나하나 꺼내 보여주십니다. 거기에는 참으로 수십 년, 어쩌면 수백 년 동안 그 집안(가문)에서 내려온 재래종 콩 종자들이 가지가지로 보관되어 있습니다. 그러다가 한쪽에서 참깨 담은 봉지가 툭 뛰어나왔습니다. 그러자 집사님은 이제 참깨에 대해 시작하십니다. "이건 조선 참깨인디유~ 재작년에 동네 이장이 개량종이라고 가져다줘서 심어봤더니 그건 알은 굵은디 지름(기름)두 잘 안 나오구 깨소금 빻어 먹어 보믄 맛도 읎슈~. 글구 우리 집 조선참깨는 5월 20일께 심어서 7월 말이믄 거두니께 두 달밖에 안 걸리는디 그건 한참 더 있어야 되는거유… 장마 오기 전이 거둬야 허는디… 그래서 다 내다가 버렸슈. 아무래도 우리 시어머님 물려주신 우리 집께 질이지유~

윤 집사님은 그 동네 그 밭에 가장 잘 맞는, 전 세계에서 하나밖에 없는 토종 씨앗들을 가지고 있고, 그 농사 방법도 줄줄이 다 꿰고 계십니다. 그도 그럴 것이 그것은 윤 집사님의 칠십 평생의 삶이었으니까요. 이런 콩이며 참깨며 수수를 동네마다 집집마다 다 다르게 가지고 있지요.

그런데 이런 콩 종자들은 다 어디서 왔을까요? 돌콩, 돌팥, 새콩, 새팥, 여우콩, 여우팥, 산새콩, 들완두, 새완두, 갯완두… 우리 땅에 자생하는 야생콩은 현재 농촌진흥청에서 보유하고 있는 것만 1,100가지랍니다. 그러니까 우리 윤 집사님과 같이 전국 마을에서 집안에서 언제서부터인지 모르게 길러온 콩들은 이런 야생콩으로부터 선택되고 길러지고 적응해 온 것들인데 이렇게 우리나라 농촌에서 재배하고 있는 토종콩은 1970년대에 농촌진흥청에서 수집한 것이 무려 3천여 계통이었답니다. 이는 전 세계에서 가장 다양한 콩의 유전자원을 가지고 있는 것입니다. 그런데… 현재 미국에서 생산하는 콩의 90%는 아시아에서 채집한 종자 35가지를 개량한 것이고, 이 중 6가지 품종은 한반도에서 채집한 것이랍니다. 미국은 1901년부터 1976년 사이에 우리나라에서 5,496종의 재래종 콩을 수집해 갔는데 이 중 3,200여 종의 콩을 미국 일리노이대에 보존하고 있고, 이와는 별도로 미국 농무부는 1947년까지 1만 개의 콩에 대한 유전자형을 우리나라에서 수집해 갔는데, 미국이 동아시아에서 수집한 콩 종자 중에서 우리나라에서 수집한 콩이 74%에 달한답니다.

이거 아세요? 중국과 우리나라는 1960년대까지 세계 콩 생산국 1, 2위였답니다. 그런데… 현재는 미국과 브라질, 아르헨티나가 1, 2, 3위를 차지하고 우리나라는 콩 자급률 5%로 이제는 중국과 우리나라가 세계에서 가장 대표적인 콩 수입국이 되었답니다. 물론 그 수입콩의 거의 대부분은 GMO 콩이구요.

윤 집사님은 이제 70세가 넘어가셨습니다. 아직은 콩 농사를 지어 아들네로, 딸네로 보내주시고 장날이면 머리에 이고 나가 돈도 버시는데 앞으로 언제까지 그렇게 하실까요? 그 아드님들은 훌륭하게 자라 모두 교사가 되었는데 모두 대전에서 천안에서 살아 일 년에 명절 때 정도만 고향 집에 들를 뿐인데 그 어머님 콩 농사를 이어서 지을 수 있을까요?

말매미

드디어 오늘부터 말매미 우는 소리가 들립니다. 우리나라 여름에 나와 우는 매미는 그 종류에 따라 울음(노래?)소리가 다른데, 말매미는 그 많은 매미 종류 중에 덩치도 가장 크지만 소리가 아주 특별합니다.

다른 매미는 보통 "찌~찌~찌~"(털매미), "맹~맹~맹~"(참매미), "오~씨 오~찌"
(애매미) "쓰~름쓰~름"(늦매미) 하며 음절을 끊으며 우는데 말매미는 아예 음을 끊지 않고 "아………. 악……" 하고 계속 소리를 이어가며 질러댑니다.

그 소리가 하도 힘차서인지 처절(?)하게 들려선지 제가 어렸을 때 살던 산동네에서는 '아갈매미'라고 불렀답니다.

생각해보면 매미들에게 이 해 여름 한 철은 가장 중요한 시간이지요. 땅속 어두운 곳에서 여섯 해를 살다가 생애의 마지막 며칠, 밝은 세상에 나와 짝을 만나 짝짓기를 하고 알을 낳아야 하니까요.

이 순간을 위해 매미는 땅속에서 그 세월을 참아냈고, 그래서 밖에 나오자마자 준비해 둔 날개를 펼쳐내어 말리면서 동시에 몸속을 비워 가볍게 했던 겁니다.

그러니 매미에게 여름날 하루하루는 치열하지 않을 수 없지요.

더 크게 울어 자기의 존재를 나타내야만 짝을 부를 수 있고, 그래야 자기가 이 땅에 나온 의미를 이룰 수 있으니까.

매미, 특히 가장 치열하게 울어대는 말매미 울음소리를 들으면서 나의 삶을 돌아봅니다.
나는 저 매미만큼 나에게 주어진 날들을 뜨겁게 살아가고 있는지…

- 2016.7.9.

쉿!

"쉿! 이거 아무것도 아니야. 30분만 지나면 오히려 기분이 좋아진단다. 일부러 쏘이기도 하잖아!~" "아~ 벌침요?" "그렇지! … 그게 건강에 좋다잖어. 나도 많이 쏘여봤는데 이 벌은 위험하지 않은거…"
눈이 커서 그런지 유난히 호기심이 많아 종탑 근처에서 뭔가를 뒤지다가 기어코 한 방 쏘여 겁을 잔뜩 먹고 약 발라 달라고 찾아온 도형이에게 내가 한 말입니다.
사실은 지지난주에 장로님이 종을 치시다가 종 줄이 빗겨 안쪽으로 들어갔다가 벌 한 방 쏘이셨단 말을 듣고 거기 벌집이 있는 걸 확인했답니다. 색깔이나 생긴 모양은 '바다리'라고도 부르는 쌍살벌인데 벌집은 아직 주먹만 한 게 짓는 중인 것 같기도 하고… 암튼, 이 녀석들이 하필이면 교회 종탑 아래에 집을 짓고 있으니…

어쩌다 알아채신 김 집사님은 당장 에프킬라 가져다가 뿜어 싹 다 죽여야 한다고, 놔두면 벌집이 점점 더 커져서 안되다며 혀를 다 차십니다. 제 고민이 깊어졌습니다. 이대로 그냥 놔두면 누군가 또 쏘일 테고, 그리되면 이 녀석들은 더 이상 여기 살 수 없게 될 테고… 이번 주에는 안산명성교회 학생들 수련회도 온다 했는데… 어찌하면 이 녀석들도 살고 사람도 안전할 수 있을까?
그러다 방법을 찾아냈습니다.

'여기는 야생벌집, 건들지 않으면 쏘지 않아요' 이렇게 큼지막하게 써서 벌집 앞에 매달아 놓았지요. 어쨌든 통했습니다. 학생들이 그렇게 들랑거리면서도 근처는 얼씬도 않아 벌 한방 안 쏘이고 잘 지나갔지요. 그래도 조마조마 혹시 누군가 또 쏘일까 봐, 그러면서 소문도 안 나게…

교회 옆 냇가 쪽으로 작년에 돌아가신 지정순 집사님께서 남겨주신 토종 수수를 심었답니다. 다행히 잘 자라 어느새 이삭대궁이 쑥쑥 나왔네요. 지난주 어느 날 가까이 다가가 수수 알갱이를 살펴보다가 허… 그렇네요, 그 벌들이 수수의 꽃가루받이를 하고 있네요. 그러니까 쌍살벌들은 이 여름날 수수나 벼과 식물들을 찾아다니며 꽃가루를 모으고, 식물들은 그 벌들의 도움으로 열매를 맺고 있는 겁니다.

마침 이번 주가 남북 평화통일 공동기도 주간이네요. 요즈음 저는 유난히 튼실해져가는 수수 이삭을 바라보면서 함께 사는 것에 대하여, 특별히 내게 부담스러운 친구들과 함께 살아가는 것에 대하여 다시 생각하게 되었습니다.

- 2016.8.21. 송악주보

꽃으로

어제 송악골어린이집에 들렀다가 마당 옆에 활짝 핀 살구꽃 아래에서 뛰어다니는 아이들과 선생님들을 보았습니다. 아직은 내가 어색한지 인사할지 말지 망설이는 아이들에게 "목사님한테 인사해야지~…" 하는 선생님 말씀에 활짝 웃으며 "모짜님, 안녕하세요!" 하고 인사하는 아이들 표정이 참 보기 좋았습니다. 저도 아직은 익숙하지 않은 송악골 아이들 얼굴을 보면서 막 피어나려는 꽃망울을 보는 것 같았습니다.

송악골 마당에는 꽃이 좋은 나무들이 꽤 있지요. 살구나무와 산수유는 지금이 한참이구요. 몇 일 후면 냇가 쪽으로 자목련이 활짝 필 것이고, 황매화도 울타리 틈새로 아이들에게 선을 보일 겁니다. 주방 옆 샘가에 자두나무는 벌써 하얀 꽃망울을 터뜨리기 시작했네요. 한두 주가 지나면 미끄럼틀 옆에 개(산)복숭아꽃이 화려하게 피어날 겁니다. 어린이집 현관 맞은편에는 향기 좋기로 유명한 수수꽃다리(라일락)가 보라색 작은 꽃들을 이름처럼 수수다발만큼 피워낼 준비를 하고 있고, 그 바로 옆에는 이쁘기로 알아주는 꽃사과나무(메이플 애플)가 피어날 겁니다.

뒤쪽 울타리에는 등나무 꽃과 박태기나무, 쪽동백이 있고 늦봄이 되면 품위 있게 능소화가 피어나지요. 그때쯤이면 남쪽 울타리에 으름꽃이 찐한 향기를 풍겨낼 겁니다. 이렇게 어린이집을 꽃동산으로 만든 것은 처음 송악골어린이집을 지을 때 우리 부부가 광덕산에 다니면서 한창 야생화에 빠져있었는데, 그 꽃들 하나하나가 가진 색깔, 모양, 향기가 너무도 좋아, 아이들 가까이에 피어나게 하고 싶은 마음에 욕심껏 캐다 심었기 때문이랍니다.

누군가 말했듯이 나무가 세상 사람들을 기쁘게 하려고 꽃을 피우는 것은 아니지요. 각자 나름대로 자신에게 주어진 자리에서 자신만의 삶을 살아갈 뿐입니다. 하지만 나무가 자신의 삶에 성실하게 살아갈 때, 그 꽃은 세상에 향기가 되고, 나뭇잎은 그늘이 되고, 열매는 먹거리가 되어 세상을 향기롭고, 시원~하고, 풍요롭게 만들잖아요. 우리 송악골에서 자라나는 아이들이 자기만의 색깔과 모양의 꽃으로 활짝 피어나 세상을 아름답고 시원하고 풍요롭게 만들어가길 바랍니다.

이제 봄이네요. 송악골 마당에서는 나무들이 따스한 봄볕을 받아 꽃 잔치를 열겠지요. 아이들 마음도 하나님의 사랑을 가득 받아 꽃처럼 활짝 피어나기를 기도합니다.

- 2017.4.7. 송악골 종 생각

먹고 살자고 하는 말

예배당 옆 수수 이삭에 양파망을 씌우는데 은행나무에 참새 서너 마리가 앉아서 뭐라 뭐라 지껄입니다. 가만히 들어보니…
"저 멍청이 하는 짓 좀 봐~ 저게 양파 담는 주머니지 무슨 양파망을 저런 데다 덮어씌운다냐~…"
그러니까 자기들 먹을 수수에 양파망 씌우는 인간이 얄밉다 이거지요. 그래서 내가 참새 보고 이랬습니다.
"야! … 니들이 어지간히 먹기만 하면 내가 이러겠냐? 동네 참새 다 불러다가 먹으니까 이러지!"

배골 참나무숲에서 도토리를 줍는데 다람쥐들이 여기저기 왔다 갔다 하면서 뭐라 뭐라 찍찍거립니다. 가만히 들어보니…
"생긴 것도 잘생기지도 못한 인간이 쌀밥이나 처먹지 도토리는 뭐할라

고 주어가는겨~…"
그러니까 자기들 먹을 도토리 주워가는 인간이 뵈기 싫다 이거지요.
그래서 내가 다람쥐 보고 이랬습니다.
"미얀혀~ 도토리묵이 하도 몸에 좋다고 해서 쫌 주우러 왔다. 혼자 안 먹고 두루두루 나누어 먹을 테니…"

주운 도토리 배낭에 담아 메고 숲을 나오는데 고급 승용차에 까만 안경 쓴 사람이 뭐라고 말합니다. 가만히 들어봤더니…
"여긴 무슨 일로 오셨어요?"
"네, 산책 겸 도토리 주우러 왔는데요."
"여긴 개인 소유지입니다."
그러니까 여기서 도토리 주워가지 말라 이거지요.
그래서 내가 그분더러 그랬습니다.
"네, 알겠습니다. 그러지요."
그러고 보니 세상 이 말 저 말 다 먹고살자고 하는 말이네요.
적당히 나누어 먹으면서 사이좋게 잘 살아야겠습니다.

- 2017.10.22. 송악주보

미세먼지

요즈음 미세먼지 때문에 송악골어린이집 식구들이 염려가 많은 줄 압니다. 중국에서 날아오는 황사에 오염물질이 섞여 있다고 하고, 또 우리나라 서해안에 집중되어 있는 화력발전소와 공장들 때문에 충청도 쪽이 미세먼지가 더 심하다 하기도 하고… 수업과 생활이 야외에서 많이 이루어지는 송악골어린이집의 특성상 고민이 되는 것도 사실입니다. 그래서 미세먼지 농도가 심한 날에는 부모님들 우려를 생각해서 야외 활동을 자제한다는 말을 듣고 아이들에게 참 미안하고 마음이 무겁습니다. 생각해보면 이 모든 것이 우리 어른들의 잘못된 욕망과 탐욕이 만들어 놓은 것이니까요.

그런데 조금만 더 생각해보면 어차피 피한다고 될 일이 아니란 것도 사실이지요. 실내에 있다고 미세먼지를 덜 마시는 것도 아니고 하루 종일 마스크를 쓰고 산다고 대안이 되는 것도 아니니까요.
어쩌다 송악골어린이집에 들르면 아이들이 마당에서 놀다가 저를 보고는 "목짜님!~" 하며 달려듭니다. 그 옷이며 신발이며 얼굴에도 모래나 흙먼지가 잔뜩(또는 약간씩!) 묻어있지요. 요즈음 같이 추울 때도 얼마나 뛰어다니며 놀았는지 머리에는 김이 모락모락 나고 콧등에는 땀방울이 송송 맺혀있지요. 게다가 아이들 콧방울이 홀~쩍, 눈은 촉촉이 젖어있구요. 이게 송악골 아이들의 모습입니다.

어쩌다 손님들이 오셔서 어린이집을 안내하다 보면 다들 놀라면서 신선한 충격을 받았다고 말합니다. 아이들이 모래밭에 맨발로(!) 뛰어다니며 흙범벅이 되어 놀고 있는 모습을 보고는 "세상에 이렇게 노는 어린이집도 있네요?" 합니다. 그러면서 꼭 하시는 말씀이 "정말 이렇게 놀아야 건강하지요" 입니다.

아이들 코에서 콧물이 흐르는 것, 눈에 눈물이 촉촉하게 젖어있다는 것은 공기 중에 있는 흙먼지나 몸에 안 좋은 미세먼지를 막아내려는 몸의 방어 기능이 작동하는 것이고, 몸에서 땀이 송송 나오는 것은 몸 안에 있는 불순, 노폐물을 몸 밖으로 내보내려는 것이지요.
미세먼지…. 피할 수 있다면 좋겠지만 그럴 수 없다면 우리 아이들이 온몸으로 이겨내도록 더 잘 놀아야겠습니다.

- 2018.1.19. 송악골 종 생각

자연이 가장 훌륭한 선생님입니다

얼마 전 한 신문에서 읽은 기사입니다. 학급이 무너지고, 학생들이 학교를 거부하고, 또 집단 따돌림(이지메) 문제로 고민해 온 일본이 그 어려운 문제를 근본적으로 해결할 교육방안을 찾아냈다는 겁니다. 그런데 그 교육방안이란 것이 우리에게(특별히 우리 송악 동네에) 분명한 타산지석이 될 만합니다. 기사의 내용을 그대로 적겠습니다.

　'문부성(우리나라의 교육부)과 농림성은 앞으로 3년간 도시 및 근교 1천여 곳의 농수로들을 자연 상태로 환원시키기로 했다. '논두렁과 여울 만들기 프로젝트'란 이름의 이 사업은 콘크리트 농수로와 복개천들을 걷어치워 어린이들의 자연 놀이터와 학습장을 만드는 데 초점이 맞춰져 있다. 문부성 관계자는 5일 "이달 중 구체적 방안을 마련하고 이르면 올해 안에 수백 곳에 작업을 시작한다"고 밝혔다.'

아니, 아이들 교육하는데 논두렁과 도랑물이나 냇가가 무슨 관계? 어찌 보면 일본 정부의 생각이 엉뚱해 보일지도 모릅니다. 허나 이는 정말로 혜안(慧眼)입니다. 어릴 때부터 논두렁에서 메뚜기 잡고 도랑에서 미꾸라지나 개구리를 쫓아다니고 냇가에서 물장구치면서 자연과 친구가 되어 자라나는 어린이가 성장하면서 따스한 마음을 가진 사람이 된다는 것을 깨달았기 때문입니다. 게다가 자연은 어린이들에게 무한한 상상력을 자극해주고 심오한 사색으로 이끌어주는 너무도 좋은 교육재료요, 선생님이라는 것을 알게 된 겁니다. 이러한 '사람을 기르는 인성교육'이 쌀 몇 가마 더 생산하는 일보다 훨씬 중요하다는 사실을…

미래 사회를 우리는 지식정보화 사회라고 말합니다. 이 말을 '많이 아는 사람이 성공한다. 그러니 더 많이 가르쳐야 한다'는 말로 생각하면 그건 하나만 아는 겁니다. 이 말은 오히려 다양한 지식이 필요 없는 사회라는 뜻입니다. 왜요? 컴퓨터가 지식을 저장하고 찾아주니까… 오히려 미래 사회의 지도자는 풍성한 상상력과 따스한 감성을 가진 사람에서 나옵니다. 이건 컴퓨터가 도저히 할 수 없는 일이니까!

우리네 아이들에게 송악에 살고있는 우리가 줄 수 있는 가장 좋은 게 무얼까요? 다행히 참으로 다행히 우리 송악 동네는 아직 논두렁이 남아있고 외암리민속마을도 있고 아직은 냇가에서 고기 잡고 수영도 할 수 있습니다. 나중에 나중에 우리네 아이들이 자라나서 우리 부모님과 선생님을 생각하며 진정 고마워할 것은 무엇일까요? 더욱 시골스러워지는 것. 그래서 우리 아이들이 자연 속에서 더 많은 시간을 뒹굴 수 있도록 해주는 것. 그것이 정말로 앞서가는 투자입니다.

- 2018.6.26.

쇠비름꽃

어떤 심방도 나누는 기쁨이 있지마는 들길 심방도 그만 못지않습니다.
"집사님, 이게 뭐지요?"
"그거 별거 아뉴~ 그냥 풀이유"
"그래도 이름은 있을 텐데…"
"잡풀이지유~"
"그래도…"
"그런걸 알어 뭐헌대유 이놈은 옥매듭이라던가 뭐라 허구 저놈은 그냥 쇠비름이라고덜 하대유. 까이꺼 별거 아뉴~ 아무짝에도 사람에게 쓸모 읎슈~ 구찮기만 허지유…"

아침 밭둑에 노랗게 핀 쇠비름 꽃을 보았습니다. 언젠가 맞춰 입은 여선교회 한복의 고운 색깔이 쇠비름꽃 색깔을 꼭 닮았습니다.
이렇게 예쁠 수가…
사람에게 쓸모없는 것들이 하나님께는 꽤 귀했나 봅니다.

- 2020.3.5.

무늬가 되는 티

교회 사택에는 어디서 사 왔든가, 아니면 누가 주었던가 하는 자그마한 풍란이 있습니다. 이파리가 넓다 하여 대엽풍란(大葉風蘭)이라고 부른답니다. 몇 달을 그럭저럭 키웠는데 몇 주 전부터는 콩알 만한 꽃망울이 서너 개 맺혔습니다. 그 콩알만 한 꽃망울은 보기만 해도 싱그러운 연두색 망울이었습니다. 그런데 그 콩알만 한 꽃망울을 자세히 보니 '흠'이 하나씩 있습니다. 그것은 '티'였습니다. 가느다란 흠집이 연두색 꽃망울 한가운데로 두세 줄씩 그려져 있었던 것입니다. 뭣에 긁힌 것 마냥…
"이왕 연두색일 바에야 깨끗할 것이지 왠 '티'람… 그것도 하나만 그런 게 아니라 모조리 다 그렇네…"
아직 벌어지지 않은 꽃망울을 보면서 우리는 그렇게 아쉬워했습니다.

드디어 그저께 아침에 그 풍란의 첫 번째 꽃망울이 열렸습니다. 부끄러운 듯 열려진 풍란꽃을 살펴보고 깜짝 놀랐습니다. 그 티는 풍란꽃의 가장자리를 장식하는 띠 모양의 꽃무늬가 된 것입니다. 참으로 아름답습니다. 그 보라색 띠로 하여 연두색 풍란꽃은 화려함을 갖추게 된 것입니다. 어제 아침에는 두 번째 꽃망울이 열렸습니다. 여지없이 그 꽃에도 아름다운 보라색 띠무늬가 그려져 있습니다. 오늘 아침에는 마지막 남은 세 번째 꽃망울도 열렸습니다. 보라색 줄무늬가 그려진 옷을 입은 세 천사가 방긋 웃고 있습니다.

누구나 '티'나 '흠'으로 보이는 것들이 한두 가지씩은 있지요. 하지만 우리가 좀 더 참고 기다려 준다면 언젠가는 아름다운 '띠무늬'로 바뀔 수 있을 겁니다.

- 2020.6.10.

ESSAY

4장
하늘같이

감사

> 가고 오는 시간 속에 담기만 있는 사람들
> 펑퍼짐 치마폭 깔고 주저앉아 속 깊은 광덕산으로부터
> 야물찬 저수지 수로로 빼앗는 물질에도
> 마를 듯 끊이지 않고 흐르는 앞 냇가 마냥
> 그렇게 맘 편히 머물러만 있는 사람들
> 어느 구석 하나 그저 바위 같은 사람들

어저께는 지난달에 돌아가신 송 권사님 겹이레예배(*49일을 그냥 보낼 수 없다는 유가족들의 요구를 딱 자를 수도 없고 사구제라고 부를 수도 없어 고민 중에 내 멋대로 붙인 이름이다) 생전에 신앙생활이 워낙 성실했던 분인지라 나뿐 아니라 많은 교인들이 아직도 그 권사님 빈자리를 마음 깊이 담고 있던 터였다. 이를 누구보다 잘 아는 상주 아드님이 예배 마치고 오히려 나를 위로한다.

"목사님, 우리 어머니 안 계셔서 많이 허전하시지요?"
"그러게요, 보물덩어리를 잃어버린 기분입니다…."
그걸 인사라고 해놓고 나니 어머니를 잃은 그 마음은 오죽할까 싶다. 그래서 한다는 말이
"허긴, 하늘나라야말로 보물창고 아닙니까. 제자리로 가신 거지요…"

그렇다. 보물창고!

"오직 너희를 위하여 보물을 하늘에 쌓아두라 거기는 좀이나 동록이 해하지 못하고 도적이 구멍을 뚫지도 못하고 도적질도 못하느니라"(마 6:20)

나는 그 누구도 침범하지 못하는 하늘나라 창고에 차곡차곡 보물덩어리를 채우고 있다.

- 2001.3.5.

"아이고 목사님, 가차이 오지마슈~"

5년 전 내가 송악교회로 부임해 와서 첫 심방 할 때 우리 교회에서 가장 연세 많은 김 권사님이 기겁하면서 하신 말씀이다. 내 옷에 뭐가 묻었나 싶어 두리번거리자 그 합죽 입을 가리면서 얼마나 재미있게 웃던지….

사연인즉 이렇다.
우리 교회는 목회자가 바뀌기만 하면 줄초상이 난다는 것. 내 전임 목사님도 오자마자 초상 치르기에 바빴고 그 전 아무개 목사님 때도 그랬다는 거다. 그러니 "인저(이제) 우리 교인들 줄초상 날 티니께(터이니) 나이 왠만히 먹은 사람들은 몸조심들 혀!~" 그 말을 막 마치자 내가 방안에 들어서서 하필 그 권사님 옆에 앉은 거다. 마치 내가 '다음은 당신 차례요!" 하듯이…

참으로 불행하게도 나 역시 그 고약한 징크스를 깨지 못했다. 그해 12월 첫 주에 부임해 왔는데 인사대심방을 마치기도 전에 교회 앞 집사님 남편이 돌아가셔서 장례 치르고, 해를 넘기면서 연초에 또 초상 치르고 그 다음 달에 세 번이나 장례를 치렀으니 부임 넉 달 만에 다섯 번의 장례를 치렀다. 그러니 그 노 권사님 속회 때 "거봐, 내 말 맞지?" 하실만했다.

장례와 결혼은 가히 집안의 대사다. 그래서 그 집안의 그날을 기억해주는 것은 목회의 기본. 내 예문책 맨 뒷장에는 그동안 내가 주례했던 결혼식을 한 면에, 집례했던 장례식을 그 뒷면에 번호를 붙여가며 기록해 둔다. 세어보니 결혼 주례는 8건(내 목회 경력으로보아 결코 적은 수는 아니다), 장례 집례는 모두 21건. 장례가 두 배나 많다.

지난주에는 천안의 아파트 단지에서 목회하는 후배 목사가 지나는 길에 들렀다. 그 친구는 목회 11년째인데 장례 집례는 한 건밖에 없고 결혼 주례는 열 건이 넘는댄다.
"좋것네, 젊은 사람들 많아서~" 내가 부러운 척하자 그 친구 하는 말
"모르는 소리마쇼, 얼마나 헛심 빠지는지 알어? 겨우 키워놓으면 '초싹' 이사 가고 '끼웃끼웃' 거리다가 '이 교회는 뭐가 떨어졌네~' '뭐가 메말랐네~' 한마디 툭 던져놓고 온다간다 말도 없이 '홀딱' 가버리고…" 그렇게 몇 번 당하다(!) 보면 '내가 지금 뭐 하나~' 싶은 게 목회할 맛 안 난다는 거다. 도시 목회 10년에 남은 건 상처뿐이라며 "어디 맞바꿀 데 읍슈?~" 하면서 농담 푸념이다.

- 2001. 5. 28.

손발 좀 맞춥시다

"언제까지 이럴 거니!" "네가 한두 살 먹은 어린애야?"
그날따라 아내의 호통 소리가 날카롭게 집안을 울렸다. 목사 가정이라고 어쩌다 의견충돌이 있어도 소리 한번 제대로 크게 못 내는 아내지만 이 경우는 좀 다르다.
"일루와!! 일루 안 와?" "짝!" (볼기 때리는 소리) "으아앙!~" (봄이가 우는 소리)
"몇 번을 그렇게 혼나고도 정신 못 차려?" "그러게 내가 뭐랬어, 그만 먹고 일찍 잠자랬잖아!"
"이리와 맴매" "짝!" (또 볼기때리는 소리) "으아앙!~" (봄이가 더 크게 우는 소리)
정말로 큰 일은 큰 일이다. 이제 네살백이가 되어 왠갖 것을 다 아는체 하고 여기저기 안 끼는 데 없이 다 참견해대는 봄이가 글쎄…
오늘도 어젯밤에 남들 다 자는데 부엌을 생쥐마냥 들락날락거리며 냉장고를 뒤져 먹더니 아침에 지 엄마가 이불을 들추어도 꼼짝 않고 누워있더란다.
이상하다 싶어 요를 보니 아프리카만한 지도를 흥건히 그려놓고 혼날까봐 걱정돼서 일어나지도 못하고 자는 척하고 있었던 거라.
아내는 고 멀쩡하고 음흉한 속아지에 더 약 올랐던 모양이다. 그래서 또 한 번 호되게 맴매 당하게 되었던 것인데 정말 걱정이다. 그것도 한두 번이지 매번 저런다고 고쳐질까?
어떻게 하면 정신을 바짝 차리게 해서 그 버릇을 고칠 수 있을까?

생각 생각하다가 "옳지, 그 방법을 쓰자, 조상 때부터 써온 비방이 아닌가." 그래서 어지간히 엄마한테 혼이 난 봄이를 불러 손에 바가지를 들렸다. 그리고 여기저기 찾아보았으나 아무리 별별게 다 있는 교회창고라도 이미 대한민국에서 사라진 '채(키)'가 있을 리 없지. 할 수 없이 큼지막한 대광주리를 채랍시고 머리에 씌웠다.

이 정도 모양이면 누가 봐도 사연을 알아채겠지. 혼구녕 낼 부지깽이야 집집마다 파리채 하나 없을라고… 그리고는 무서운 눈으로 일렀다. "앞집에 가서 소금 받어와!" 뭔 일인가 하고 있는 놈에게 다시 일렀다. "가서 소금 주세요! 해, 알았지?"

옆에서 이 모양을 보고 있던 한이도 오빠랍시고 같이 가겠단다. 그러라며 두 놈을 내보냈더니 이번에는 아내가 난리가 났다. 창피하게 그게 뭐냐고, 그런다고 무슨 효과가 있냐고, 오히려 정신적으로 상처만 주는 거 아니냐며, 차들이 그렇게 많이 다니는데 애들끼리만 보내놨다고, 빨리 가서 데려오라고, 왜 그러시는지 모르겠다고, 잘잘잘잘잘……

하도 큰 걱정이길래 요놈들이 어찌하나 보고 싶기도 해서 슬금슬금 따라가 보았다. 한 놈은 대광주리 머리에 쓰고 한 놈은 바가지 손에 들고 벌써 새말다리를 넘었다.

여기저기 들르지도 않고 쭉 가더니 중앙상회 최 권사님 집으로 들어갔다.

"옳지 잘됐다. 고놈들 누군지 모르는 사람에게 보다야 아는 사람한테 꿀밤을 맞더라도 맞아야 지들도 덜 아프고 따끔하게 망신도 당하지…"
들어간 지 한참이 되어도 안 나온다. 옆집의 김영숙 집사님도 쫓아 들어가는 게 보인다. "되게 혼나나보다" "울면서 나오면 뭐라고 달래지?"
한참을 기다리는데 두 놈이 나온다. 한데 이상하다. 훌쩍거리며 나올 줄 알았는데 걸어오는 발걸음이 활기차다. 집으로 들어오는 놈들을 잡고 물었다.
"맴매 안 당했어?" "응!" "얼래꼴래리도 안 했어?" "응!"
이상하다 싶어 바가지를 보니 바가지에는 받아오란 소금은 한 주먹도 채 안 되고 대신 과자 봉지가 수북하게 담겨져 있는 거다.
"아이쿠! 혼내달라고 보냈더니 거꾸로 이쁘다고 칭찬을 하셨구만."
그 덕분인지 봄이는 오늘 새벽에 또 오줌을 쌌다.

- 2001.9.5.

다, 목사님 될 줄 믿습니다~!

교회학교 예배 마지막 순서에 담임목사가 들러 어린이들에게 축도를 합니다. 근데 언제부턴지 앞자리에 앉은 개구쟁이들이 자꾸 축도를 흉내 내는 겁니다.

아이들은 그 흉내가 재미있는지 두 손을 번쩍 들고는 말투까지 흉내내서는 지들이 먼저 앞질러 축도해 버리는 겁니다. 처음에는 '그저 몇 번 하다 좀 철들면 말겠지…' 하면서 귀엽게 보아주었는데 도무지 그치질 않습니다.

이제는 다 외워서는 "이제로부터 영원토록… 축원하옵나이다… 아멘!" 까지 제법 근엄한 목소리로 해치우고는 "까르르…" 웃습니다. 겉으로는 안 그런 척하면서도 속으로는 은근히 걱정이었습니다. 어떡하면 이놈들한테 혼 안 내고 가르칠 수 있을까?…

그날도 나의 축도에 어김없이 바로 앞에서 손을 들고 따라 하고는 까르르 웃는 녀석들…

내가 축도를 마치고 내려와 문을 열고 막 나가려는데,

알림부장 선생님(아이들은 교회학교 부장 선생님을 그렇게 부릅니다)이 앞에 나가 마이크를 잡더니 하시는 말씀.

"지금 손들고 축도 따라 한 어린이들은 이담에 전부 목사님 될 줄 믿습니다~!"

"까르르르……"

그 말 한마디가 그리 무서웠던지 그다음 주부터 축도를 따라 하는 놈은 한 녀석도 없습니다.
"진수, 종경이, 니들 인저 큰일 났다… 목사님 될꺼랴~…"

- 2001.9.9.

저… 금식 안했어요

"목사님은 금식 중이라 아무것도 안 드슈…"
누군가 심방대원 중에 하신 말씀에 저는 그만 속이 '뜨끔' 해졌습니다. 하루 대심방을 마치면 온몸이 파김치가 됩니다. 그저 성도들의 가정을 방문하여 찬송하고, 말씀 전하고, 기도하는 것뿐인데, 대부분 자동차를 타고 다니고 또 걸어봐야 5분을 넘지 않는 거리인데도 웬일인지 기력이 쏙 빠져나갑니다.
몇 해를 그리하다가 드디어 제 나름대로 원인을 찾았습니다. '먹는 것!' 가는 집마다 정성을 다한 대접을 받다 보니 처음 한두 집은 그런대로 괜찮다가도 '계속,' 그것도 '맛있게' 먹어야 하니 아무리 태생이 먹는 걸 좋아하는 저라도 그만 먹는 것이 고역이 되어버린 겁니다. 게다가 앉아서 먹다 보면 시간이 길어지고 나중에는 시간에 쫓겨서 서두르게 되니 마음이 바빠지고…

그러던 어느 해인가 하느님께서 입을 닫아주셔서 금식하며 심방한 적이 있었는데 이상하게도 전혀 피곤하지가 않은 겁니다. 그때 깨달았지요. '안 먹고 심방하는 것이 훨씬 쉽다.' 일종의 '목회 노하우' 가 된 겁니다. 그래서 그때부터는 안먹고 심방하는 겁니다. 어쩌다 먹고 싶은 메뉴가 있지만 한 집에서 무너지면 누구네 집에서는 먹고 누구네 집에서는 안 먹는달까 봐 아예 입에 대지도 않았던 겁니다. 단지 그뿐이었습니다.

그런데 함께 심방하시는 집사님, 권사님들은 제가 금식한다고 생각하신 겁니다. 저도 처음에는 '그게 아니라…' 하다가도 마음에 은근히 '그래, 금식하는 척해 볼까?' 내가 내 입으로 '나 금식하오' 한 것도 아니고 그렇게 믿고 싶어 하는 건데… 그렇게 맘먹으니 담임목사가 금식하며 심방한다고 좋아하시는 분들께는 솔직히 좀 미안하긴 했지만 그런대로 은혜스럽더라구요… 그런데…

대심방 다 마치고 심방대원들과 함께 광덕산에 가서 달래나물 캐온 날 저녁. 산달래를 송송 썰어 간장에 들기름 섞어 만든 달래간장에 뜨거운 밥을 비벼 먹다가 엄청 큰 돌을 씹었는데… 하필 그놈이 제 시원찮은 이를 건드린 겁니다. 그날 이후 엄청난 통증과 함께 잇몸이 퉁퉁 부어 며칠 동안 밥을 제대로 못 먹었답니다. 쯧쯧…

사람은 어찌 속일 수 있었어도 하나님이야 어찌 속일 수 있겠습니까?
"어이쿠 하나님, 잘못했습니다." "권사님!~ 저 금식 안 했어요."

- 2002.3.24. 송악주보

꼭 성불하세요

차를 타고 가다 보면 길가에 서서 손을 들며 태워달라는 사람을 종종 만나게 됩니다. 그럴 때면 나는 기꺼이 태우는 쪽입니다. 그것은 내가 뭐 대단히 착한 마음씨를 가진 사람이라서가 아니라 순전히 사람에 대한 유난한 호기심(!) 때문입니다. 더욱이 그 대상이 특이한 사람일수록 저의 호기심은 꼭대기까지 오릅니다. 도무지 그냥 지나치는 법이 없지요.

아내는 그런 상황에서는 웬만큼 딱한 사정이거나 위급한 상황이 아닌 것 같으면 그냥 지나치자는 쪽입니다. 그 또한 맘씨가 놀부 마누라 같아서가 아니라 순전히 낯선 사람을 꺼려하고 어색해하는 아내의 성격 탓입니다. 처음 만나는 사람은 그가 아무리 편안하게 생겼든, 호감있게 생겼든 몹시 거북해하거든요. 게다가 누군지도 모르는 사람을 태웠다가 혹 사고라도 나면 어떻게 책임질 거냐는 책임론까지 더해서 우리는 그런 상황이 닥칠 때마다 가벼운 실랑이를 벌이곤 합니다.

그날도 내 옆자리에 아내가 타고 먼 길을 가고 있었습니다. 청양쯤엔가 삼거리에서 길옆에 서 있는 아주머니에게 길을 물었더니 마침 자기도 그쪽 방향으로 가는 길이라면서 태워 달랍니다. 당연히 태워드렸지요. 그런데 아뿔싸, 그 아주머니가 중간에 내리시면서 문을 닫다가 손가락이 문틈에 끼어버린 겁니다. 얼마나 놀랐던지…

가까스로 수습하여 아무 이상이 없다는 것을 확인하고는 놀란 가슴을 진정시키며 차를 달리고 있는데 길옆에서 웬 사람이 손을 들어 태워 달랍니다. 한 눈에 보아도 그는 스님입니다. 스님이면 목사인 나에게 아주 특이한 사람 아니겠습니까?

아내는 방금 전의 일을 상기하라는 듯한 표정으로 그냥 지나쳤으면 하는 눈치를 강하게 주었지만 그렇다고 내가 이 좋은 기회를 놓칠 수야! 당연히 태웠지요. "감사합니다" 합장하여 인사하며 차에 오르는 순간 스님 특유의 향냄새가 '확' 끼쳐옵니다. 아내는 표정이 일그러지고… 나는 호기심에 가득 차서 "스님이시네요?" 하고 인사합니다. 몇 마디 대화를 나누면서 나의 탐구욕을 슬슬 채워가는데 안타깝게도 그 스님은 멀리 가지 않았습니다. 조금 못가 금방 내리신다며 합장하여 인사합니다.

"꼭, 성공하세요!" 그래 나도 아무 생각 없이 화답했지요. "예, 안녕히 가세요…"

이번에는 조심조심 안전하게 문이 닫힌 것을 확인하고 출발하려는데 그 스님은 또 한 번 합장하여 인사합니다. 저도 큰소리로 "예, 감사합니다!" 하고는 출발하자 아내가 '쿡' 하며 웃더니, 깔깔대면서 웃기 시작합니다. 궁금해서 묻는 나에게 아내가 해준 말.

"방금 저 스님이 뭐라고 인사했는지 아세요?"

"?…."

"꼭 성불(成佛)하래요. 성불! 깔깔깔…"

이런, "꼭 성공하세요"라고 들은 인사가 "꼭 성불하세요"였던 겁니다. 나는 그것도 모르고 그러겠다 했으니… 그것도 두 번씩이나…

암튼 제 자선 덕분에 아내가 배꼽 잡고 웃었으니 성공이든, 성불이든 하긴 한 겁니다. 허허…

- 2002.11.3. 송악주보

말 접대

"낼모레에 우리 집 김장해요. 목사님, 배춧속 드시러 오세요"
"좋~지요"
"정말 오실 수 있겠어요? 바쁘지 않으세요?"
"아무리 바쁘대도 제가 먹는 자리를 마다 하나요? 불러만 주세요"

지난 주일. 얼마 전에 이사 오신 권사님과 나눈 대화입니다. 흔히 목사와 교인 간에 오가는 정감 있고 기분 좋은 대화였지요. 저는 그 권사님 말씀 속에 "우리 집 '며칠 후' 김장합니다. 이번 주 좀 바쁠 것 같아요" 하는 그저 이번 주 근황을 말씀하시는 것으로 들었고, 그래서 제 생각에는 "김장하는 가정이 한두 가정이 아닌데 어디 다 다닐 수 있나요." 그저 호감의 표시로 주고받은 대화라고 생각했습니다. 게다가 '낼모레'라는 말이 저에게는 정확히 '몇 월 며칠'이라는 날짜의 의미가 아니라 그저 '언젠가'라는 뜻의 '未定의 未來'였던 거지요. 그러니까 언젠가 청해주시면 기꺼이 가겠다는 제 마음을 그렇게 푸짐하게 말씀드린 겁니다.

그런데 … 수요일. 그날은 장로님과 오래전부터 별러오던 어린이집 뒤뜰 정자에 이엉을 엮어 초가지붕을 올리는 일을 하게 되었습니다. 아침 일찍 논에 가서 볏짚을 묶고 트럭으로 실어 나르고 곧바로 이엉 엮는 일을 시작했습니다. 처음 배우는 짚일이라서 꽁꽁 신경 쓰면서 엮다 보니 어

ESSAY 4장 하늘같이 237

느새 점심때가 되었습니다. 어린이집 주방에서 푸짐하게 준비한 점심. 시장하던 터에 허겁지겁 먹는 데 전화가 왔습니다.
"왜 아직 안 오십니까? 기다리고 있는데요" "예?" "오늘 우리 집 김장한다고 점심식사하러 오신댔잖아요." "예?" 아이고 이런…
말 접대 한 마디에 권사님은 저를 기다렸던 것이고, 저는 그 식사 초대에 기억조차 못 하는 가벼운 사람이 되어 버린 겁니다. 아이쿠…

어제는 이 전도사님이 목회지로 떠나고 나서 학생회 첫 모임. 점검 겸해서 토요일 아침부터 학생회원들 모두에게 하나하나 전화를 했습니다. 그동안 학생들 모임이 영 신통찮았던 터라 신경이 많이 쓰였습니다.
학생 등록카드에 있는 학생회원은 모두 34명.
"오늘은 새로운 선생님과 만나는 시간이니 꼭 오거라. 알겠지?" "예!"
"그래, 그리고 네 친구 아무개도 있지, 걔도 연락해서 같이 와. 알았지?"
"예!" 그렇게 시원~하게 대답한 학생이 모두 24명.
속으로 생각하기를 '학생들이 이렇게 많은데 그동안 학생회 모임이 왜 그리 안 되었지?' 했습니다. 그래서 예배 장소도 미리 큰 방으로 준비하라고 회장한테 일러놓았습니다. 그러고는 시간이 되어 교육관에 나갔는데….

참석한 학생은 모두 10명. 꼭 오겠다던 은영이도, 민창이도, 지영이도, 기은이도 오지 않았습니다. '대체 무슨 일이 있어서 아직 안 오지?' 부랴부랴 핸드폰으로 전화 확인을 하는데 뭔가 이상합니다. 아까는 분명 시원스럽게 '예!' 했는데 지금은 영 대답이 시원치 않습니다.

그래서 "지금 꼭 와. 안 오면 데리러 갈게!" 하니까 그제야 "저… 숙제해야 하는데요. 누가 오기로 했는데요" 하는 겁니다.

"아까 너 온다고 했잖아! 친구들도 데려온다고 했고…"

그러다가 갑자기 머릿속에 '띵~' '말 접대!' 그래요. 이놈들도 제 말에 호감 있고 푸짐~하게 말 대접했던 겁니다.

허허허… 그렇지. 점잖은 양반 체면에 어찌 목사님 청을 매몰차게 못 간다고 거절할 수 있나… 이놈들이 글쎄 충청도 양반집 아이들 아닙니까?

- 2003.11.23. 송악주보

대군

우리 교회 사회복지관에서 공사를 벌였다.

나무로 지은 집은 관리를 잘해야 한다고 장마가 오기 전에 약품을 바르기로 했다. 원래 사회복지관 건물은 공사할 때 기름을 발라놓아 그 기름때를 다 씻어내고 나무가 가진 원색을 찾아내는 작업이었다.

허나 지금은 고양이 손도 아쉽다는 농번기, 어른 교인들은 하루 종일 논밭에서 살다시피 하는 하필 이때 일을 벌였으니….

몇 군데 전화해 보았지만 "목사님, 죄송해서 오쩐데유, 내일 모심기로 했는디" 하는 대답에 내가 되려 미안해질 수밖에… 오셔서 봉사하자는 말은 도저히 입 밖에 낼 수도 없었다. 마침 교육자의 날이라고 아산 시내 중고등학교도 쉰다기에 잘되었다 싶어 날을 잡았던 건데 중고등부 학생들은 며칠 전부터 낚시 가기로 했다며 시끗도 않는다. 선교원 교사들은 진작에 말하지 않고 이제 와서 좋은 계획 다 세워놓았는데 웬 날벼락이냐는 듯 고개를 외로 꼬아댈 뿐 도무지 뻰도 안 뜬다. 별로 힘들지 않은 일이라고, 어죽을 맛있게 끓여줄 거라고, 간식을 최고로 할 거라고, 아무리 꼬셔대도(!) 슬슬 도망 다니기만 할 뿐 '입장 곤란하게 왜 이러실까' 이거다.

한편으론 이해가 되기도 했다. 한참 좋은 나이에 화창한 봄날(늦봄?) 가뭄에 콩 나듯 있는 황금 같은 쉬는 날에 뜬금없이 일하자니 목사 할애비라도 웬수로 보일 만 하지… 서운한 맘 겨우 감추고 이리저리 봉사자를 모집해 보니 전날 저녁까지 겨우 네 명, 그 인원으로는 택도 없다. 다음으로 또 미룰까 했지만 그때라고 별 수 있겠나 싶고 유난히 비가 잦은 올해 날씨가 걱정도 되고 해서 어찌 되든지 하는데 까지라도 해보자 했다.

다음 날 아침. "목사님!" 하는 소리에 아직 덜 깬 눈을 비비며 나가보니 수산나가 몇몇 꼬마 친구들과 함께 찾아왔다. "목사님, 오늘 일 한댔잖유!" 그렇지, 어제저녁에 하도 답답해서 교회학교 어린이들한테 그저 지나가는 말로 "너네들 내일 선교원서 목사님 일 도와주지 않을래?" 했는데 아이들은 그 아침에 일하겠다고 찾아온 것이다. 속으로 '요것들이 무슨 힘이 될라구' 하면서도 반가운 척 맞이하고는 일터 사회관으로 갔다. 몇몇 집사님이 오셔서 함께 일을 시작했는데 처음에는 서너 명 밖에 안 되던 아이들이 놀러 온 애들, 구경 온 애들, 지나가다 들른 애들, 거기다가 오늘 쉬는 날인 줄 몰라서 오게 된 선교원생 지훈이까지 합쳐져 소록소록 늘어나더니 순식간에 스무 명이 다 되는 대군(大軍)이 되었다.

고사리 같은 손으로 기름때 찌든 나무 벽을 빡빡 문질러 대는데 어찌나 꼼꼼히 닦아대는지 금세 한 쪽 다 닦고 또 다른 쪽 닦고 까르르 대면서, 지들끼리 장난치면서, 서로 시합해가면서 일하는데 아침 열 시 넘어 시작한 일이 점심 먹고 한 시간도 안되어 거의 다 끝나버렸다.

느지막에 일하겠다고 오신 집사님들 앞에서 내가 자신 있게 한 말.

"큰 일은 아이들이 다 해치워 버렸으니 집사님들은 잔설거지나 하시지요!"

- 2004.5.5.

아름다운 자리

신학생 시절, 대전목동캠퍼스에는 '목자관'이라고 신학생 전용 기숙사가 있었습니다. 기숙사 방이라는 게 거의가 고만고만하지만, 그래도 방향이나 크기에 따라 각방의 생활 여건이 달랐습니다. 더구나 예민한 감성의 신학생들에게는 방으로 비쳐 들어오는 햇살 한 줄기에도 미묘한 차이를 느끼는지라, 방마다 선호가 분명했지요. 대개가 넓고 전망 좋은 방, 햇살이 많이 드는 방, 통풍이 잘되는 방, 그러면서도 사람들이 많이 드나들지 않는 조용한 방을 좋아했습니다.

신학기가 되면 기숙사생들은 방 배치에 관심이 쏠리게 마련입니다. 신입생들이나 저학년들은 그저 방들의 특성도 잘 모르기도 하니, 사감 목사님께서 배치하는 대로 순종하지만 고학년이나 예비역 같은 고참들에게는 기득권이 그런대로 인정되어 웬만큼 좋은 방을 선택할 수 있었지요.

제게 선배님 되시는 분이 계셨습니다. 몸은 자그마했는데 예비역으로, 기숙사 고참이셨지요. 그분이 계시던 방은 218호. 햇살 한 줌 겨우 들어오는 응달인 데다가 좁고, 하필 세면장이 있는 지하실로 가는 통로 옆으로 구석진 방이라서 누구나 기피하는 방이었습니다. 저는 그분이 일부러 거길 선택하셨는지, 아니면 사감 목사님이 거기로 배정하셨는지는 모르겠습니다. 다만, 다른 방으로 갈 수 있었지만 그분은 그러지 않았습니다.

그 선배님은 그 방에서 생활하시면서 캠퍼스에서 학생들을 모아 지팡이라는 뜻의 '케인즈'라는 자그마한 동아리를 만들어 대전의 빈민가 쪽에 있는 맹인학교에 자원봉사를 다니면서 앞을 보지 못하는 아이들과 놀아주기도 하고, 노래도 가르쳐주고, 공부도 가르치고, 때로는 음식도 준비해서 나누었습니다. 저도 이따금 그 일에 참여했는데, 그 일을 할 때 그 선배님이 얼마나 진지하게 하시는지… 그분은 아마도 4년 내내 그 일을 하셨을 겁니다. 어쩌면 지금도…
그분이 거기 있어 그 구석지고 응달진 그 방, 218호는 아늑하고 참 편안했고, 아름다웠습니다.

이제 20년이 세월이 흘러간 지금, 장석근 목사님은 강원도 속초에서도 한참 위로 있는 고성군의 오봉리, 남한에서 가장 구석진 오봉교회에서 목회하고 계십니다. 한 줄기 바람과 한 줌 햇살을 소중히 여기고, 꽃과 나무와 벌레를 보듬고, 새들을 보살피며, 그리고 한 영혼, 한 영혼을 소중히 섬기는 목회를 하신다는 말을 들었습니다. 거기 오봉교회는 저에게 아름다운 곳, 꼭 가보고 싶은 곳이 되었답니다.

매년 봄이 되면 아내와 제가 광덕산에 꼭 가보고 싶은 곳이 있답니다. 마리골과 어둔골. 마리골은 돌짝투성이 산이고, 어둔골은 이름 그대로 어두운 응달골짜기입니다. 그런데 거기는 해마다 봄이 되면 우리 들꽃들이 가득 피어 아름다운 꽃동산이 된답니다. 그래요. 아름다운 자리는 그 자리에 살고 있는 생명들이 만들어갑니다.
송악을 아름답게 만들어가는 사람…
바로 당신입니다.

- 2005.1.23. 송악주보

왕언니 왕오빠

여름성경학교에, 수련회에, 무의탁 노인 반찬 조리에, 식사 준비하려면 시장 볼 것만 해도 산더미일 텐데…
큰일 벌이는 걸 유난히 겁내는 아내는 걱정이 태산입니다.
기도원 가서 전기 시설도 해야 하고, 방충망 수리도 해야 하고, 텐트 설치에, 청소할 일도 많고…
손재주라고는 못 하나 제자리에 못 박는 '잼뱅이 목사'도 대책이 없긴 마찬가지입니다.

성경학교 하루 전날,
아침부터 어디선가 나타나서 성경학교 메뉴는 어떻게 하면 되고, 학생회 시장은 이렇게 보면 되고, 반찬으로 장아찌는 교회 어디에 있는 걸 쓰면 되고, 요즈음 아이들은 아침은 많이 안 먹으니 계란찜으로 부드럽게 하면 되고, 냉장고는 우리 집에 있는 걸 갖다 쓰자는 둥 마치 자기 집 살림처럼 교회 살림을 온통 다 꿰뚫고 있는 왕언니들이 움직이기 시작했습니다. 아내 걱정 끝.

학생 수련회 이틀 전날,
논에 가서 비료 줄 일로 시간 없다던, 벌 밥 주느라 시간 낼 수 없다던 집사님들이 아침부터 교회에 와서는 고장난 텐트를 고치느니, 방역기계를 빌려왔느니, 기도원에 챙겨갈 연장은 뭐니 하며 땀을 뻘뻘 흘려가면서 왕오빠들이 일감 하나씩 꿰차고 들어섭니다.
나도 걱정 끝.

교회에서는 시장 보고 김치에 밑반찬 준비하고, 기도원에서는 제초작업에, 방역작업에, 전기 시설에, 현수막 설치에, 기도원 주변 벌집소탕 작업까지 완료.
어둑어둑할 때서야 일 마치고 집에 돌아가면서 하시는 말씀.
"목사님, 사모님 오늘 고생 참 많았슈~"
참나, 일은 자기들이 다 해놓고….

암튼, 우리 교회 왕언니 왕 오빠들 "홧팅!"

- 2005.7.24. 송악주보

참외 서리도 못하는 아이들

사회복지관을 빌려줄 때부터 각오했던 일이었다. 한참 개구쟁이 초등학생들 서른 명 정도에다가 중·고등 학생들도 몇 명 끼어있다니 송악골어린이집 앞마당 옆 텃밭에 있는 복숭아며 참외는 그놈들 손에 남아나지 않을 것은 뻔~한 일. 봄부터 풀밭 메고 거름 주고 정성을 다해서 기른 농사지만 그놈들이 그걸 알아주기나 하겠는가? 그렇다고 시골 체험하러 내려오는 놈들한테 야박하게 '농약 뿌렸으니 절대로 따먹지 말 것' 하고 써 붙여 공갈치기도 뭣하고… 속이야 쓰렸지만 어차피 건물은 빌려주기로 한 것. 텃밭의 복숭아며 참외 서리를 막을 수 없는 것이라면 깨끗이 포기하자고 작정했다. "그래, 어차피 고양이 앞에 생선 맡긴 꼴이니 불쌍한 도시 녀석들 추억거리나 가져가라지…서울 놈들이 시골에 와서 얼마나 신나겠는가?" 탐스럽게 익어가는 노란 참외 대여섯 개와 불그스레 익어가는 복숭아를 몇 번이고 보면서 그걸 '서리'하면서 즐거워할 '고놈'들 생각에 위안을 삼았던 것이다.
사실은 그래서 그들을 인도하는 후배 전도사에게도 부담 주지 않으려고 어린이집 텃밭의 과일에 대한 당부는 아예 하질 않았던 것이다. 그런데….

예산에 모임이 있어서 갔던 내가 잠시 볼일이 있어 사회복지관에 들른 것은 그 아이들 수련회 둘째 날. '이미 남아있질 않겠지…' 하는 생각으로 힐끗 본 텃밭. 노란 참외가 그대로였다. 개수를 세어보니 모두 일곱 개. 그대로다. 복숭아도 말짱하니 그대로다. 그래서 내 생각에 '아, 이 전도사가 아이들한테 단단히 일렀나 보구나' 싶어 "이 사람, 애들한테 너무 딱딱하게 하지 말게, 시골에 오면 좀 헐렁헐렁하게 해주는 게 좋아"했다. 그랬더니 "그게 무슨 말씀이세요?" 한다. "자네가 얼마나 엄하게 일렀으면 애들이 참외 하나도 못 건드리고 복숭아에 손도 못 댔겠나?" 했더니 그 친구 하는 말 "그건 제가 못 하게 했기 때문이 아니고요, 애들이 그게 뭔지 몰라서 안 따먹은 거예요!" "아니, 아무리 도시 애들이라지만 그래 참외도 모르고 복숭아도 모르나?" "그거야 알지요, 하지만 그 애들은 그것들이 슈퍼마켓에서 사는 걸로만 알지 여기 이렇게 밭에서 열리고, 나무에 매달린다는 건 모르지요. 그래서 눈에 보여도 그게(밭에 열린 것) 그거(슈퍼에서 파는 것)라는 생각을 못 하는 겁니다. 그게 그거라는 걸 알면 우리 애들이 벌써 그냥 두질 않았지요…"
"떵~!"

그랬다. 도시의 아스팔트 길바닥에, 콘크리트 벽에 갇혀 살면서 제대로 밭을 본 적이 없는 아이들. 그래서 밭의 과일을 보아도, 나무에 매달린 복숭아를 보아도 그것이 자기 동네 슈퍼마켓에서 파는 그것이라는 생각조차 못하는 아이들. 그래서 서리도 못 하는 아이들…

그렇게 도시 애들 수련회가 끝났다. 서울로 돌아간 뒤 쓰레기가 제법 많길래 복지관 밖에 내어놓자고 아내와 함께 그들이 담아놓은 쓰레기봉투를 집어 들었다. 그런데 쓰레기봉투가 엄청나게 무거웠다. "왜 이리 무겁지?" 아무래도 이상해서 봉투를 열어보니 '이럴 수가!'
음식쓰레기와 비닐 조각, 유리병, 깡통이 뒤섞여 있는 게 아닌가? 다른 봉투도 마찬가지였다. 어쩌면 이럴 수가 있는가? 어린이집 대문 옆이 바로 퇴비장인데… 한참을 분리해서 퇴비장에 버리고 나서 아무래도 이해가 되질 않아 주방을 맡았던 후배 전도사에게 전화를 했다. 그랬더니 하는 말. "퇴비장이 뭔데요? 그런 데가 있으려니는 생각도 못 했어요… 그래도 음식물 쓰레기는 분리한다고 했는데 같이 청소하던 남자 선생님들이 깔끔하게 정리한다고 모두 합쳐 버렸나 봐요…"

도시의 삶이란 것이 그렇다. 사람이 먹고 남은 것은 닭들이나 가축이 먹고 그래도 남는 것들은 퇴비장에 모아두었다가 사람이 내놓은(!) 것과 함께 잘 썩이면 그걸 밭에다 거름으로 뿌리고 그 거름은 다시 음식이 되어 밥상에 오르는… 그걸 모르는 것이다. 그저 쓰레기는 잘 싸매다가 내다 버리기만 하면 되는 걸로 알고 있을 뿐.

- 2005.8.10.

열정

"여보세요? 이종명 목사님 맞나요?" "네, 그런데요. 누구시지요?" "저 경미라고, 기억하시나요? 예산 삽다리교회…" "아!~ 알지. 그 단발머리…"
고등학생 시절에 교회에서 만나 함께 신앙생활 하던 경미가 전화를 해온 겁니다. 헤아려보니 25년 만입니다. 그때 저는 고등학생이고 그 애는 중학생으로 한 서너 살 차이가 있어서 교회에서 오빠라고 부르며 무척 따르던 사이였습니다. 우리는 서로 학생회 임원으로 정말 열심히 일했지요. 전도활동에, 찬양에, 철야기도에… 신문에 난 제 모습을 보고는 오전 내내 전화를 했는데 우리나라에 송악교회가 참 많더라면서 몹시나 반가워했습니다.

이런저런 얘기를 나누면서 옛 모습을 상상해 보려는데 생생하게 떠오르지 않는 겁니다. 가만히 생각해보니 전화에서 들려오는 목소리가 낯설었습니다. 옛날 목소리가 아닌 겁니다. 그래서 물었지요.
"목소리가 많이 달라졌네? 옛날 목소리 같지 않아…"
"그럴 거예요. 엊그제 여전도회에서 기도원에 갔다 왔거든요. 왜 생각 안 나세요? 옛날에도 기도회하고 나면 고생 많이 했는데… 워낙 목이 약해서…"

그 말을 듣는 순간, 옛날 모습이 또렷하게 보였습니다. 철야기도회나 부흥

집회 참석하고 나면 목이 잠겨 말도 제대로 못 하던 그 단발머리 여학생, 교회 일에 어찌나 열심이던지 늘 콧잔등에 땀이 송송 맺혀있던 그 모습.

지금은 신갈에 있는 어느 장로교회 집사가 되었고, 남편은 안수집사이고, 성가대에서 어떻고, 여전도회에서 하는 봉사활동이 어떻고, 아이들은 주일학교에서 무슨 상을 탔고… 하면서 신앙생활 자랑에 끝이 없습니다. 30분이 넘도록 이어지는 말을 하나도 지루하지 않게 들으면서 내가 가장 많이 한 말을 "그렇겠지, 그럴 거야"였습니다. 당연히 그럴거라고 생각했었고, 또 그렇게 살고 있었습니다. 25년이 지난 지금도 여전한 모습으로 신앙생활하고 있는 그녀를 생각해보니 얼마나 기쁘고 감사한지…

'열정' 그렇지요. 열정이란 말을 영어에서는 팻션(passion)이라고 한답니다. 그런데 이 단어는 본래 '수난'이라는 말에서 비롯되었다더군요. 그러니까 열정은 곧 주님의 십자가의 길이고, 그것은 그대로 우리 신앙인의 삶인 것입니다. 그래서 저는 25년 만에 전화한 경미에게 이렇게 말해주었습니다. "그 교회 목사님과 교인들은 참 행복하겠다. 이경미 집사 때문에… 우리 주님께서는 너무 기뻐하시겠다. 우리 경미 때문에…."

- 2005.11.13. 송악주보

어두운데 서서 보기

몇 해 전부터 사진을 찍다 보니 무언가를 아름답게 보고 또 그것을 표현한다는 것에 대해 많은 생각을 하게 되었습니다.

사진을 찍는 데 있어서 빛은 기본이고 또한 가장 중요한 요소입니다. 똑같은 것을 찍는다 해도 빛의 세기나 방향, 그리고 종류에 따라서 완전히 다른 느낌을 내게 됩니다.

그래서 아침에 찍은 사진과 저녁에 찍은 사진은 느낌이 사뭇 다르지요.

빛의 방향과 관련해서 가장 일반적으로 쓰는 개념은 빛을 등지고 찍는 순광(純光), 마주 보고 찍는 역광(逆光), 그리고 비스듬히 비춰오는 빛을 사용하는 사광(斜光)이 있습니다.

아래쪽에서 비추게 한다든지 위에서 내려 비추는 경우도 있지만, 이는 좀 특별한 효과를 기대할 때 쓰는 방법이지요.

물론 표현하고자 하는 주제에 따라 다르겠지만 제가 아는 한 가장 부드러우면서도 보기 좋은 사진을 찍는 비결은 바로 사광과 역광을 적절히 사용하여 찍는 것입니다.

그렇게 찍으면 빛이 부드럽고, 후광에 의해서 부서지는 빛의 효과를 볼 수 있고, 특히 피사체와 배경의 구분이 자연스러우면서도 분명하게 대비가 되어서 아주 섬세한 것들까지도 뚜렷하게 표현하는 실루엣 효과를 낼 수 있습니다.

그렇게 되면 특히 접사사진 때 야생화 꽃잎에 있는 솜털까지도 아주 선명하게 표현할 수 있게 됩니다.

그런데 생각해 보면 그 원리는 아주 간단합니다.
사진을 찍는 내가 어두운 곳에 서는 것입니다. 그러니까 내가 어두운 곳에 서서 밝은 곳을 보는 겁니다. 거기에 플래시나 보조기구를 사용해서 피사체에 적당한 빛을 주는 센스가 더해지면 더욱 좋지요.
우리가 살아가는 것도 그렇지 않나 생각합니다.
똑같은 일이나 사건이라도 내가 어느 쪽에 서서 보느냐에 따라 아주 다르게 보이지요. 밝게 보이기도 하고, 어둡게 보이기도 하고, 어떤 일은 그저 지극히 평범해 보여서 지루하고 따분해지기도 하고…

그래서 꼭 명심해야겠습니다.
내가 밝은 데에 서서 어두운 곳을 보고 있진 않나… 그러면 진실이 잘 보이지 않을뿐더러 감동도 별로 없습니다. 그저 밋밋한 일상일 뿐이지요.
진실을 뚜렷하게 알기를 원하시면, 보다 아름답게 보기를 원하신다면, 거기서 감동을 얻기를 원하신다면 먼저 어두운 쪽에 서서 보라는 겁니다. 예컨대 요즈음의 새만금 문제도, 농업 문제도, 비정규직 문제도…
위험을 당하는 쪽에서, 피해 보는 쪽에서, 죽어가는 쪽에서 바라보면 사안의 진실이 강렬하게, 그리고 분명하게 보입니다.
거기서 절박한 심정으로 밝은 곳을 향해 바라보면 완전히 다른 감동을 체험하게 됩니다.

이제 사순절이군요.
고난 가운데 서서 부활의 영광을 바라보는 절기.
사순절은 진정 아름다움을 향한 순례의 절기입니다.

- 2006.3.5. 송악주보

니들이 농심을 알기나 알어?

'송악동네친환경농업풍년기원 오리넣기'
벌써 5년째 매년 도시소비자들을 초청하여 함께 하는 행사다.
우리 교회 교우들이 중심이 되어 땅을 살리고 먹거리를 살리고, 사람을 살리는 농사를 짓자고 6년 전부터 농약과 비료를 쓰지 않고 농사짓는 친환경농업을 해 왔는데 농약 대신 새끼 오리를 논에 풀어넣는 것이다.
그러면 그 부지런한 오리들이 논바닥을 휘젓고 다니면서 풀을 뜯어 먹고, 해충도 잡아먹는다. 그 오리를 논에 넣는 날 도시 소비자들이 함께하

는 것이다.

올해도 생산자대표와 소비자대표들이 함께 모여 그 행사를 준비하는 회의를 하는 자리인데… 이런저런 논의 끝에 나온 얘기.
"떡은 얼마나 할까요?"
그런데 농사지으시는 권사님이 하시는 말씀.
"우리는 맛도 못 보는 쌀로 하는 건디… 좀 넉넉하게 하지유! …"
그 말에 거기 있던 소비자 대표들이 어리둥절했다. 나도 솔직히 어리둥절했다.
"그게 무슨 말이에요? 왜 그 쌀을 맛도 못 봐요?"
그랬더니 하시는 말씀
"아, 그 비싼 쌀을 오치기(어떻게) 먹는대유? 그 쌀은 다 수매허구 일반 쌀 사다가 먹지유… 우리 동네 농사짓는 사람덜 다 그러넌디유~"

솔직히 나도 한 방 맞은 기분이었다. 대충 그러기도 한다는 건 알고 있었지만 동네 농민 모두가 다 그런다니… 그러자 아주 아린 아픔이 밀려왔다. 나는 정말 그런 것도 모르고 도시에서 목회하는 친구들한테 '나는 맨날 유기농 성미 먹는 귀한 몸'이라고 자랑까지 했는데…

거기 함께 있던 소비자 대표들이 할 말을 잃었다. 어떤 분이 겨우 한마디 하는 말이

"참 아픈 얘기네요. 하지만 그래도 드셔야지요. 건강하셔야 내년에도 농사지으시잖아요…"

그러자 돌아오는 말이 "까짓거 살믄 올마나 살겄슈~"

그리고 행사 당일. 오리넣기가 끝나고 직접 농가에 가서 보는 체험 시간. 그 권사님 댁으로는 관광버스 한 차가 갔다. 50명이 넘는 도시 소비자들이 밀어닥친 것. 여기저기 둘러보고 논에도 들어가 우렁이도 잡아보고 유기농으로 농사짓는 표고버섯도 따보는 시간.

그런데 표고버섯 농장에 들어가는 소비자들에게 권사님이 비닐봉지 하나씩을 나누어 주신다. 나는 거기에 담아서 밖으로 가져다 모으라는 줄 알고 소비자들에게 말했다.

"많이 많이 따서 우리 권사님네 일손 좀 덜어주세요!"

그랬더니 권사님 하시는 말씀.

"아뉴, 목사님 이건 그냥 지가 드리는거유~"

"예?"

권사님네 표고버섯은 농약을 사용하지 않은 인증받은 상품이다. '한살림'에 납품가격으로 치면 그거 한 봉지에 2만 원이 넘는다. 50명이면 100만 원어치가 되는 것이다. 그걸 꽁짜로 거저 가져가라는 것이다.

순간 내 입에서 나오다 만 소리
"그게 얼만데요?"
권사님 넉넉한 웃음으로 하시는 말씀.
"우리 손님이잖유~"
"……"

도시 소비자들은 손에 손에 한 아름씩 표고버섯을 담아 가지고 나온다. 어떤 가족은 공짜라고 이게 웬 떡이냐는 듯이 욕심껏 따다가는 담을 봉지가 모자란다며 비닐봉지를 더 달랜다.

내가 그들을 보면서 마음속으로 말했다.
"니들이 농심을 알기나 알어?"

- 2006.5.15.

앵두 한 주먹

어느 해인가 가을산행을 하다가 아내가 말했다.
"어렸을 때 집에 밤나무가 있는 애들이 참 부러웠어요. 자기네 밤을 마음껏 따먹을 수 있는 땅이 있는… 그리고 한 가지 더 있었는데, 산에 가서 산 열매를 따다 주는 오빠가 있는 애들이 부러웠어요. 자상하고 듬직한…"
나는 그날 광덕산에서 밤이며 으름이며 다래까지 산 열매를 열심히 따 주었다.

나도 어렸을 때, 집 울타리 안에 과일나무가 있는 애들이 참 부러웠다. 자기 집 울타리 안에 따먹을 것이 있는 집 아이들…
목회하면서 교회 울타리 안 곳곳에 과일나무를 심고 가꾸었다. 앵두나무, 대추나무, 살구나무, 거기다 오디가 열리는 뽕나무까지. 어린이집 울타리 안에도 각종 과일나무로 둘러 심었다.
몇 해 전부터 우리는 그 과일을 따먹을 수 있게 되었다. 계절마다 울타리 안에서 뭔가 따 먹을 것이 있는 사람이 된 것이다.

어제는 한이가 교회 옆에 앵두가 잘 익었다면서 한 주먹 따 와서는 자기 거라고 한 개씩 나누어 주었다. 그걸 보고 심통이 났는지 봄이는 자기 창문 옆에 있는 앵두가 굵고 맛있게 생겼다며 따 달랜다. 창문을 넘어 잘 익은 앵두 한 주먹을 따주니 그 앵두가 참 맛있다.

사람은 언제 가장 행복할까?
자기에게 한 주먹 쥐어진 것이 행복이란 걸 알 때.

- 2006.6.18. 송악주보

종 주제에

기독교 TV 방송국에서 취재한다고 왔습니다.
우리 교회와 교인들, 그리고 마을, 들판을 여기저기 돌아다니면서 찍더니 마지막으로 교회 앞에서 저를 인터뷰한다며 이것저것 묻는 겁니다. 난생처음 있는 일, 좀 긴장되기도 했지만 이런저런 이야기를 담담하게 했는데…
기자가 마지막으로 묻는다며 "목사님의 목회 철학을 말해주십시오" 그러는 겁니다. 순간, 거기서 딱 막혀버렸습니다. 목회 철학이라… 솔직히 한 번도 생각해 보지 못한 말입니다. 그 기자는 아무 말도 못 하는 내가 안쓰러웠는지 "저… 목사님의 목회 좌우명을 말씀하시면 됩니다."
목회 좌우명이라… 그것도 난감하기는 마찬가지입니다. 뭐라고 얼버무리며 그 순간을 넘겼는지 모르겠습니다. 무슨 말인가 하긴 했을 텐데…

그 후로 며칠 동안 그 생각이 떠나질 않았습니다.
내 목회 철학은 뭐지? 난 무슨 좌우명을 가지고 목회하고 있나? 그러다가 '나는 이거 제대로 사는건가' 싶기도 하고 남들처럼 근사한 좌우명 하나 없이 살고 있다니 괜히 기가 죽고, 뭔가 모자란 것 같기도 하고… 마음이 몹시 무거웠습니다.

어제 새벽기도 중에 느닷없이 들려온 말이(하늘로부터 들렸는지 내 안에서부터 들렸는지는 모르겠습니다.)

'종 주제에!…'

아무리 생각해도 모르겠습니다. 어디서 그 말이 왔는지 하지만 제 마음 속에 분명하게 들렸습니다. 그리고 나서야 마음이 참 가벼워졌답니다. 그 말이 참 좋네요.

'종 주제에…'

"이와 같이 너희도 명령 받은 것을 다 행한 후에 이르기를 우리는 무익한 종이라 우리가 하여야 할 일을 한 것 뿐입니다 할찌니라"(눅 17:10)

- 2006.7.2. 송악수보

목사 씨!

교회에서 성도들은 목회자에게 최고의 존칭을 써서 받들어 줍니다. '목사'라고도 아니고 '목사님'이고 기도할 때도 '주의 종'이라고 하기도 미안한지 '주의 종님'이라고 까지 부르지요. 이는 분명 목회자의 인격이 어떻든 분명 그 교우의 마음속에 있는 신앙심의 발로일 터입니다.

첫 목회지에서 있었던 일- 교인은커녕 아는 사람이라고는 한 사람도 없는 마을에 우리 부부가 농가주택 하나 세 들어서 이사를 갔습니다. 집앞 대문 옆에 '기독교대한감리회 서들교회'라고 써붙인 현수막 하나가 동네의 보통 집과 다른 모습이었지요. 그래도 새 식구가 들어왔다고 이사 가던 날 밤에 동네 사람들이 '마실'을 왔습니다. 우리는 읍내에서 방앗간 하시는 합덕교회의 어떤 권사님이 처음 인심 좀 얻으라고 만들어준 떡 한 말을 대접했습니다. 동네 사람들은 이사 온 집이 무슨 술대접도 없냐며 장난 텃세도 부리더니, 자기들끼리 구판장에 가서 소주 몇 병을 사다가 이사 축하주로 한 잔씩 하는 겁니다. 거기까지는 그랬는데, 술이 적당히 오른 어떤 아저씨가 나를 부르더니 하는 말이 "뭐라고 불러야되나? 승(성)이 뭐라고 했지?" "예, 이(李)가입니다" 했더니 "그럼 '이 서방'이라고 부르면 되겠구만!" "……"

한동안 그 아저씨는 저를 '이 서방'이라고 불렀던 것 같습니다. 나중에 그 교회를 떠나올 때쯤에는 그 아저씨 부인은 서들교회 교인이 되어 있었습니다.

지난주에 우리 교회에서 장례가 있었습니다.
시골교회의 장례는 '교회장'이든 '기독교식'이든 동네 주민들과 교회가 더불어 협력하여 치르는 '큰 일'입니다. 특히 장지에서의 '산수역'은 동네 주민들의 도움 없이는 도무지 불가능한 일이지요. 상여를 따라 산에 올라 일하는 모습을 지켜보며 하관예배를 준비하고 있는데, 어떤 동네 아저씨가 일하다 말고 나를 올려다보더니 하시는 말씀,
"어이, 목사 씨! 이거는 '아멘' 하고 나서 덮는 거지?"
얼떨결에 "아, 예! 맞습니다" ……
'이 씨'든 '어이, 목사 씨'든 뭐라고 불린들 무슨 상관이겠습니까.
그저 어떻게든 동네 사람들과 자주 만나 함께 할 일 많아졌으면 좋겠습니다.

- 2006.7.5.

내년이면 다 관둘껴…

'내 펭상 이르키 가무는 꼴은 츰 봐유…'
1926년생이니까 올해로 8학년 7반이 되시는 김임순 집사님은 이번 여름 가뭄 때문에 속이 다 탔습니다. 가뜩이나 올해는 집안에 시동생이 세상을 뜬 우환이 있었는데, 날씨마저 이토록 모질게 덥고 비 한 방울 제대로 오지 않고 가물어 '사는 게 사는 게 아니라 죽지 못혀 산다'며 몇 주 동안 교회까지 못 나오시면서 몸고생에 맘고생을 하셨습니다.
"인저 다 그만두어야것어. 내년부텀 암껏도 안헐껴…"
물너머 동네 속회예배 마치고 하신 말씀입니다. 바싹 구부러진 허리에, 잔뜩 오그라진 몸매를 보면 그 말씀도 괜히 하시는 말씀이 아니지요. 이미 연세도 팔 학년이 훨씬 넘어 구학년이 내일이니까요.

그런데 이 말은 물너머 속도원들 누구도 믿지 않습니다. 매년 농사일이 힘에 부칠 때마다 하시는 말씀이거든요. 그저 "그류 그류~" 할 뿐 속으로는 내년 봄 되면 또 동네 기계일하는 장 씨한테 저 건너밭 두둘겨달라고 삶은 계란 싸 들고 찾아가실 걸 뻔히 아니까요.
집사님은 원래 머슴을 두고 농사짓는 '웬만큼 사는' 삼막골에서 이 동네로 시집을 오셨답니다. 이 집안도 처음에는 왠만~ 살았었는데 남편이 하두 노는 걸(?) 좋아해서 이리저리 있던 땅 다 넘겨 먹다가 그만 일찍 병으로 죽었고, 딸은 옛날에 저~남쪽 동네로 시집가서 일 년에 서너 번이나 겨우 왔다 가고, 하나 있던 아들은 겨우 장가를 들였는데 그 '애도 안난 미친년(?)'이 무슨 바람이 났는지 도망가 버리자 그걸 속상해하던 아들이 맨날 술로 살다가 사고로 죽고 나자, 이렇게 17년째 혼자 살아가고 있는 겁니다.

이미 허리도 구부러질 대로 다 구부러져서 이제는 지팡이 없이는 다닐 수도 없게 되었는데, 그 몸으로 산에서 삭쟁이도 해오고, 그 많은 나무도 톱으로 자귀로 다 자르고 뽀개서 몇 년을 땔 만큼 헛간에 차곡차곡 쌓아놓고, 집 앞에 마늘밭도 튼실하게 길러내고 저 건너 그 큰 밭도 절대로 놀리는 법이 없답니다. 매년 농사일하시면서 내년에는 그만두시겠다고 수없이 말씀하셔서 그럼 아예 밭에 가지 마시라고 하면
"오치기 두 눈으로 보구서 안 헐수 있간유~?" 하십니다.

어제는 속회예배 차운행 하는데 큼지막한 보따리를 차에 실어달라시길래 "이게 뭐래요?" "마늘이지유. 엊그제 몇 접 팔고 이거 남았는디 저 아래 권사님이 달래서유"
들어보니 묵끈합니다. 알도 꽤 실하고.
"아니, 이 가뭄에 어떻게 이렇게 굵은 마늘을 캐셨데요?"
"그저 물 자꾸 댔지유 뭐…"

순간 스쳐본 집사님 얼굴이 환~합니다.

그래요. 그 지독한 가뭄에서도, 온갖 우환에도, 약한 몸으로도 집사님은 마늘밭에 물을 매일 끌어대면서 조금도 포기하지 않으신 겁니다. 그리고 당신 마음처럼 단단한 마늘을 길러내신 겁니다.

얼마 전에 차 안에서 말씀하시네요.
"목사님, 인저 스무근 했슈~" "뭘요?"
"아 고추말유~ 아, 그거 말리느라고 죽을 고상(생) 했슈…"
그 와중에 집사님은 건너 밭에 고추를 1천 주나 심으셨는데 그 뜨거운 여름 날씨에 그걸 다 따다가 말려낸 것이 벌써 스무 근이나 된 겁니다. 그걸 마산 사는 딸한테도 보내주고, 장에 내다 팔아 교회 헌금도 하고, 용돈도 쓰고…
말씀하시는 집사님 얼굴에는 자랑스러움이 가득합니다. 그리고는 말끝에 또 같은 말을 하십니다.
"내년이는 암껏도 안헐꺼여 시상읎어두!"
벌써 10년 넘게 해오신 말씀입니다.

- 2006.8.30.

오래 묵으면 가시가 세어집니다

교회에서는 오랜 교회의 전통에 따라 매년 고난주일에 성지(聖枝)가지를 나눕니다. 원래의 성지나무는 종려나무를 사용하였고, 종려나무가 없는 우리나라에서는 형편에 맞추어 보통 소나무나 측백나무를 사용합니다. 그런데 우리 교회에서는 과감하게(!) 탱자나무를 사용해 왔습니다. 물론 이는 탱자나무에 달린 가시를 통해 예수님의 고난을 묵상하고 또 자신 안에 있는 마음의 가시를 돌아보자는 의미가 담긴 것입니다. 또 우리 교회 주변에 탱자나무가 몇 그루 자라고 있어 구하기도 수월하기도 해서입니다.

성도들은 그 탱자나무를 받아다가 집안의 십자가나 성화가 걸린 성소(聖所)에 걸어놓고 틈날 때마다 바라보곤 하는 거지요. 그런데 올해 고난주일에 가시를 나누는데 성가대에 앉아 계신 어떤 집사님이 그 가지를 받자마자 이쪽저쪽으로 거칠게 난 가시를 한쪽으로 가지런히 펴면서 하시던 말씀이 인상 깊었습니다.
"부드러울 때 잘 다듬어놓아야 편해지거든요."
그 집사님은 고난가지를 집 안에 걸어 두는 게 아니라 아예 성경책 갈피에 끼워 넣어서 가지고 다니면서 기도할 때마다 묵상하는 게지요. 그러자니 이쪽저쪽으로 삐죽삐죽 솟은 날카로운 가지가 부담스러워 나무에 물기가 남아있어 아직 부드러울 때 가시를 한쪽으로 몰아놓는 겁니다.

어쩌면 우리 신앙인의 마음도 이와 닮았습니다.
신앙이 따끈따끈할 때는 우리 안의 가시도 촉촉하게 물이 올라있어 말도 부드럽고 행동도 따뜻한데…
어느 정도 세월이 가면 나도 모르는 사이에 내 안에 가시가 세어지는 겁니다. 아무것도 아닌 일에 거칠게 마음의 가시를 세우고 작은 일에도 곧잘 남에게 상처를 주곤 하지요.

한 해의 끄트머리에 서서 십자가 옆에 걸린 탱자나무 가시를 바라봅니다. 한 해 동안 내 안의 가시는 얼마나 세어져 있는가? 생명의 푸른 기운이라고는 하나 없이 빼짝 말라 날카롭고 거칠기만 한 가시를 잔뜩 세우고 있는 가시. 그래요. 눈물의 기도가 없으면 우리 안의 가시는 세어지기만 합니다.

- 2006.12.30.

금강산에 다녀와서 1

금강산 아래 온정리 마을에는
박철민이라는 청년이 살고 있습니다

"목사님, 박철민 아시지요?"
솔지아빠 전 집사님의 갑작스러운 물음에 어디서 들어본 이름인가 싶어 "글쎄요. 들어본 이름인 것 같은데…" 했더니 "아니, 금강산에서 만났잖아요."
"금강산에 함께 간 일행 중엔 그런 이름이 없었는데요?" "함께 간 남한 사람 말고 북한 안전요원 말입니다." 그제야 어렴풋이 생각이 납니다.

얼굴은 거무스름하지만 건강하게 잘생긴 청년. 그는 자신을 금강산에서 관광객들의 안전을 위해 일하는 일꾼이라고 소개했습니다.
우리 일행이 구룡폭포를 향해 가던 중, 함께 걸으면서 서로 인사를 나누었는데 그는 내가 남한에서 온 기독교의 목사라는 말에 관심을 보이면서 이런저런 질문을 했습니다.
그는 남한의 정치 사회문제와 국제정세에 대해 아주 깊이 알고 있었고, 특히 남한 내 기독교의 보수적 행보에 대해서 많이 우려하고 있었습니다. 나도 나름대로 입장을 그가 이해할 수 있도록 설명해 주었고, 특히 남한 내에는 보수적인 기독교인들만 있는 것이 아니라 보다 건강한 신앙인들도 많아서 작년에 YMCA에서 모금해서 자전거 5천 대를 보내준 이야기도 해주었습니다.

그는 그 이야기를 듣고는 몹시 놀라워하면서 "그랬습네까?" 했습니다.

또 나는 북한 사람 사람들 살아가는 이야기를 많이 물었습니다.
그는 금강산 아랫마을 온정리에서 태어나 거기서 자랐고, 나이는 스물다섯이고, 미혼이며 북한 군대는 지원제라서 인민군에는 입대하지 않았다고 했습니다.
우리는 서로 궁금한 것을 묻고 답하면서 다정하게 구룡폭포길을 함께 오르고 내려왔습니다. 그러고는 헤어졌는데…

지난주에 우리 팀에 이어 금강산에 들어갔다 온 솔지아빠 전 집사님이 금강산 상팔담에서 북한의 안전요원과 이야기를 나누었는데, 집사님이 아산에서 왔다는 말을 듣고 "그러면 송악교회 이 목사 선생을 아십니까?" 하고 묻더랍니다.
깜짝 놀라서 우리 교회 목사님을 어찌 아느냐 물었더니, 지난주에 저를 만난 이야기를 하더랍니다. 그가 바로 '박철민' 입니다.
집사님과 그는 덕분에 서로 살아가는 이야기를 더 재미있게 나누었고, 특히 YMCA에서 자전거를 많이 보내주어서 고맙다는 말을 들었고, 다음에 다시 만나기를 약속하고 헤어졌답니다.

만남은 또 다른 만남을 낳고, 만남은 사연을 만들고 사연은 또 다른 사연을 낳고, 사연은 역사를 만듭니다. 그렇게 만들어 가는 역사가 바로 소망이지요.

금강산 아래 온정리 마을에는 건강하고, 지혜롭고, 잘생긴 박철민이라는 청년이 살고 있습니다.

- 2007. 1. 21. 송악주보

금강산에 다녀와서 2
이번엔 무조건 가세요

북한의 핵실험 이후 불안한 정치 상황 때문에 관광객이 줄어들어 그러지 않아도 비수기 때인 금강산사업이 위기에 처하자 '겨레하나'라는 시민단체에서 사업주 측과 협의하여, 그동안 비용을 절반가격으로 낮추고 '일만 이천 명 모집 운동'을 벌이게 된 겁니다. 이는 우리 민족의 협력사업인 금강산사업을 지키기 위한 노력의 일환인 것이지요.

이런 일에 우리 송악교회가 빠질 수 있나요? 그래서 재작년에 계획했다가 너무 부담이 크다고 포기했던 금강산관광을 이번 기회에 시도해보자 했지요.
목표인원은 40명. 그래야 비용이 절감되어 부담이 줄거든요.
몇몇 노인분은 일생에 한 번일 수도 있으니 적극 추진해보자 했습니다.
그래서 교회에 광고하고 지난 한 주간 동안 신청을 받았지요. 그 결과 25명.
아쉽지만 이번에도 꿈을 또 접어야 했습니다. 그 정도 인원이면 개인 부담이 더 커지거든요. 그랬는데…

토요일. 교회밖에 누군가 큰 소리로 목사를 찾습니다. 나가보니 잘생긴 얼굴에 투박한 목소리로 "아, 저 아무개 집사님 아들인데요…"

명함을 주는데 받아 보니 'ㅇㅇ대학교 국책사업 담당 아무개' 그리고 옆에는 해병 마크가 선명하게 새겨져 있습니다. 그는 "금강산 그거 얼마씩이라구요?"

하더니 다짜고짜 주머니에서 만 원짜리 돈뭉치를 한주먹 꺼내더니 세기 시작합니다. "사실은 인원이 안 되어서…" 했는데 "두 분이니까 팔십 만 원 맞지요?" 하는 겁니다.

내가 "아 이러실 것 없이 집사님께 드리면 될 텐데…" 했더니

"우리 어머님은 이 돈 드리면 틀림없이 안 가십니다. 그러니 목사님이 알아서 우리 부모님 모시고 다녀오십시오."

하고는 막무가내로 내 주머니에 밀어 넣는 겁니다.

그리고는 차를 타려다 갑자기 생각났는지 돌아서더니 덤으로 몇만 원을 내 손에 쥐여주면서

"목사님, 나는 교회는 아직 안 다니는데요. 그래도 이거 헌금입니다."

차를 타더니 시동 걸고 하는 말이

"목사님, 몇 명 부족해서 못 갈 수도 있다고 들었는데요. 이번엔 무조건 가서야 합니다." "부르릉….'

- 2007. 1. 28. 송악주보

바로 사는 기쁨

김영삼 대통령 때 청와대에서 연락이 왔어요. 우리나라에서 각계에서 한 사람씩을 청와대로 초청한다는 것인데, 그중에 내가 여성계를 대표해서 뽑혔다는 거예요. 그런데 그날이 보니까 내가 할머니 속회 인도하는 날인 거라. 그래서 나는 갈 수 없다고 했지요. 그랬더니 그 비서관이란 사람이 다시 말해요.

"여기 청와대란 말이에요."

"예, 알아요."

여성계를 대표해서 거기 갈 사람은 우리나라에 참 많겠지만, 여기 할머니들하고 속회예배드릴 사람은 우리나라에서 이 조화순 목사 한 사람밖에 없잖아… 그리고 내가 할머니들하고 노닥거리는 거 얼마나 좋아하는데… 안 그래? 내 말이 맞아, 안 맞아!…

- 2007.6.21. 성경학교교사강습회에서 조화순 목사님 글

내 것이 아닙니다

몇 해 전부터 아침저녁으로 머리카락이 빠지기 시작하는 겁니다. 처음에는 외가 친가로 꼽아 보아도 우리 가문의 유전인자 속에는 전혀 없는 일인지라 일시적인 현상이겠거니 했습니다.
그런데 어느새 가운데 윗머리가 텅 비고 괜스레 신경이 쓰이는 겁니다. 하지만 곧 무슨 신경을 쓴다고 제힘으로 어찌할 수 없는 일이라는 걸 알게 되었지요.

몇 주 전에 한 쪽 눈이 흐려지더니 캄캄해져 버렸습니다. 병원에 가니 망막박리(網膜剝離)라고, 눈알 수술을 하기에 이르렀습니다.
그나마 현대의술의 혜택으로 실명을 면한 것인데, 원인을 따져 물으니 특별한 게 없다고 하고 재발방지책을 물으니 별 대책이 없다합니다.
무심한 의사 선생님 픽 웃으면서 하시는 말씀
"목사님이시니 기도나 하시지요…"
어쩌다 병원에서 정해준 기간까지는 세수조차 하지 못하는 처지가 되어 버렸습니다.

> 털끝 하나, 눈알 하나,
> 내 인생의 하루 단 한 순간도,
> 참새보다 자유롭지 못한 나는

온전히 주님의 능력이요, 시간이며, 주님의 인생입니다.
생각해보니 당신 또한 그러셨지요.
병든 자 고치고, 오천 명 먹이고, 풍랑까지 재우는
하늘 땅 능력의 주인이셨지만
그 모든 하늘길, 갈래갈래 천길만길 다 버리고
마구간으로, 갈릴리로, 해골 언덕으로
십자가 지팡이 삼아 아버지 원대로 오직 한 길
눈알 하나, 털끝 하나, 하루 단 한 순간도
참새보다 자유롭지 못한 나는
진정 내 것이 아닙니다. 한 줌 소망조차도

- 2007.12.9. 송악주보

아무도 못 말리는

태안 앞바다 기름유출사고 여파로 어려움 당하는 녹도섬에서 보내온 전도사님의 글을 주보에서 읽고 은혜받은(!) 우리 송악교회 권사님들, 거길 가겠다는 겁니다.

제가 "거기는 섬이어서 교통도 불편하고, 고생도 많이 할 곳이니 좀 편한 데로 가시지요." 했지만 "그러니 우리가 가야지유" 하며 막무가내로 목사님은 거기 전화나 해서 뭐가 필요한지 알아보기나 하시랍니다. 그래서 전화해보니 대천항에서 배로 1시간 걸리는데 그 배가 아침 7시 30분에 있고, 낮 12시에 여객선이 한 대 있는데 그걸로 끝이랍니다. 그러니까 아침 7시 30분 배를 타고 들어가면 나오는 배가 그 녹도섬에서 2시쯤에 있으니 몇 시간 일도 못 하고 나오게 되는 거지요. 송악에서 대천까지 두 시간을 잡아야 하니, 그 배를 타려면 새벽 다섯 시 반에는 출발해야 하는 겁니다. 배편이 그렇다고 하니까 하시는 말씀이 '새벽에 대천까지 태워다 주실라면 목사님이 좀 고생스러워서 그렇지 외려 낫지유 뭐… 아침 일찍 들어가야 일도 더 많이 할수있잖유…' 이러는 겁니다. 그러다가 뭔가 곰곰이 생각하시더니 "거기서 하룻밤 자고 나오면 안 될까유?" 하는 겁니다. '아니, 거기가 어디라고! …' 황당해하는 나에게 '그러잖아도 하루 가지고는 일 같지도 않아서 괜히 생색만 내는 것 같아 개운찮았는데 그 다음 날까지 일하고 나오면 좋겠다'는 겁니다. 참나…

그래서 섬으로 알아보니 마을회관이나 교회에서 잠은 잘 수 있다는 겁니다. 거기다가 기름 치우는 일도 일이지만 그보다는 거기 섬 주민들과 자원봉사자들에게 밥을 해주는 것이 좋겠다며, 전날 시장봐다가 교회 주방에서 삶고 찌고 조리해서 쌀이며, 반찬거리 100명분이나 바리바리 싸가지고는 목요일 새벽기도 끝나고 나선 분이 모두 여섯 명. 그분들이 녹도 섬에 다녀온 겁니다.

들어가는 날 점심, 나오는 날 점심, 그리고 기름 치우기 봉사활동, 어지간히 힘들었을 텐데 대천항에서 돌아오는 길에 차 안에서 "권사님들, 힘드시지요. 몸살 나지 말아야 할 텐데…" 그랬더니 하시는 말씀 "아뇨~ 재미있었슈… 목사님이 고생시러워서 그렇지 실다만 주시면 또 가야겄슈…" 하시는 겁니다.

송악교회 권사님들의 이 봉사 극성을 누가 말릴 수 있겠습니까?

- 2007.12.30. 송악주보

그래도 감사

"여간 게피스러운 게 아뉴…"
처음부터 무척 부담스러워하시던 일이다. 두부를 만든다는 것이.
그도 그럴 것이 작년에는 거의 권사님 혼자 도맡다시피 해서 한 일인지라 다시 하고 싶은 마음이 없으셨던 것이다. 하지만 어쩌나 다들 선교회마다 무언가 한두 가지씩 한다는데…
어찌어찌 2여선교회에서는 올해도 두부를 만들기로 했다. 나는 처음부터 이 일을 선교회에서 하되 유전자조작은 물론, 농약을 쓰지 않고 직접 농사지은 콩에다 재래 방식으로 만드는 것이니 값을 제대로 쳐서 돈을 좀 벌으시라 했다. 내가 그 말을 할 때 모두가 피식 웃으셨다. 난 그 웃음의 의미를 정말 몰랐다.

어젯밤부터 콩을 담근다, 어디다 맡긴다 하면서 이리저리 연락하더니 오늘 아침 일찍부터 2여선교회 회원들이 샘가에 만들어 둔 가마솥에 불을 피워 두부를 만들었다. 밤새 불린 콩을 방앗간에 갈아다가 물을 끓여 거기에 붓고 계속 저어가며 익힌 다음, 거기에 간수를 풀어 솔리고 그걸 다시 퍼내어 두부 모판에 부어 굳히기를 계속해서 모두 콩세 말 중에 두 말을 가지고 두부를 만들었다. 온전히 재래식 방법이다.
덕분에 달짝지근한 순두부도 맛보고, 세상에서 가장 맛있는 두부를 뜨끈뜨끈할 때 먹어 보았다. 이제 잘 굳은 판두부를 똑 고르게 자르면서 내일

판매할 가격을 정한다. 콩 한 말로 두 판을 조금 더 만든다. 한 판에 열두 모가 나오니 콩 서말이면 약 80모가 된다.

이제 원가를 따져본다. 콩값이 한 말에 3만 원이니 9만 원, 빻는 값이 한 말에 1만 원씩이니 3만 원, 거기에 간수 값 등이 약 2만 원. 그렇게 따져보니 얼추 14만 원이 들어갔다. 아무리 비싸게 팔아도 한 모에 3천 원을 넘어가면 욕먹는단다. 그래서 한 모에 3천 원씩 팔고 두 모를 사면 천 원을 깎아주어 5천 원씩 할까 어쩔까 하다가 그냥 한 모에 3천 원으로 정했다. 그러면 모두 24만 원. 그러니까 장사 잘하면 10만 원을 버는 것이다.

오늘 아침부터 나와 일하신 2여선교회원들은 거의 열 명. 그러니까 오늘, 내일 이틀 동안 열 명이 일해서 10만 원을 버는 거다. 한 사람당 1만 원씩. 권사님들은 아예 자기들 품값은 치지도 않는다. 오시는 손님들한테 특별한 음식 대접한다고 좋아들 만 하신다. 집에 모셔드리는 길에 차 안에서 말했다.

"고생 많이 하셨는데 남는 게 너무 없지요?"

"그래도 감사하지유… 이렇게 일할 수 있는 게 어디래유~"

우리 교회 여선교회는 올해에도 그 게피스럽고 소득 없는 일로 추수감사를 드리고 있다.

- 2008.11.23. 송악주보

안개꽃 같은 사람

안개꽃은 꽃 중에 아주 작은 꽃입니다. 그래서 꽃 하나하나로는 별로 볼품이 없지요. 그런데 안개꽃은 줄기에서 무수히 많은 잔가지가 갈라져 그 끝에 눈송이처럼 희고 작은 꽃들이 피어 마치 희뿌옇게 안개 낀 것처럼 보입니다.
그래서 주로 장미나 카네이션 등 다른 화려한 꽃들을 더욱 돋보이게 해주지요. 자신을 드러내지 않고 기꺼이 다른 꽃의 배경이 되어주는 꽃. 바로 안개꽃입니다.

사진을 찍을 때 초보자는 무턱대고 피사체에 초점을 맞추는 일에만 신경을 쓰지만, 어느 정도 하다 보면 배경이 중요하다는 걸 알게 됩니다. 배경의 내용과 분위기뿐 아니라 배경의 색깔이나 빛의 세기는 절대적으로 중요하지요. 대개의 경우 배경은 주제가 되는 사진과 분위기가 잘 어울리면서도 너무 도드라지지 않게 해야 합니다. 중요하지만 튀지는 않는…

사람 중에서도 안개꽃 같은 사람이 있습니다. 자신을 드러내지 않으면서 기꺼이 남들의 배경이 되어주는 사람. 좋은 일 하는 사람, 멋진 일 하는 사람, 값지고 훌륭한 일을 하는 사람 편에, 언제나 그쪽에 함께 서서, 자신은 앞에 나서지 않지만 앞에 나서는 사람을 편안하게, 그러면서도 변함없이 따스한 미소로 늘 뒤에 서 있어 주는 사람. 우리에게는 아버지가 그렇고, 어머니가 그렇고, 친구들, 일가친척들, 성도들이 그렇습니다.

"수고하고 무거운 짐진 자들아 다 내게로 오라 내가 너희를 쉬게 하리라. 나는 마음이 온유하고 겸손하니 나의 멍에를 메고 내게 배우라 그리하면 너희 마음이 쉼을 얻으리니…"(마 11:28~29)

생각만 하면 편안한 사람, 떠올리기만 해도 마음이 따뜻해지는 사람, 그러면서도 언제나 함께 있어 주는 사람. 안개꽃 같은 사람입니다.

- 2009.6.21. 송악주보

알곡으로 여물기 위하여

병원에 심방을 다녀왔습니다.
새삼 집사님의 아픔이 마음속에 깊이 와닿습니다.
그동안 살아온 삶의 여정을 알기에, 지금 집사님이 겪고 계신 고난이 더욱더 아프게 다가옵니다.
그 넓은 광덕산을 언덕 넘어 다니듯 훌쩍훌쩍 건너다니며 온갖 약초를 다 캐고, 혼자 오십 마지기, 백 마지기 농사도 거뜬하게 지으셨다는 집사님은 당신이 태어날 때부터 가진 장애는 얼마든지 이겨내고 살아오셨습니다. 그런데… 세월에 장사가 없다는 말처럼… 마치 욥이 당하는 고난처럼… 그러면서도 오히려 저를 위로해 주시고, 교회를 걱정하고, 성도들의 안부를 물으십니다.

병원에서 돌아오는 길에 바라본 들판 위로 맑은 햇살이 따갑게 내리쬐고 있습니다. 그 아래 벼 이삭들은 벌써 고개를 숙이고 익어가고 있습니다. 그런데 문득 들판의 벼 이삭들이 집사님을 닮았다는 생각이 들었습니다.

사람의 힘으로 어찌할 수 없는 엄청난 불행 앞에서도 낙심과 절망에 빠지지 않고, 오히려 그 안에 담긴 하나님의 뜻을 얻고, 또 거기서 새로운 소망을 가지고 오늘을 살아가는 집사님의 진짜 믿음을 보고 돌아오는 길에서 바라본 들판의 벼들은 정말 집사님을 많이 닮았습니다.

지난여름 무더운 더위에, 천둥에 번개까지, 그리고 따가운 가을 햇살.
모두가 쉴 새 없이 닥친 시련과 역경이지만, 그 모든 것을 기꺼이 받아들여 살아냈기에 지금 벼들은 알곡으로 여물어 가고 있는 것입니다.

시련이나 역경이 없이 그저 늙어만 가는 사람들보다, 훨씬 더 무겁게, 알차게, 그리고 아름답게 알곡으로 무르익어가는 겁니다.
그래요. 믿음의 눈으로 바라본다면 고난이란 오히려 하나님의 축복이란 걸 알게 될 겁니다.

- 2009.9.13. 송악주보

나의 천사님

"목사님 안 기서~?"
마침 화장실에 있는데 누군가 사택 문을 열고 들어오신다.
대답하기도 약간 난감한 상황. 잠시 망설이고 있는데 두런두런하면서 들어오는 기색이다. "사모님도 안 기신가~?" "예! 누구세요?" 대답했지만 잘 듣지 못하신게다. 여기저기 방문 열어보는 소리… 이러다가는 큰일(!) 나겠다 싶어 큰 소리로 대답했다. "저 여기 화장실에 있어요!" 그래도 못 들으셨다. 마침내 화장실 문을 "덜컥!" "으…" 나는 끔찍한 상황인데 집사님은 전혀 놀라지도 않으시고 그저 씩 웃으면서 "이~ 여기 지셨구먼…" 하고는 슬그머니 문을 닫으셨다. 그리고 조용~….

이제 가셨나 싶어 화장실 문을 열고 나오는데 바로 앞 목양실 소파에 앉아 웃으면서 바라보신다. 참나… 집사님한테 사택은 언제나 편안한 내 집이다. 내가 목양실에 들어서자 대뜸 말씀하신다. "나 인저 이 교회 안 댕길꺼유!" 나는 짐짓 놀란 표정으로 묻는다. "왜요?" "아무개 마누라가 그르키 뵈기 싫어해서 못 살겠슈!" 나는 다시 묻는다. "집사님이 우리 교회 말고 오디 교회가서?" "왜 읎어, 자~ 위 교회 있잖여. 내가 그짝 교회 댕길라고 그 높은디 올라갔었는디 해쟁이 아무개 마누라 내려오대, 그래 나 인저 이짝 교회로 댕길란다고 했더니 그만두랴 그냥 댕기던디나 잘 댕기랴~…." 그동안 열 번 정도 들은 말씀이다.

그래도 또 나는 옆에 앉아 손을 잡고 말씀드렸다. "집사님이 우리 교회 안 댕기면 제가 서운해서 안 되지요… 우리 교인들도 모두가 서운해서 안 되요…" "그런디 그 아무개 마누라는 나한티 밥도 안 주구 나만 보면 승질부리고 왜 그르키 못 잡어먹어해능겨!…" "그건 집사님하고 오해가 있어서 그래요…" 어찌 다시 한번 설명해보려 했지만 집사님은 도무지 내 말은 듣지를 않으신다. 그저 막무가내 당신 서운한 말씀만 하신다.

한참 이런 말 저런 말 하시더니 어느새 다 풀리시어 하시는 말씀. "내가 우리 교회 옛날 농협 자리 있을 때부텀 댕겼넌디, 그때 이 교회 짓느라고 자갈 등짐 져 나른다고 을마나 고생했넌디…" 그 말씀 또 하시면서 흐뭇해하신다. 느릿느릿 돌아가시는 집사님 뒷모습에서 나는 문득 천사의 모습을 보았다. 며칠 동안 잠도 제대로 못 자는 속앓이에 시달리던 나를 쓰다듬고 달래주러 오신 천사…

그다음 날 또 오셨길래 이번에는 내가 비방(!)을 가르쳐 드렸다. 그리고 언제나처럼 집사님 손을 꼭 잡고 기도드렸다. 역시 늘 하던 기도다. 그런데 이번에는 자꾸 눈물이 난다. "그래요 천사님, 저 힘 낼게요. 하늘나라에서 꼭 다시 만나요."

- 2010.1.31. 송악주보

꿈은 ★ 이루어진다

우리 교회 어린이들이 결국 사고(?)를 쳤습니다. 우리 지방 감리사배 축구대회. 감리교회 충청연회 감독배축구대회 선발전을 겸한 대회인데 거기서 우승한 겁니다.

사실, 처음부터 우승은 생각지도 못했습니다. 요즈음 아이들이 워낙 축구를 좋아하기에 교회마다 막강한 축구팀이 있는 데다가 도회지 교회가 우리 교회보다 몇 배씩 많은 수의 어린이들이 있을 텐데, 거기에 비하면 우리 교회는 3주 전에 동네 아이들을 모아 급조한 팀이니까, 게다가 체계적인 훈련은커녕 경기 이틀 전에야 포지션을 정할 정도로 엉성한 팀이었습니다. 그저 이번 기회에 동네 아이들 모아서 교회학교에 힘을 불어넣어 주는 기회로 삼자면서 말 그대로 '참가하는데 의의'를 두었던 겁니다. 하지만 아이들 열기만큼은 대단했습니다. 매일 새벽마다 6시에 학교 운동장에 모여 연습했는데 얼마나 열심히 나오는지… 어떤 때는 피곤해서 못 나가면 교회까지 나를 깨우러 오질 않나, 비가 오는 날이면 여기저기서 전화가 옵니다. 오늘 비가 와도 축구하자고…

그래서 내 고민은 '어떻게 하면 대회에 나가 실망하지 않게 할 수 있을까'였습니다. 1승이라도 해서 예선 통과하고 탈락한다면 그 빌미로 아이들이 좋아하는 짜장면을 잔뜩 사주면 될 텐데 했는데 그마저도 불가능해졌습니다. 어찌 된 일인지 시내에 있는 교회들이 다 출전을 포기하고 우리 지방에서 제일 큰 교회인 온천제일 어린이축구팀만 출전하게 되어 예선이 곧 결승이 된 겁니다.

말이야 한 번만 이기면 우승이라지만 교세로 보나 전통(?)으로 보나 그건 해보나 마나인 게임일 테니 우리 아이들에게는 곧바로 예선탈락이 되어 버리는 겁니다. 그래서 고민은 '어떻게 하면 점수 차를 적게 질 수 있을까'였습니다.

그러던 어느 날, 그날도 새벽기도 끝나고 아이들 태우고 있는데 물너머 강장리 사는 형수가 차에서 하는 말 "목사님, 우리는 틀림없이 이길 거에요." "왜?" "우리 목사님이 기도해 주시잖아요." 나는 가슴이 덜컹 내려앉았습니다. 그래서 "야, 형수야. 생각해봐라. 거기 교회 목사님도 기도하시잖아. 그 교회는 목사님만 네 분이야!" "그래도 우리 목사님이 더 쎄게 하면 되잖아요." 이제는 기도조차 제대로 안 한 목사가 될 판이었습니다. 대회 날이 다가올수록 어떻게 하면 이 아이들이 마음에 상처를 입지 않도록 '점수 차이를 적게 질 수 있을까' 또, 지고 나면 어떻게 달래주고 축구팀을 계속할 수 있게 할까가 고민이었습니다. 그래서 축구를 잘 아는 이웃교회 나 전도사님께 감독을 맡아달라고 부탁도 했고, 그 전도사님은 워낙 큰 점수 차로 질 경우에 투입할 중학생 용병(부정선수)까지 준비해 두었습니다.

그런데 막상 경기가 시작되었는데… 아주 놀라운 상황이 벌어진 겁니다. 그렇게 몰려다니며 패스 하나 제대로 못 하고 자기 포지션조차 지키지 못하던 애들이 그 넓은(고등학교) 운동장을 좌우로 펄펄 날아다니면서 논스톱 패스에 헤딩 패스에 찔러주기 패스에, 공수전환이 어찌나 빠른지, 경기 시작 2분도 안 되어 한 골을 넣더니, 아예 기가 살아서는 중거리 숏도 성공시키고, 형담이는 뒷발차기로 골까지 넣고, 또 그 키가 작은 수비수 아이들은 얼마나 악착같이 따라붙는지 그 덩치 큰 상대 팀 공격수들이 번번히 막히고… 결과는 5:0 대승입니다. (아이들은 7:0이라고 우기는 데 2골은 오프사이드 무효 골이었답니다. 누구 골인지는 못 밝힘.)

푸짐한 짜장면을 먹고 집으로 데려다주는 차 안에서 형수가 하는 말 "오늘 아주 만족한 경기였어요. 거봐요 목사님 우리가 이긴다고 했잖아요! 꿈은 ★ 이루어지는 거에요."
참나, … 암튼 감사한 일이네요.
"송악KD(광덕산 돌맹이 ㅋ!…) 홧팅!"

- 2010.3.1.

산타가 없다구요?

―

크리스마스이브의 이브. 23일 밤에 온양의 유 집사님네 집에서 모인 온양속 속회예배에는 신 집사님네 막내 하영이도 참여했습니다. 어른예배에 참여한 어린이들은 언제나 투정 부리기 마련인데 하영이는 찬송가도 곧잘 따라 부르고 얌전하게 앉아 있는 모습이 참 이쁩니다.
드디어 설교 시간. 어른들끼리만 알아듣는 따분한 시간.
설교 마무리로 성 니콜라우스 이야기를 합니다. "니콜라우스는 남몰래 남을 돕는 일에 평생을 바쳤기 때문에 사람들이 그를 존경한 나머지 나중에 성자 칭호를 붙여 '성(聖) 니콜라우스' 이를 그리스어로 부르니 '산타클로스'가 된 겁니다." 여기까지는 속회 공과에 있는 말씀. 다음 이야기 "저도 작년에도 어린이집에서 선물 나누어 준다고 산타클로스 옷을 입고 밤중에 돌아다녔었는데 아이들이 얼마나 좋아하던지…" 거기까지 말했는데 아 글쎄 하영이가 갑자기 뭐라 소리를 빽 지르더니 엄마한테 막 달려드는 겁니다. 윤 집사님은 당황해서 어쩔 줄 모르고… 어찌어찌 예배를 잘 마치고 아까 왜 그랬나 물어보니 글쎄….

오늘 아침에 아빠가 "올해는 하영이가 착한 일 많이 했으니까 이번 성탄절에는 산타클로스 할아버지가 눈썰매 타고 오셔서 선물 주실 거야" 했더니 하영이가 "산타할아버지 정말 있는 거야? 가짜 아니야?"라고 묻더랍니다. 그래서 "틀림없이 진짜 계시단다" 했는데 목사님이 그렇게 말씀하셨으니….

이를 어쩌나… 수습한다고 "싼타 할아버지도 바쁘실 때는 다른 사람을 대신 시키는 거야. 목사님은 싼타 할아버지한테 전화 받고 대신한 거야. 어쩌구저쩌구…" 허둥지둥 이리저리 둘러대 보았지만 한번 깨져버린 하영이의 싼타꿈은 쉽사리 다시 꾸어지지 않을 것 같습니다. 어찌나 미안하던지…

나야 생각이나 했나요. 하영이가 내 따분한 설교를 다 듣고 있을 줄…

어른들 여러분 애들 앞에서 말조심합시다. 고놈들이 글쎄 다 듣고 있다니까요… 싼타가 있긴 어디 있냐구요? 참나, 조~기서 뜨개질하고 있잖아요…

- 2010.12.24.

새해 첫날

해 첫날이라고 하루 종일 휴대폰에 새해 인사 문자가 떴습니다. 보내는 사람도 참 다양합니다. 친구들, 가족, 친지, 교우들, 동역자들, 고등학교 동창생까지…
나름대로 호의를 가지고 인사를 보내는 것이지만 새벽부터 쉴 새 없이 계속 오는 문자메시지에 일일이 답장하기도 그렇고… 나중에는 은근히 짜증(?)이 났습니다.
저녁에 일부러 세어보니 오십 통이 훌쩍 넘었습니다. 그러다가 문득 '참 많은 사람들이 나를 생각하며 살아가고 있구나' 하는 생각에 '정말 잘 살아야겠구나' 싶었습니다.

그중에 오늘 내가 받은 새해 인사 가운데 감동적인 인사가 둘인데 하나는, 달아미에서 이 집사님이 아침 일찍 전화를 하셨습니다.
"목사님, 문익점 아시지유?~ 중국으로 과거 보러 갔다가 목화씨 시(세)개 훔쳐 가지고 와서 조선 땅 사방으로 퍼뜨린 그 냥반말유… 그 냥반처럼 올해는 목사님 좋은 씨 사방으로 많이많이 퍼치기를 기도하옵나이다~"
평소에 말씀을 푸짐하게 하시던 대로 아주 근~사한 새해 축복 인사말을 해주셨습니다. 저는 '아멘!' 했지요.

또 하나는, 학생회 토요모임 끝나고 아이들이 목양실에 들어오더니 "목사님, 세배하러 왔어요!" 합니다. 그러고는 여자고 남자고 넙죽 엎드려 절을 하는 겁니다. 그 녀석들 하는 짓이 얼마나 이쁜지 세뱃돈으로 만 원씩을 주었지요. "잘 쓰겠습니다!" 하며 받는데, 금세 빈 지갑이 되어버렸어도 하나도 아깝지 않더라구요.

- 2011.1.2. 송악주보

따스한 병실 이야기 둘

하나, 새로운 가족 만들어지다.

지난주에 심방한 리더스병원에는 우리 교회 성도님 두 분이 입원해 계셨습니다. 한 분은 예은이 엄마 안윤신 성도. 가족과 함께 차를 타고 가다가 접촉 사고를 당하여 목이 아파 두 주째 입원하여 치료를 받고 계셨습니다. 또 한 분은 올해로 91세가 되시는 마곡리 지정순 집사님. 그동안 참 건강하셔서 집안일이며 밭일이며 못하는 일이 없으셨는데 갑자기 골다공증으로 허리뼈가 아파 생전 처음으로 병원에 입원하신 겁니다. 집사님께서는 침대에 누워 병실 밖 출입도 못 하시며 고생하셨습니다. 집사님을 심방하는데 안윤신 성도님이 자기 병실에서 내려오셨습니다. 보더니 집사님 말씀이 "아이고~ 또 내려왔네… 하루에도 몇 번씩 와서 얼마나 잘해주는지! … 꼭 내 딸 같어~" 두 분이 손을 잡고 나누는 말과 표정이 정말 친정어머니하고 딸 사이 같이 다정해 보였습니다.

둘, 살짝 다녀간 천사

온양 한사랑병원에는 삼거리 김 집사님께서 입원해 계셨습니다. 가뜩이나 장애가 있어 거동조차 불편하신 데 오랜 투약으로 장에 문제가 생겨 치료중이셨는데, 어려운 살림에 수십만 원이 넘는 MRI 검사료가 너무 부담스러웠던 겁니다. 그런데 누군가 밝히지도 않고 그 진료비를 다 내주고 갔답니다. 퇴원할 때까지 누군지 알 수가 없었는데, 엊그제 그 사람이 집으로 찾아와 자기는 그저 사회복지 일을 하는 사람이고, 김 집사님 머리맡에 성경책을 보고는 자기 아버지가 천안에서 목회를 하고 있다면서 아무 염려 마시고 그냥 하나님께서 보낸 사람이라고 생각하시고 편안하시라고 인사하고 가더랍니다. 나가다가 지붕의 추녀가 떨어진 것을 보고는 며칠 후에 와서 그것도 수리해 드리겠다면서 줄자로 재어가더랍니다.
세상은 아직 따스한 가슴을 가진 사람도 많이 있습니다.

- 2011.1.30. 송악주보

평생 송악교인

어제 금요일. 목양실에 있는데 누군가 문을 얌전히 두드립니다. 문을 열고 들어오시는데 금방 알아보겠습니다. 서정숙 권사님.

지금으로부터 50년도 더 된 우리 교회 초대교회 시절. 당시 청년이었던 신 장로님과 곽 집사님도 함께 박은 흑백사진 속에 남아있는 주일학교 처녀 교사. 몇 년 전에 참 오랫만이라면서 장로이신 부군과 함께 오셨었는데…

이번에 온양에서 초등학교 동창회가 있어 왔다가 '우리 교회'가 많이 보고 싶어 들렀다면서 따스한 미소로 인사하십니다. 초대교회 당시 신앙생활하시던 이야기, 권사님 가정사 이야기, 그리고 무엇보다도 궁금해하시는 옛날 교인들-신 장로님, 곽 집사님, 이 권사님, 돌아가신 월구리 김 권사님 며느님이 요즈음 새로 나오신 이야기들을 들려드렸습니다. 한참 이야기하다가 우리 교회가 요즈음 부지를 구입한 이야기도 해드렸는데, 공교롭게도 그 땅 주인이 권사님의 이복동생이었네요. 권사님은 그 땅을 교회가 매입했으니 참 좋다면서 당신 일처럼 기뻐하십니다.

그러더니 가방에서 봉투를 하나 꺼내면서 하시는 말씀이 "우리 송악교회 생각이 나서 이번 부활절 때 쓸 계란값을 준비해 왔는데 얘기를 듣다보니 너무도 감사해서 부활절 때 전교인 식사 대접을 하고 싶네요" 그러면서 지갑에 남아있는 돈을 다 봉투에 담아주십니다. 얼떨결에 받아 들고는 그저 그 마음이 감사해서 뭐라 말씀도 못 드리고 있다가 권사님을 보내드렸습니다.
언제나, 영원히 송악교회가 '우리 교회'인 사람. 이런 분들이 있어 큰 힘이 됩니다.

- 2011.4.17. 송악주보

우리 목사님…

강당골 벌뜸 사시는 할머니는 10여 년 전부터 혼자서 손자 둘을 키우며 어렵게 생활하고 계셨습니다. 하나 있는 아들이 사업 실패로 파산하면서 가정불화로 이혼했고 어린 손자 둘만 시골에 있는 할머니에게 내버리다시피 보내놓고 소식이 끊긴 겁니다. 이미 할머니는 돈을 벌 수 없는 처지에서 아픈 몸을 이끌고 나물을 뜯어 시장에 내다 팔아 한 푼 두 푼 손자들 용돈으로 주고, 집도 마땅치 않아 마을회관 한쪽 곁에서 얹혀살고 있었는데…

처음 우리 교회 사회봉사부에서 오병이어 사업 시작할 때 독거노인보다 혼자 두 식구까지 먹여야 하는 처지라서 매주 음식을 더 많이씩 담아 배달해 드렸던 겁니다. 저도 한 달에 한 주 배달을 하다가 실무 담당자가 채워지면서 거의 6, 7년 가보지 못했던 겁니다.

지난달, 참 오랜만에 배달을 갔는데 그 할머니 댁은 개울 건넛산 중턱으로 이사를 가 겨우 찾아갔습니다. 그동안 손자들은 다 커서 집을 떠났고, 이제 할머니 혼자 남았습니다. 밖에서 부르는 내 목소리를 알아듣고는 참 오랜만에 오셨다고 반가워하시면서 하시는 말씀.

"인저 우리 목사님도 많이 늙으셨네유… 왜 이르키 쭈그러지셨댜~ 그땐 참 이뻤넌디…"

늙었다는 말도, 쭈그러졌단 말도, 옛날엔 이뻤다는 말도 하나도 서운하지 않았습니다. 제 마음에는 '우리 목사님'이라는 말이 오랫동안 울렸습니다.
우리 교회는 문턱도 와보지 않은 할머니가 나더러 '우리 목사님'이라고 불렀답니다. 허허~~

- 2012.9.2. 송악주보

묻지마 심방

새벽기도회 인도하면서 병원에 있는 아무개 집사님 심방한 이야기를 하는데 "목사님, 왜 그런 디를 혼자만 가셨대유… 오늘은 몇 시에 가실 꺼유?" 하십니다.
당황스러워 어찌어찌 넘기고 기도회를 마쳤는데 계속 걸립니다. 그래서 아침에 전화드렸지요. "권사님, 오늘은 8시에 교회서 출발할 텐데 함께 가실래요?" 대답도 하는 둥 마는 둥 전화를 끊으셨습니다.
시간이 되어 출발하려는데 권사님이 오셨는데 한 분 더 달고 오셨네요.
천안으로 가는 중에 차 안에서 물으십니다. "근디, 복구미 누구래유?"
"아니, 누군지도 모르고 심방 가시는 거요?"
"그까짓 게 무슨 상관 이유? 기냥 교인찌린디…"
옆에 함께 오신 곽 권사님은 한 술 더 떠서 물으십니다.
"오디로 간댜?" "그럼, 권사님도 누군지 모르고 가시는 거요?" "기냥 목사님 빙원 간다고 가자구해서 왔슈. 누군누구겄슈 우리 교인이것지…"
그러면서 서로 하시는 말씀이 "급히 나오느라고 봉투지를 안 가져왔네, 함께 넣으면 되지 않네, 빙원가믄 있을 거네 읎네" 그러고 계십니다.
요즘같이 박하고 영악한 세상에 이런 심방하시는 분들이 있습니다. 우리 교회에는…

- 2012.9.23. 송악주보

송악골에 사는 맛

6년 동안 송남초등학교에서 가르치셨던 강 선생님이 천안 어느 학교로 발령이 나 떠나게 되었다고 학부모들과 주민들이 송별회 자리를 마련했다. 강 선생님은 그동안 학교에서 아이들을 위한 좋은 변화를 시도하면서 잘 드러나지 않게 교사들 사이에서 중심을 잡아 주던 분이셨기에 서운하면서도 또 다른 기대를 갖게 되는 일이었다.

목포가 친정인 희균이 엄마 박 샘은 삭힌 홍어를 준비했다. 부산이 친정인 지우 엄마 정 집사는 부산 자갈치시장에서 보내온 붉은 도미를 준비했다. 삭힌 홍어에는 묵은김치가 제격이라고 누구네 없냐는 카톡 문자를 받고 나는 교회에 있는 유기농 묵은김치를 한보시기 꺼내 갔다. 누구네서 가져온 돼지고기 수육에, 또 누구네서 가져온 밑반찬에, 송악막걸리까지. 떠나는 선생님을 생각하는 마음이 한 상 가득 잔칫상으로 차려지고…

함께 밥을 먹고, 정담을 나누면서 이렇게 떠나지만 수년 안에 꼭 다시 오셔야 한다고 다짐을 주고받으며 노래도 불러주고, 선물도 주고받으며 밤 늦게까지 함께 했단다. 긴 겨울밤에.

속회예배 때문에 일찍 자리에서 인사하고 나오는데 방안에서 또 밝은 웃음소리가 터진다. 누군가 '목사님 가셨으니 송악교인들 이제 맘 놓고 마시라'고 한마디 했나 보다. 서로 아쉬워해주고 축복해주고 그리워해주는 사람들… 그래, 이런 맛에 송악에 사는 거다.

- 2013.2.24. 송악주보

ⓒ 백계영 그림

속아라

"예, 거기 화성군 향남면 사무소죠? 사회복지 담당자 좀 부탁합니다."
"뭘 좀 여쭈어 볼려고 전화했는데요, 관내에 '장애인복지센터'라는 기관이 있습니까? 예, 없어요? 그럼 ㅇㅇㅇ란 사람은 있습니까?"

얼마 전에 웬 말쑥한 사람이 교회로 찾아왔다. '장애인 복지센터'에서 일하는 아무개라면서 우리나라의 장애인 복지 현실이 어떻고 정부의 정책이 어떻고 하면서 장애인복지신문을 몇 장 들이민다. 몇 번의 경험 속에 이미 무슨 얘기인지 대강 짐작할 수 있는지라 약간의 짜증이 났다. 그래도 예의는 지켜야지, 꾹 참고 듣고 있는데 드디어 결론. "사실은 제가 일하는 장애인 복지단체에 고급 비누를 만드는 회사에서 얼마 전에 현금 대신 현물로 고급 비누 몇백 박스가 기증 들어왔는데 이를 시급히 현금화시켜야겠기에 이렇게 찾아뵙게 되었노라"고, 교인들에게 광고해서 '현금화' 시켜달라면서 낱개로 한 개에 만 원씩이니까 한 박스에 20만 원, 두 박스면 40만 원이니 지금 목사님이 미리 주시고 '현금화' 시키든지, 나중에 온라인으로 보내 달란다.
한두 번 당하는 일도 아니기에 당연히 안 되겠다고 죄송하다고 돌려보내려는데 그럼 견본으로 5개만 받아달라며 온라인번호만 달랑 적어주며 비누 5곽을 손에 맡겨놓고 떠난다. 농협 앞에서 급하게 타고 가는 차는 내가 보기에도 고급 승용차다.

돌아서서 생각하니 '이건 사기야!' 싶은 게 여간 씁쓸하지가 않다. 그래서 방으로 들어와 그 사람을 추적했다. 먼저 비닷갑에 적혀있는 회사로 전화했다. 장애인 단체로 기증한 적이 있는지… 예상대로 불통, 그럼 그렇지, 회사 주소지의 경찰서로 전화해서 그런 회사가 있는지 확인, 몇 년 전엔가 있긴 있었던 거 같은데 부도났다나 어쨌다나. 그렇겠지… 다음에는 그 사람이 남겨놓은 영수증 쪽지에 찍힌 주소지 경기도 화성군 향남면 사무소로 확인. 그런 사람은 있기는 하지만 그런 단체나 수용시설은 없다는 관계 공무원의 확인. 결국 장애인 복지단체를 빙자해서 개인 장사를 하고 다닌 것이다. 그 공무원은 덧붙이기를 "요즘엔 그런 사람 많아요. 그런데 이젠 누가 속나요?"
'그럼 그렇지 지가 감히 나를 속이려고 해?'
한참 후에 수금차 전화해 온 그 사람에게 그간의 나의 노력(?)을 알려주면서 점잖게 충고했다. "그러니 도움을 받으려면 그저 솔직하게 '이 물건 사주세요' 그러세요, 남 속이려 하지 말고…" 한참을 변명했지만 치밀하게 몰아붙이는 나에게 그는 결국 "염치없습니다. 먹고 살려다 보니 그렇게 되었네요, 부끄럽습니다…" 했다.

지난 휴가 때 깊은 밤 둘러앉은 친구 목사들에게 이 이야기를 들려주었다. 요즘 세상이 글쎄 이렇더라고,

그때 한 친구 한 말 "이 친구야, 속아줘야지, 그래서 목사인 거야. 목사마저 안 속아주면 그런 사람은 이 세상에 누굴 믿고 살겠나?"
"띵~"
속이고 안 속으려고 정신 바짝 차리고 살아가야 하는 세상, 목사마저 교인들마저 안 속아준다면 이 세상은 정말 얼마나 각박해질까?
나로 인해 받았을 그 분 마음의 상처가 점점 아프게 와닿는다.

- 2013.8.9.

이제야 알게 된 것

덜 깬 잠으로 학교 늦었다고 짜증 부리면서 겨우 밥 한 숟가락 먹는 둥 마는 둥 교복 챙겨입고 집을 나서는 너에게 차조심하라고 잔소리하던 그날이 얼마나 감사한 날이었는지,

학교 안 가는 날 하루 종일 제 방에서 뭔가를 귀에 끼고 깔깔 호호 킥킥대던 너에게 방이나 제대로 치우고, 밥이나 제대로 먹자고 핀잔하던 그날이 얼마나 복된 날이었는지,

다 늦은 시간 학교에, 학원에 뺑뺑 돌아다니다 동네 골목길 터벅터벅 걸어오는 너의 발걸음 소리를 듣던 그날이 얼마나 축복된 날이었는지,

아무리 기다려도, 평생을 기다려도 돌아오지 않는 또 다른 네가 있다는 것을 알게 된 지금,

남은 날들을 매일 쓰라리고, 매일 아파야 할 또 다른 내가 있다는 것을 알게 된 지금 너희와 함께하는 단 한 순간이라도 그것은 오로지 사랑이어야 한다는 것.

- 2014.4.27. 송악주보

우렁 각시

교회 옆 주차장에 딸린 텃밭.
작년부터 우리 교회에서 빌려 쓰는 땅이다. 작년엔 고추도 심고 오이며 고구마도 심었는데 농사라고 건달농사 비젓해서 반은 먹고 반은 버리고 했다.
올해는 고구마를 심어 어린이집 아이들 간식하자며 선생님들이 빨리 갈아달라고 성화다.
그런데 매년 알아서 갈아주시던 허준 집사님이 올해는 병원에 입원하신 터. 이리저리 알아보다가 그만 때가 늦어버린 것이다. 지난 월요일, 이젠 막바지에 몰려 할 수 없이 이 장로님 댁에서 경운기를 빌려다가 현서 청년한테 갈아보라 했다. 그날 밤늦게까지 갈았는데 워낙 늦게 시작한 일. 겨우 절반밖에 못 하고 어두어서 못 했는데 다음날엔 비가 와서 못하고 그 다음날엔 바빠서 못 하고… 그렇게 반 정도 엉성하게 갈린 밭은 보기 숭하게 남아있었다.

목요일 아침에 일어나 부엌문을 열어본 아내가 "누가 밭을 갈아 놓았어요!" 한다.
"엊그제 일하다 다 못했는데?" 했더니 그게 아니라 다 갈아져 있다는 것이다. 그래 나가보았더니 정말 온 밭이 말끔하게 갈아져 있었다.
 바퀴 자국 크기가 경운기가 아닌 트랙터 자국이어서 몇 군데 집히는 데로 전화해 보았다.

먼저 방 권사님. "권사님, 어제 교회 텃밭 갈으셨어요?"

"아뇨, 가서 보기만 했는데요?"

다음은 이 권사님 댁. "권사님이 어제 교회 텃밭 갈으셨대요?"

"아니라는데요?" "이상하다. 그럼, 누가 와서 갈았지?"

여기저기 알아봐도 자기가 했다는 사람은 없다.

그래서 우리가 내린 결론,

"우렁각시가 했나 보지 뭐~…"

- 2014.5.3.

송악골어린이집 다닐 때부터 축구를 좋아하는 승진이

오늘은 교회학교 광돌이축구팀 형아들하고 경기에 나간다고 이른 아침부터 운동화에 유니폼까지 입고 준비했다. 그런데 뭔가 소통이 잘 안되어 집에서 한참을 기다렸다. 그러다가 뒤늦게 데리러 온 목사를 보고 반가우면서도 심통이 났다. 그 복잡한 감정을 말로 표현할 수 없는 승진이. 안가겠다고 울다가 또 가고 싶은 마음에 겨우 차에 올랐다. 승진이의 그 마음을 말로 설명하기 어려운 엄마 보띠나는 그저 "승진아 잘해~ 목사님, 잘하세요" 할 뿐…

겨우 울음을 그쳤는데 교회에 와서 아무 일 없이 행복한 형아들을 보고 또 서러워져 울음이 터졌다. 자기 속 마음을 시원히 말하기가 어려워 그저 우는 것뿐인데… 승진이는 계속 울다가 결국, 오늘 축구 경기에 가지 못했다.

이파리가 큰 大 임금 王 모양이어서 대왕참나무.

원래 북미대륙에서 살던 나무인데 빨리 자라고, 가을에 단풍이 아름다워 이 땅에 들여와 주로 도시 아파트 주변에 조경수로 심겨졌다.

지난 주일에 예배 마치고 청솔아파트 사시는 정 권사님께서 "목사님, 이거 한 번 잡쉬보세요" 하시며 주신다. "이게 뭐래요?" "글쎄 지가 한 번 해봤는디 드실 만할라나…" 보니 내가 좋아하는 도토리묵이다.

언젠가 저 나무가 무슨 나무냐고 물으시길래 내가 캐나다 쪽에서 들여온 대왕참나무라고 알려드렸더니 그 나무에서 맺힌 도토리로 묵을 쑤었다는 것이다.

참 부지런하신 권사님… 먹어보니 좀 씁쓸한 맛은 강해도 먹을만하다. 그렇지, 아직은 많지 않고 낯설어도 언젠가는 이 나무도 도토리로, 목재로, 어쩌면 이파리로 누구에겐가 쓸모가 있는 나무로 자리 잡아가겠지. 여전히 대왕의 자태를 지키며 꿋꿋하게.

- 2014.6.29. 송악주보

우리곁에 스쳐간 천사들

모두 일곱이었던가, 여덟이었던가…
특별히 눈에 띄지도, 두드러지지도 않았다. 여자애들은 둘이었나 셋이었나 수수하고 얌전했고, 남자애들은 오히려 수줍어해서 편안했다. 그 중의 한 사람은 지도목사라는데 이틀이 지나도 누가 목사인지 모를 정도로 그저 친구들처럼 어울렸다.
지난 목요일 이태원교회라고 새겨진 12인승 승합차를 타고 슬며시 왔다. 무슨 농활대라고 현수막을 내걸지도 않았고 개회예배니, 기도회니 그런 것도 하지 않았다. 우리 교회 교육관이 요즘 도시 젊은이들에게는 불편할 거라고 신경 쓰였는데 그들은 아무렇지도 않게 자리를 펴고 앉기도 하고 누워 뒹굴며 낮잠을 자기도 했다.

새벽기도 시간에는 졸린 눈 살짝 비비면서 한쪽 구석에 옹기종기 모여 앉아 가만가만 기도했고, 기도회를 마치고는 권사님을 따라 농장에 가서 일하고 아침을 주면 고맙게 먹고(유난히 자활원칙이 어떻고 규율이 어떻고 하지도 않았다.) 언제 돌아왔는지 모르게 숙소로 와서 씻고 어울리며 쉬고 했다. 저녁에는 어떤 교회들처럼 한밤중까지 기타 치며 찬양하거나 악을 쓰며 통성기도를 하지도 않았다. 그렇게 있는 듯 없는 듯 2박 3일 동안 함께한 이태원교회 청년들. 토요일 마지막 날에도 새벽기도 마치고 농장에 가서 일을 하고 10시 넘어서 목양실 문을 두드리며 인사를 했다. 마당에 나와 고생 많았다고, 힘들지 않았냐고 묻자 농사일이 어렵기는 했는데 해주신 밥이 참 맛있었다며 내년에 또 오고 싶다고 수줍게 봉투를 하나 내민다. "건축헌금이에요. 아름답게 지어주세요." 교회 게시판을 보고 자기들 용돈을 모았단다. 그러고는 꾸벅 인사하고는 떠나갔다. 쓰다가 남았다며 기념 선물로 주고 간 수건에는 '내 생애 완전 아름다운 일주일'이라는 글이 예쁘게 새겨져 있었다.

- 2014.7.13. 송악주보

심방도 품앗이유~

올가을 대심방은 처음부터 이변이었습니다.

예년에는 기껏해야 대여섯 명이 고작이던 심방 대원이 올해는 첫날부터 엄청 많은 인원이 '우르르' 몰려다닌 겁니다. 최고참 심방 대원이신 오미니 김 권사님은 씩씩하게 팔 내두르며 언제나 맨 먼저 오셨고, 올해 선교부장을 맡으신 남 권사님은 심방하는 집에서 부르는 찬송가 장 수에다 성경 본문까지 꼬박꼬박 적으며 따라다니시고, 덩치로 꽉 채우시는 황 권사님, 빠질쏘냐 남 권사님, 감초마냥 안 권사님, 은근슬쩍 최 권사님, 그 먼데 해쟁이서 자매마냥 김 집사님, 성 집사님, 빠뜨릴까 신 집사님, 우리 부부까지 기본이 열한 명에다가 현지(?)에 도착하면 기다리고 있던 속장님에 속도원까지 합세하니, 언제나 열 대여섯 명은 족히 되는 대(大)심방이 되었습니다.

처음에는 '첫날이니까 그렇겠지' 했는데 둘째 날도 셋째 날도 여전히 '대(大)부대'가 움직였습니다.

목요일에는 그동안 못 나오셨던 이 장로님, 이 권사님, 신 장로님에 새로 이사 오신 조 장로님까지 합세해서 나란히 앉아 예배드리는데 기분이 괜시리 '빵빵'해 지더라구요. 그렇게 목요일까지 오미니, 삼거리속회까지 풍성(!)하게 대심방을 마쳤습니다.

금요일 아침. '오늘도 심방 대원이 몰려오겠지' 하고 기다리는데 출발

시간 10분이 지났는데도 썰렁합니다. 당신이 인도하는 속회 차례라고 방 권사님께서 처음으로 나오셨고 그리고는 남 권사님, 이 권사님, 두 분만 오신 겁니다.

어쨌든 시간이 되어 강당골로 출발하면서 "이상하네요, 오늘은 왜 이렇게 심방대원이 적지요?" 했더니 방 권사님 말씀 "이상허긴유~ 목사님, 심방도 품앗이유~…"

- 2014.9.10.

따스한 날

몇 해 전, 딸애와 함께 필리핀의 바땅가스 해변 휴양지에서 며칠 머문 적이 있었습니다. 그때. 인근 원주민 마을을 산책하던 중 바닷가에서 낚시를 하고 있는 할아버지와 손자를 만났습니다. 할아버지는 손자에게 낚시를 가르치고 있었습니다. 여기 바위 쪽에는 어떤 물고기가 있으니 낚싯바늘은 어떤 것을 써야 하고, 미끼는 어떤 것을 써야 하는지, 또 저~쪽 나무 아래 풀섶에는 어떤 물고기가 있으니 어떤 바늘과 미끼를 써야 하는지… 그 할아버지는 남태평양의 강한 햇볕을 받으며 평생을 살아온 탓인지 까맣게 탄 얼굴에 굵은 주름이 잡혀있고, 손가락은 굳은살로 거칠었지만, 어린 손자에게 가르치는 그 할아버지의 음성은 한없이 부드러웠고, 눈길은 참 따스했습니다.

자신이 직접 물고기를 낚는 시범까지 보이면서 손자에게 설명해주는 모습을 한참 동안 지켜보다가 문뜩, 어느 겨울날, 충청도 공주의 깊은 산골 마을 구시울, 초가집 처마 아래에서 일곱 살 손자에게 썰매를 만들어 주시는 할아버지를 만났습니다. 이마에는 주름이 굵게 패이고, 앞니 하나는 빠지고, 턱에는 다듬지 않은 수염이 몇 가닥 아무렇게나 나 있는 얼굴. 평생을 농사로 살아온 손에는 두터운 굳은살이 박여 거칠고… 썰매 판은 어떤 나무를 써야 하고, 다리는 어떤 연장으로 깎아 모양을 내는지, 그 판에 다리는 어떤 못으로 박아야 하는지, 썰매다리에 붙이는 네루(철사)는 어떻게 구부리고, 단단하게 고정시키려면 어떻게 해야 하는지, 썰매를 밀어줄 꼬챙이에 박는 못은 어떻게 해야 거꾸로 넣을 수 있는지… 직접 만들어 주시면서 자상하게 설명해 주시던 할아버지…
그때, "아!"
바땅가스의 할아버지가 큰 낚싯바늘을 줄에 묶다가 그만 손가락이 찔려 피가 났습니다.
순간, "아!"
구시울 할아버지가 썰매에 쇠줄을 박다가 그만 엄지손가락에 상처를 입었습니다.
필리핀 바땅가스의 그 할아버지에게는 손자에게 낚시를 가르쳐준 한나절이었지만, 그 손자에게는 평생 잊지 못할 소중한 시간이었을 겁니다.

구시울 할아버지에게는 손자에게 썰매를 만들어주다가 손톱을 다친 한나절이었지만, 일곱 살 손자 종명이에게는 평생을 따스하게 기억하는 날이니까요.

- 2014.11.26. 송악골 종 생각

더 늦기 전에

"누군지 아시겠어요?" "…"
"권사님, 제가 누구지요?" 몇 번을 물었을 때에야 눈을 살짝 뜨면서 "목.사.님!~" 하십니다. 간병하시던 요양사 선생님이 "참 신기하시네요. 목사님은 알아보시네요…" 하지만 금세 '까무룩' 다시 의식이 없으십니다. 다가가 손을 꼭 잡아쥐자 그제서 다시 힘겹게 눈을 뜨시고는 "목사님, 나 어쩐대유, 나 어째야 좋대유 집이 가야넌디…"
집에는 평생을 보살펴온 딸이 혼자 힘겹게 살고 있습니다. 못내 그 딸이 걸려 누워있어도 맘이 편치 못하신 겁니다.
한참 손을 쥐고 기도도 하고, 찬송도 하고, 말도 걸고 해보았지만 힘겹게 의식과 무의식을 넘나드는 권사님과의 대화는 더 이상 이어질 수 없었습니다. 이제 다시는 그 굽은 허리일망정 일어나 걸으실 것 같지 않습니다. 곁에 아무도 없는 요양원 방에서 손을 잡고 곁에 앉아 많은 생각을 했습니다.
이제는 고맙다는 말도, 권사님 때문에 행복했다는 말도 별 의미가 없습니다. 그저 편안히 가시는 날만 기다리는 것뿐.
늦기 전에 더 늦기 전에 하루라도, 한순간이라도 더 사랑하며 살아야겠습니다.

- 2014. 12. 21. 송악주보

그분

오늘 아침 그 사람이 우리 집에 다녀갔습니다.

아내가 된장찌개 보글보글 끓일 때, 아들 한이가 TV 앞에 앉아 웃고 있을 때, 한 번만 들어도 익숙해진 목소리의 그 사람. 한이가 "아빠, 누구야?" 하고 물으면 "응, 거지란다" 하고 말해주는 그 사람. 몇 해년 전엔 자주 오다가 한동안 뜸하더니 올해는 두어 달에 한 번씩 찾아오는 그 사람이 또 다녀갔습니다.

나를 부르는 목소리가 더 애처로워진 그 사람. 처음 찾아왔을 때와 똑같이 수세미며 칫솔을 내밀면서 한껏 허리 굽히며 "감사합니다"를 몇 번이고 하는 그 사람이 오늘 아침에 다녀갔습니다.

귀찮은 마음 애써 감추며 쥐여준 만원 짜리 한 장. 주머니에 찔러 넣고 다리 끌며 어디론가 사라진 그 사람이, 아이들과 둘러앉아 아침을 먹는 시간에 나더러 '목사님'이라고 불러주시는 그분께서 오늘 우리 집에 다녀가셨습니다.

- 2016.10.16. 송악주보

교회가 예뻐야…

초롱초롱 맑은 눈과 말씀 한마디 한마디에 호기심과 지혜가 꼭꼭 담겨있는 윤희정 교장선생님. 만날 때마다 송남초등학교 아이들과 참 잘 어울리는 분이구나 싶었습니다.

엊그제도 지난번 장로님 일로 감사도 드릴 겸 찾아뵈었지요. 마침, 방문하신 여러 학부모들과 대화하시다가 반갑게 맞아주십니다.

작년부터 선생님은 학교 옆 냇가를 아이들과 주민들과 함께 생태하천으로 가꾸는 일에 공을 들이고 계시지요. 아이들이 언제든지 내려가 씻기도 하고, 멱도 감고, 물고기도 잡으며 놀 수 있는 생태교육 공간으로 만들고 싶으신 겁니다. 교회 앞 냇가이기도 해서 저도 적극 응원하고 있지요.

"지난주엔 냇가 뚝에다가 개나리를 심었어요. 근데 잘 살려나 모르겠네요."

"마침 비가 와주어 잘 살 것 같아요. 어려우신데 교회 쪽에도 다 심으셨대요?"

"목사님은 학교 쪽을 보시지만, 우리 아이들은 교회 쪽을 보잖아요. 그러니 교회가 예뻐야 우리 아이들도 예뻐지잖아요…"

순간, 반짝 깨달음을 얻었습니다. 그렇지요. 나를 가꾸는 이유가 나를 위한 것보다 나를 바라보는 사람을 위한 것임을…

얼마 전에 새벽기도 마치고 교회 앞마당에서 바라본 개울 건너 초등학교

뒷모습이 너무도 아름다워 카메라로 찍어서 "이렇게 아름다운 학교를 가꾸어주셔서 감사합니다" 하고 보내드린 적이 있는데, 선생님은 교회 쪽도 아름답게 가꾸고 싶으신 겁니다.

아름다운 마음으로 세상을 아름답게 만들어가는 사람이 있어 참 행복합니다.

- 2018.3.18. 송악주보

기고글

사진과 함께 보는
마을생태 이야기
(NGO아산뉴스)

이야기 하나.
길 이야기

숲으로 난 길을 걸어보셨나요? 나무와 풀들이, 그리고 온갖 생명들이 우리 인간에게 겸손히 내어준 길. 숲은 인간을 따스하게 맞이합니다. 숲은 원래 인간의 고향이거든요.

저거 보세요. 벌써 갈잎단풍이 손바닥을 세 개는 펴 들고 "어서 오세요" 하잖아요. 머리 위에는 새들이 벌써 소개를 시작했네요. '저는 직바구리인데요. 이 숲속의 수다쟁이거든요? 근데, 여기 뭐 하러 오셨어요? 저는 다정큼 열매를 좋아하고요 가끔 간식으로 메뚜기를 먹는데요. 아저씨는 뭘 좋아하세요? 어쩌고저쩌고…'

숲속에 난 길은 사람만이 다니는 길이 아니랍니다. 너구리도, 들고양이도, 어쩌다가 멧돼지도, 노루도 다녀가지요. 숲속에 샘 쪽으로 난 길은 생명을 함께 하는 길이랍니다.

숲속에 난 길은 시간조차도 거부하지 않습니다. 눈이 오면 눈에게 자리를 덮어주고 말지요. 마치 '그래요, 지금은 당신이 주인이십니다.' 그러고는 그저 조용히 기다리지요. 시간이 흐르기를…

나무처럼

초겨울, 모든 것을 비워버리고 알몸으로 서 있는 나무는
계절의 의미를 알고 있습니다.
찬바람을 느꼈기에 나무는 잎사귀를 떨구었고,
가지 끝에 열매도, 줄기에 물도, 모두 대지품으로 내려보낸 겁니다.
단지 그것뿐입니다.
그러고는 나무는 그렇게 서서 기다립니다.
봄이 언제쯤 오느냐고 묻지도 않고
포근한 봄 햇살이나 남풍을 재촉하지도 않습니다.
눈이 오면 덮혀주고, 찬바람이 너무 세차 견딜 수 없으면

이따금 몸을 흔들 뿐 묵묵히 그렇게 기다립니다.
내 심정을 몰라준다고, 내 고통을 덜어주지 않는다고,
누군가를 향해 투덜대지도 않습니다.
춥다고 함부로 자리를 옮기지도 않습니다.

그렇게 나무가 매년 기다리지만
봄은 한 번도 나무를 배신하지 않았습니다.
따스한 봄볕도, 포근한 바람도 마침내 오고야 맙니다.
그러므로 우리가 무언가를 기다린다면
우리에게 필요한 것은 그저 나무처럼 단순해지는 겁니다.

세월도 숲길에서는 결코 오만하지 않습니다. 성의 없이 지나치지도 않고 오기로 눌러앉아 더 버티지도 않지요. 성급하지도 않고, 욕심부리지도 않는 겁니다. 자기 때가 지나면 조용히 물러나 다음 주인에게 이어주는 것. 그것이 숲속의 세월입니다.

처음에는 그랬지요. 숲속에 난 길은 그저 길(道)과 맞닿아 있었습니다. 겸

손히 숲속으로 들어가 인간의 본성을 찾고, 자연의 길에서 자연의 일부인 자신을 만났습니다.

그 깨달음은 자연스럽게 사람과 사람을 이어주는 생명길이었습니다. 사람들은 길에서 서로를 만나고, 길에서 서로 돕고, 길에서 더불어 살았지요.

언덕이면 어떻고 동산이면 어떻습니까
소들에는 술뫼가 있고
송악에는 설화산이 있잖아요.

그래 주님도 그러셨지요
갈릴리 언덕에, 겟세마네 동산에
마침내 거기서 가장 높은 산
함부로 오를 수 없는 해골의 산에 올라
나무 위에 매달려 마침내 별이 되었지요.

별은 어디서나 보입니다.
길은 어디에나 있답니다.

샛별이 아니라면 또 어떻습니까
가을밤 남쪽 하늘 물고기 놀던 자리라도
한순간 별똥별이라면 또 어떻습니까

내 살아가는 여기
끌어안고 살 부비며 눈물 뿌릴 수 있다면
마주 앉은 사람 아프게 사랑할 수 있다면

눈을 들면 진실의 별은 어디서나 보입니다.
나서 보면 사랑의 길은 어디에나 있답니다.

그런데 언제부터인가 인간은 그 길을 혼자 차지하려 했습니다. 인간이 까마득한 옛날 대지가 묻어둔 자연의 검은 유해를 파내어 사용하기 시작하면서 기계를 만들고, 자동차를 만들면서 탐욕에 휩싸이면서부터 인간은 길을 혼자 가지려 했습니다. 오~ 그것은 생명나무였습니다.

그 욕망은 점점 커져 하나였던 산을 둘로 쪼개고
사이좋게 이웃하여 어울려 살던 산과 내를 갈라세워 만나지 못하게 하고
마침내 그사이를 사람이 독차지해 버렸습니다. 이제 그 길로는 인간이
욕망을 가득 싣고 달립니다. 점점 더 빨리 점점 더 많이…
길을 사람이 독점하면서부터 그 길을 함께 하지 못하는 생명들의 수난은
시작되었습니다.

뱀이 징그럽게 생긴 이유는 자신이 약하다는 것을 알기 때문입니다. 뱀

이 입에 독을 품은 이유는 입 외에 자신을 지켜줄 어떤 지체도 없기 때문이지요. 손발이 없어 배로 이동할 수밖에 없는 나약한 생명에게 인간 전용 길은 이렇게 처참한 결과를 가져올 뿐입니다.

그렇다고 네발이 있다해서 안전한 것은 아니지요. 인간이 만든 길은 인간 이외에 그 어떤 생명에게도 함께함을 허락지 않습니다.

그렇군요. 우리가 우리만을 위한 길을 만들 때 우리는 다른 생명의 길을 막는 겁니다.

낫을 갈아 길을 닦는다
풀들은 온몸으로 한사코 길을 막고
나는 날 선 쇠로 기어코 앞길을 연다
'쓱-쓱-쓱 툭-툭-툭'

낫질에 풀들은 여지없이 길을 열고
하루살이 풀잠자리 사마귀
숨었던 것들이 바삐 움직여 숨는다.
낫질에 놀란 참개구리
눈 껌벅 한 번 하고 펄~쩍

냇가 더 깊은 풀숲으로 뛰어든다
그 뒤를 노렸는지 땅 뱀 뒤꼬리
돌 틈 구멍으로 감춘다
나는 쇠 낫으로 사람들 길을 열고
풀은 온몸으로 저네들 길을 만든다
수천 년을—

인간은 산에다 길을 내어놓고 산을 살리겠다고 냈다면서 임도(林道-수풀을 위한 길이라고요)라고 이름 붙입니다. 하지만 그것조차도 얼마나 큰 위선인가요? 오직 인간의 욕망을 충족시키기 위한 길일 뿐. 결국 그 욕망이 산을 무너뜨립니다.

인간은 자신의 길에 한 포기의 풀조차도 거부합니다. 사람이 밟고 다닐 길에 제초제를 뿌립니다. 그 제초제가 풀만 죽이나요? 사람 신발에 묻어 집 안으로 들어가진 않는다고 생각하는 모양입니다.

전국의 모든 도로가에 뿌려지는 제초제는 흘러 흘러 어디로 갈까요? 올여름에 찍은 사진인데 상수원보호구역인 송악면 도로에도 뿌려진 제초제에 말라 죽어 버린 풀입니다. 그 제초제가 빗물에 흘러 개울로 들어가고 수돗물로 들어간다는 것은 정말 생각도 못 하는가 봅니다. 정말 인간의 욕망이란 어리석다 못해 미련하기까지 하답니다.

숲길을 걸어보셨습니까? 그린데요. 숲으로 난 길을 따라 걷다 보면 참으로 많은 길들의 끝에는 이렇게 인간의 무덤이 있답니다. 사람의 몸도 결국에는 자연과 하나가 되는 길입니다.

그렇군요. 우리 앞에 두 갈래의 길이 있군요. 생명의 길과 죽음의 길.

이야기 둘..
봄이 오는 소리

얼마 전에 우연히 여행잡지를 보다가 세계적인 문호 헤밍웨이가 머물면서 집필활동을 했던 쿠바의 고도 아바나 근교에 있는 고히마르 마을에 관한 이야기를 읽었습니다. 기사에는 '노인과 바다'의 실제 배경이 된 조그마한 어촌마을 전경이 담겨 있었습니다. 조그마한 선착장, 헤밍웨이가 매일 들러 럼주를 마셨다는 술집, 그리고 소설의 실제 주인공인 그레고리오 후안데스(몇 년 전까지도 살아있었던) 노인의 사진까지 있었습니다. 이 조그마한 어촌마을이 헤밍웨이의 위대한 문학적 영감의 출발점이자 완성 지점이고, 현재는 쿠바 정부의 막대한 관광 수입원이 되고 있다는 그 기사는, 한 때 헤밍웨이 작품을 영어공부 삼아 원서로 읽는다며 열심히 영한사전을 뒤졌던 저에게 참 가보고 싶은 곳으로 깊이 다가왔습니다. 특히 마을 뒤의 나지막이 바람 타넘는 언덕, 바다와 이어진 해변, 그리고 수십 년의 세월이 그대로 멈추어 서 있는 듯한 고히마르 어촌마을의 사진 한 장은 문학에서 자연이 얼마나 소중한 영감을 주는지를 분명하게 보여주었습니다.

그림 몇 장 감상하실까요?
그림 저 위쪽 경사진 계곡 바위 사이로 겨우내 얼었던 물이 녹으면서 흐르는 소리가 들리지요? 이따금 신록을 스치는 바람 소리에, 버드나무이거나 느티나무인 듯한 물가에 자란 나무 둥치에는 구멍이 하나쯤 있고 거기에 둥지를 튼 원앙새 부부가 이따금 물로 내려와 쫑쫑 파문을 일으키고…저 숲속 멀리서 이따금 들려오는 뻐꾸기 울음소리… '봄이 오는 소리'라는 제목의 수채화입니다.

산 중턱에 밭을 일구면서 주워낸 돌로 담을 두르고 뒷산에서 그나마 잘 뻗은 나무를 골라 기둥을 세우고, 비탈밭에서 농사지은 수수깡으로 얽어매어 산모퉁이 어디에서 나오는 황토흙을 퍼다가 척척 바른 함석지붕 흙집입니다. 그 둘레에는 힘들여 가꾸지 않은 개나리들이 함성지르듯이 피어오르는 따스한 봄날입니다. 제목이 '광덕의 봄'인걸로 보아 광덕산 산촌마을 어디쯤인 듯한데 사실은 우리나라 산촌 어디서든 볼 수 있는 정거운 풍경입니다.

맑은 물이 바위 사이로 여울져 흐르는 소리가 들리지 않으세요? 저기 바위 아래쪽에는 중태미 몇 마리가 피라미와 함께 노닐고 이따금 해오라기가 냇가에 내려앉을 만한…

서양화가 김관진 선생님, 천안의 어느 초등학교 교장선생님이시라는데, 저는 한 번도 그분을 뵌 적이 없습니다. 얼마 전에 어느 초등학교 어린이들 생태교육에 강사로 갔다가 우연히 그 학교 선생님 자동차 뒷좌석 주머니에 꽂힌 초대전 팸플릿을 보게 되었습니다. 무심코 보다가 풍경 그림 몇 편에 빠져들었습니다. 그림에는 도통 잼뱅이인 저에게도 그 그림들은 참으로 정겨운 느낌으로 다가왔습니다. 이런 그림이라면 우리 집 거실에 하나쯤 걸어두고 싶었습니다.

팸플렛 아래 조그마한 글씨로 적힌 작가 노트에는 이런 글이 있었습니다.

"그림을 그리는 것은 내 생활의 일부이며 삶에 향기를 불어넣어 주는 수단이다. 내가 어릴 적 태어나고 자란 곳은 올망졸망 제멋대로 생긴 높지 않은 산이 있고, 비탈진 언덕 밭 그리고 구불구불한 논밭길과 구부러진 길을 따라 졸졸졸 흐르는 시냇물이 어우러진 전형적인 농촌이었기 때문에 자연의 풍경은 나의 그림에서 주된 소재가 된다. 자연 속에서 보여지고 읽혀지는 대상은 나의 마음속에 내재되어 있는 표현 욕구를 자극하기에 충분하며 이것은 어떤 음악적 즐거움과 같아서 자연의 아름다움을 캔버스에 재현하는 즐거움은 나의 삶에 활력소가 된다. 나는 언제나 하느님께 감사한다. 내 그림의 소재가 될 수 있는 아름다운 자연이 어우러진 환경에서 태어났음을 감사하며 미약하나마 내 손 끝으로 삶에 향기를 주는 아름다운 자연을 그림으로 표현할 수 있는 여유와 작은 능력이 내게 주어짐을 감사한다."

저는 화가 김관진 선생님의 아름다운 그림에서 우리 자연을 통해 받은 영감을 가지고 세계로 통하는 문화의 길을 봅니다. 그래요. 자연은 작가 헤밍웨이에게, 화가 김관진에게, 음악가 비발디에게, 그리고 문화와 예술을 삶의 향기로 추구하는 모든 사람에게 주는 놀라운 축복입니다.

이야기 셋...
옹달샘 이야기

광덕산 기슭, 소롱골이라는 예쁜이름을
가진 골짜기에 있는 옹달샘

'옹달샘' 하면 누구나 쉽게 떠올리는 노래가 있지요.
"깊은 사안 속 옹달샘 누가 와서 먹나요. 새벽에 토~오끼가 눈 비비고 이~일어나 세수하~아러 왔다가 물만 먹고 가지요."
그런데 작사하신 분은 아셨을까요? 토끼가 물 먹으면 설사병 걸려서 죽는다는 걸요. 토끼를 키워보면 알지요. 어미 토끼가 젖먹일 때를 제외하고 토끼는 물을 먹지 않거든요. 토끼는 나무껍질이나 풀잎을 먹는데 처음에는 맹장을 통하지 않고 부드러운 분(똥!)으로 배설하는데 토끼는 자기 항문에 입을 대고 그걸 다시 먹는답니다. 그리고는 최대한 소화 흡수해서 물기가 다 빠진 분(마른 똥!)으로 배설하는 거지요. 그렇게 철저히 먹으니 굳이 따로 물을 마실 일이 없는 거지요. 그렇다고 "새벽에 멧돼지가 눈 비비고 이~일어나" 어쩌구 하면 좀 이상하잖아요? 동요 세상이니 그냥 넘어가지요.

그런데 도저히 그냥 넘어갈 수 없는 노래가 하나 있답니다. 우리나라 가곡으로 성악가들이 엄청 폼 잡아가면서 부르는 '아무도 모르라고'라는 노래입니다.
"떠~억갈나무 수읲속에 졸졸졸 흐~르는 아아~무도 모르는 새~앰물이기~일래 아무도 모르라고 도~오로 덮고 내려오지요 나아~혼자 마시곤 아무도 모르라고 도로 덮고 내려오오~는 이 기쁨이~이여"
대체 그 심뽀가 어떻게 생겨먹었길래 떡갈나무 숲속에 흐르는 맛난 샘물을 마셨으면, 누군가 다음에 목마른 사람이 근처에서 지쳐 헤멜 때 그 샘을 본다면 무척이나 고마워할 텐데, 그걸 아무도 모르라고 그 큰 떡갈나무 잎으로 감춰놓고 내려온다니!… 그러고는 쌤통이라는 얼굴로 '이 기쁨이여~' 하고 노래해도 되는 겁니까?!
저는 이런 이기적 소유욕에 대해 심각한 반성을 촉구하면서 우리 동네 옹달샘에 대한 모든 정보를 만천하에 공개하겠습니다. 박수!… "우자자작…."

법곡리와 신인리 사이에 있는 옹달샘인데 우리를 안내해주신 이 할아버지는 이 샘에서 나오는 물은 너무도 차서 '찬샘'이라고 했고, 옻오른 사람이 이 샘에 와서 씻으면 낫는다 해서 '옻샘'이라고도 불렸다 합니다. 그리고 이 샘이 있는 골짜기 이름을 '참새골'이라고 했습니다. 우리가 참새가 살아서 참새골이 아니라 찬샘이 있어 '찬샘골'이 아닐까요? 했더

옻샘/ 광덕산 장군약수/ 절골 옹달샘/ 설화산 당샘

니 고개를 끄덕이시면서 '그럴 수도 있겠네유' 했습니다. 정말 아쉬운 것은 옛날에는 그 샘터가 돌로 둘러쌓아 잘 정비되어 있었는데 어느 해엔가 땅꾼들이 그 돌 틈에 살고있는 살모사를 잡는다고 포크래인으로 파헤쳐 놓아 지금 이렇게 샘 같지도 않은 모양이 되어버렸다는 겁니다.

누가 뭐래도 약수 중의 약수인 광덕산 어둔골 장군바위 약수터입니다. 주민들은 이곳을 '병목 안 약수'라고 부릅니다. 강당골 쪽에서 오르다 보면 어둔골이 긴 병 모양으로 생겼는데 그 끝에 병의 목 부분에 해당하는 그 안에 있는 약수터라는 거지요. 흔히 약수는 바위틈에서 솟아나는데 여기 장군약수는 바위에서 방울방울 떨어집니다. 장마 때라고 해서 그 양이 많아지지도 않고 아무리 극심한 가뭄 때도 그 양이 줄지 않지요. 오래전부터 주민들은 여기를 신성시해서 이곳에서 돼지고기나 새우젓은 먹질 않는답니다. 부정 탄다는 겁니다.

광덕산 절골 쪽으로 난 임도를 따라 오르면 임도가 시작하는 지점 오른쪽에 있는 옹달샘입니다. 땅속에서 퐁퐁 솟아나는 물이 무척 맑고 깨끗하게 보이는 예쁜 샘이지요. 특히 여름에는 이 샘 주변에 물봉선이 빠알갛게 피는데 참 아름답습니다. 이 샘에서 흘러내린 물로 약간 아래쪽에 수풀이 우거지고 자연습지가 형성되어 있어 산개구리와 도롱뇽(특히 꼬리치레도롱뇽)이 해마다 알을 낳아 올챙이를 기르는 아주 중요한 곳인데 얼마 전에 거기다 사람이 돌을 쌓고 인공 연못을 만들고 밴치를 놓았더군요. 그 친구들이 올해는 얼마나 놀랐을까요? 그리고 거기 잘 정비된 연못이 그들에게 얼마나 편안한 짝짓기 공간이 될까요?
사람 손 닿아 좋을 게 별로 없군요.

여기는 한눈에 보더라도 예사롭지 않은 곳이랍니다. 아산의 명산 설화산 숲속으로 난 길을 따라 오르다 보면 시누대 숲으로 둘러 쌓인 곳이 나타나는데 거기에 돌로 담을 쌓아 신당을 만들고 그 안에 길쭉한 돌을 세워 '설화산 신령신위'를 모셔놓았습니다. 그러니까 설화산신령을 모시는 산당이고 사진은 바로 그 옆에 있는 샘입니다. 여기서 정한수를 떠 신당에서 제사를 올리겠지요. 문득 이런 생각이 들더군요. 산당이 먼저일까,

이마당 약수터

옹달샘이 먼저일까? 당연히 옹달샘이 먼저였겠지요. 그런데 사람이 샘에 문을 달고 자물쇠를 채웠습니다.

옹달샘이 옹달샘인 이유는 무엇일까요? 그것은 누구나 마실 수 있기 때문이지요.
깊은 산속 옹달샘 누가 와서 먹나요? 새벽에 토끼도, 여우도, 새도, 사람도… 모두가 옹달샘 앞에서는 다만 목마른 생명일 뿐, 누구나 동등하지요. 원래가 그랬습니다. 누구든지 마실 수 있고, 누구나 쉬어가는 곳. 거기가 옹달샘이지요. 그런데 사람은 거기에 문을 달고 자물쇠를 채워놓았습니다. 야생 짐승이 마시면 그 물이 오염된다는 겁니다. 그래서 동물은 접근 금지입니다.

"떡갈나무 숲속에 졸졸졸 흐르는 아무도 모르는 샘물이길래…"
정말 웃기지 않습니까? 원래 토끼도 참새도, 여우도, 노루도 다 알고 있던 샘인데… 그 옹달샘을 자기가 발견했다면서. 자기혼자 마시겠다고… 옛

월라산 절집 샘

날에는 떡갈나무 잎으로 덮고 내려온다고 노래하더니 이제는 아예 인간이 독차지해 버렸군요.

> 샘은
> 끝없이 솟아 나와 샘이다.
> 한없이 흘러주니 샘이다.
> 샘 앞에는 누구나 샘이 되어야 한다.
> 샘이 샘인 것은 누구에게나 샘이기 때문이다.

이야기 넷....
논이 만드는 것 1   '쌀'

얼마 전에 경상북도 안동 근처에서 지금으로부터 2,600여 년 전, 그러니까 우리가 청동기 시대라고 부르는 까마득한 옛날에 만든 것으로 보이는 논농사용 저수지 터가 발견되었답니다.
이는 그동안 우리나라에서 가장 오래된 저수지로 알려진 김제 벽골제와 제천 의림지보다도 천년이나 앞서 만들어진 것이라니 정말 대단한 발견이 아닐 수 없습니다.

그만큼 우리나라의 쌀농사의 역사가 깊다는 뜻입니다. 그때부터 우리나라에서 쌀농사가 시작된 것으로 친다면 논이야말로 우리민족의 터전이고, 우리 민족은 '쌀 민족'인 겁니다.

그 논에서 이어온 삶의 이야기들이 얼마나 많을까요? 그 논에서 부른 노래는 또 얼마나 많을까요? 우리 조상들이 그 논에서 흘린 땀만큼이나 수많은 사연과 이야기, 노래를 담고 있는 것이 우리네 논입니다. 그러니까 우리에게 논은 그 자체가 이미 역사인 겁니다.

산촌마을에 가면 '삿갓다랭이'라고 부르는 논이 있답니다. 계곡 깊은 곳에 물길이 닿을 만한 곳이면 어디든 축대를 쌓고 계단 논을 만들다 보니 아주 조그마한 땅이 논이 된 겁니다. 한참을 일하다 보니 논 한다랭이가 없어졌더랍니다. 두리번거리다가 삿갓 벗어놓은 곳을 들춰보니 그 속에 논이 있더라는 거지요.

우리에게 논이란 그런 곳이었습니다. 삿갓만 한 땅도 논으로 만들어야 할 만큼 생명과 같이 귀한 것이 바로 논이었습니다. 당연히 땅 중에 가장 비싼 땅은 논이었습니다. 이는 2천 년이 넘는 세월 동안 이어온 우리의 상식이었습니다.

논 중에서도 물길이 잘 닿는 곳, 토질이 좋은 곳, 그래서 논농사 짓기에 가장 좋은 논을 '상답(上畓)'이라 했습니다. 나라 중에 가장 수준 높은 나라는 上國, 금 중에 가장 질 좋은 금은 上金, 옷감 중에 가장 고운 무명

옷이 上木입니다. 상답은 동생하고도 안 바꾼다는 말이 있습니다. 그러니 사촌이 논을 사면 배가 아픈 것이고, 그중에 상답을 샀다면 복창이 터질 일이었겠지요. 그 논 중에 논, 상답을 오늘날 법적으로 규정한 것이 '농업진흥 구역'입니다.

지금 '농업진흥 구역' 안에 있는 논은 농촌지역 땅값 중 가장 싼 땅이고, 그다음이 '진흥 구역' 밖에 있는 논, 그다음이 산이나 임야, 그다음이 밭, 그리고 가장 비싼 땅이 '대지'입니다.
이미 많은 사람들은 이 현실을 당연하게 받아들입니다. 2천 년이 넘는 우리의 상식이 뒤집어졌는데도 말입니다. 과연 이래도 괜찮은 걸까요?
너무도 쉽게 뒤집어진 우리의 상식: "논은 생명이다(농자천하지대본)–논은 천덕꾸러기다(가장 값싼 땅=논)." 이제 논이 만들어 내는 것이 과연 무엇인지 하나하나 곰곰이 생각해 보면서 우리 상식을 점검해보려 합니다.

먼저, 무엇보다 중요한 식량과 안보문제입니다.
우리나라 전체식량 자급률은 현재 30%가 못 됩니다. 세계 최대 식량 수입국이지요. 그중에 쌀의 자급률이 97%이고 나머지 식량은 5%도 못됩니다. 말하자면 쌀을 제외하고 모든 곡물은 외국에서 사다가 먹는다는 뜻이지요. 쌀 자급률이 높은 이유는 쌀 생산이 많아서가 아니라 최근에 쌀 소비가 급격하게 줄어들어 그리된 겁니다. 이제 쌀수입이 시작되면 쌀 자급률은 훨씬 떨어질 것이고 우리나라 논은 아예 없어지겠지요?
그러다가 우리나라에 논이 다 없어져 공장이나 아파트로 바뀌었을 때쯤 세계적인 기아나 무역전쟁이 일어난다면 어찌 될까요? 쌀 한 가마에 백

만 원쯤으로 한다면… 세계적인 곡물 기업이 곡물 가격을 엄청 높이거나 정치적인 이유로 수출을 금지하는 상황이 온다면? 설마 그럴리가요? 환경과 기후 문제 전문가들은 지구상의 기후변화를 볼 때 그 가능성은 아주 가까이 있다고 말합니다. 정치 군사 전문가들은 미래의 가장 위협적인 무기는 바로 식량이라고 말합니다. 여기 아주 중요한 자료가 하나 있어 요약, 인용합니다.

'향후 20년 이내에 전 지구 차원의 기후 변화가 있을 것이다. 그 1차적인 타격은 바다를 막아 땅을 만든 네덜란드 같은 연안의 저지대지역이다. 해수면 상승과 폭풍우 등으로 헤이그 같은 대도시도 침수될 것이다. 미국의 서부 연안도 예외가 아니어서 캘리포니아 새크라멘토강 하구의 섬들이 물에 잠기고 주변의 강줄기도 크게 바뀔 것이다. 빙하가

녹으면서 해류 순환에 큰 변화가 일어 북유럽의 기후가 시베리아성 기후로 바뀌게 될 것이다. 이때쯤에는 세계 도처에서 한파와 가뭄, 폭염, 폭풍우 등 기상 이변이 속출해 농업에 막대한 피해를 입힐 것이다. 대규모 한발이 세계 곡창지대를 강타해 큰 타격을 입히게 된다. 중국의 곡창 지대 또한 예외가 아니다. 방글라데시 같은 나라는 해수면 상승으로 더 이상 사람이 거주하기 어렵게 될 것이다. 이리되면 대규모 난민의 발생은 불가피하다. 물과 먹을 것, 말하자면 살길을 찾아 헤매는 유랑인구가 얼마에 이를지 짐작하기 쉽지 않다. 이미 국제적으로 갈등 요인이 되고 있는 국가 간 물 분쟁이 격화될 것이고, 분열과 갈등, 전쟁이 전 지구적으로 일상화될 것이다. 그렇게 되면 한국과 일본, 독일도 핵무장을 하고, 국제 분쟁에 핵무기가 사용될 가능성도 한층 높아질 것이다.'

- 영국의 옵저버지 보도, '미 국방부의 기후변화에 관한 특별보고서' -

너무 심하다고 생각됩니까? 으레 국방비 예산을 늘리려는 미국방부의 작품이니까요. 하지만 이 보고서는 오히려 비군사적인 분야에 초점이 맞추어진 것이랍니다. 이 보고서 작성을 총괄 지휘한 사람은 1970년대부터 미국방전략 분야에서 절대적인 신임을 얻고 있는 앤드류 마셜이란 사람이구요.

급격한 기후변화는 우리가 조금만 관심을 기울여도 쉽게 알 수 있습니다. 뚜렷했던 우리나라 겨울철의 삼한사온이 없어졌습니다. 최근에는 벌꿀 농사에서 아카시아 벌꿀을 딸 수 없습니다. 야생화 사진을 찍는데 게

절별 구분이 무의미합니다. 날씨에 가장 민감한 꽃들과 벌들이 계절과 날씨의 변화를 따라가지 못하는 겁니다. 몇 년 전부터 우리나라 여름철에는 게릴라성 폭우가 내립니다. 중국에서 대규모 사막화 현상이 심해져서 우리나라는 심각한 황사 문제를 겪고 있습니다. 급격한 기후변화는 이미 우리곁에서 진행되고 있습니다.

이러한 기후변화는 필연적으로 환경 문제의 국제적 분쟁을 일으킬 것입니다. 그럴 때 가장 심각하게 다가오는 문제가 바로 식량문제입니다.

식량 자급률이 30%에 못 미치는 우리나라는 그 분쟁에서 가장 약하고 가난한 나라일 수밖에 없습니다. 아무리 핸드폰 잘 만들어도 소용이 없습니다. 핸드폰은 먹을 수 없을 뿐 아니라, 굶어 죽어가는데 핸드폰을 수입할 나라는 없을 테니까요.

우리의 바로 곁에서 심각한 식량문제를 겪고 있는 북한의 딱한 현실을 보면서 분명히 배워야 합니다. 논에서 만들어내는 쌀은 바로 우리의 생명입니다. 자기 생명을 천덕꾸러기로 여기는 것이 과연 올바른 상식일까요?

이야기 다섯.....
논이 만드는 것 2 '물'

물이 없는 쌀농사는 생각할 수도 없습니다. 어쩌다 '밭벼'라고 물 없이 쌀농사 짓는 경우도 있지만 그것은 아주 특별한 경우, 어쩔 수 없을 때 짓는 농사인지라 소출도 많지 않고, 쌀 맛도 없지요. 한자로 논을 뜻하는 '畓'도 밭 위에 물이 담겨있는 형상이지요. 쌀농사와 물과의 관계는 '절대적인 관계'입니다.

예전에는 해마다 봄철농사가 시작될 즈음이 되면 동네마다 장정들이 다 모여 개울에 있는 큰 바위들을 모아 쌓아 올려 물길을 막아 보를 만들었지요. 그 일이 너무 큰일이기에 물건너 마을로 시집간 누이네 집 매부도

함께 와서 거들게 되고… 거기서 모아진 물을 논으로 대어 채우는 물길이 바로 '도랑'입니다. 그 도랑 칠 때(물길을 낼 때) 운이 좋아 풀숲에서 둥지 틀고 알을 품던 꿩도 잡고 알도 줍고, 돌 틈에서 기어나오는 가재도 잡아 매운탕에 막걸리 한잔하게 되니 그것이 바로 '누이 좋고 매 부좋고, 꿩 먹고 알 먹고, 도랑 치고 가재 잡고'인 겁니다.

이렇게 논농사는 쌀만 생산하는 것이 아니라 꿩도 먹고, 알도 먹고, 가재 매운탕에 막걸리 한 사발 걸치면서 동네 사람, 일가친척 간에 사랑과 정도 만들었습니다.

우리나라는 약 4천개의 개천이 있는데 그 길이만도 3만 킬로미터 정도나 된답니다. 그 많은 개천은 우리가 버리는 모든 물을 다 받아들이는 것이고, 그 물은 다시 저수지나 보로 모아져서 논으로 흘러들어가 논농사를 짓게 되는 것이지요.

그런데 우리가 버리는 오염된 물에는 특히 질소(N)와 인산(P)이 많이 들어있는데 이는 미생물이 균체를 구성하는 성분입니다. 그래서 물속에 질소와 인산이 많으면 미생물이 엄청나게 늘어나게 되고 그 미생물들은 물속에 있는 산소를 다 소비하게 되고 그렇게 되면 그 물은 산소가 부족하여 썩어 냄새가 나면서 죽은 물이 되는 겁니다.

그러니까 개천의 물은 질소와 인산이 많으면 그만큼 오염된 물이고, 반대로 적으면 깨끗한 물입니다. 그렇게 질소와 인산이 많이 함유된 물이 논으로 흘러들어오면 논에서 무슨 일이 일어날까요? 그 질소와 인산은 또한 식물이 살아가는 데 꼭 필요한 성분이랍니다. 논에서 자라는 벼는(벼도 일종의 풀입니다!) 질소와 인산을 받아들여 산소를 만들어 내서 물을 정화하는 것입니다. 거기다가 질퍽질퍽한 논의 진흙은 물을 아주 미세한 입자까지 걸러내어 오염물질을 오래오래 잡아두고 벼에 양분으로 제공하게 되니 그 정화 효과는 극대화되는 겁니다.

그 정화 능력은 대단해서 공장폐수든 생활하수든 질소는 50% 이상, 인산은 30~60%까지 정화되어 나온답니다. 그러니까 논은 천연적인 수질정화 공장인 셈이지요.

연구에 의하면 우리나라 논에서 정화시키는 물의 양을 볼 때 1년에 약 22만 톤의 산소가 들어간답니다. 만약에 우리나라에 논이 없어진다면 어찌 될까요?(논이 왜 없어지냐구요? 지금 마구 없어지고 있어요. 이대로 가면 불과 2, 30년 안에 우리나라 논은 천연기념물이 될걸요?)

우리나라에 논이 없어진다면, 그 대신에 별도의 수질정화시설을 짓고 유지하려면 얼마나 많은 비용이 들어갈까요? 전문적인 연구에 의하면 그 비용은 최소한 일 년에 약 6조 원 정도랍니다.

우리나라 1년 쌀 생산량이 2003년도에 3,091만 석입니다. 이를 현 시세에서 돈으로 환산하면 대략 6조 4천억 원 정도가 됩니다. 그러니까 우리나라 논에서 생산하는 쌀값과 맞먹는 정화 비용을 얻는 것입니다.

어때요? 논농사 이거 '꿩 먹고 알 먹고, 누이 좋고 매부 좋고' 할 만하잖아요?

이야기 여섯......
가을, 들국화 이야기

이제 가을이군요. 누가 뭐래도.
봄볕에는 며느리를 내보내고 가을볕에는 딸을 내보낸다는 그 '햇살 좋은 가을날' 입니다. 이 좋은 햇살에 며느리는 아직 없고 딸은 공부한다고 바쁘니 누구를 내보낼까요? 차라리 내가 나서보지요. 큰맘 먹고 거금 들여 장만한 디지털카메라에, 간단한 물통 하나 챙겨 들고, 바쁘다는 아내를 꼬드겨 산으로 들로 나서봅니다.
우리 동네 송악은 이래서 좋습니다. 걸어서 10분이면 들판이고, 길어야 20분 이내의 산속입니다. 집을 나선 지 10분. 어느새 자연에 묻혀버렸군요. 들판은 아니고 그저 평범한 야산입니다.

가을 산은 역시 들국화가 주인입니다. 우리나라 풀꽃 중에 '들국화'란 종(種)은 없지요. 마치 '참나무'라는 나무는 없듯이… 그만큼 다양한 종의 국화과 식물들이 있는 겁니다. 아무래도 오늘의 가을 산행 주제는 들국화가 되어야 할 것 같습니다.

가장 먼저 눈에 들어오는 친구가 쑥부쟁이들입니다. 워낙 흔하기도 하지만 그 화려한 색채가 들국화 중에 단연 대표선수입니다. 들국화가 그렇듯이 쑥부쟁이도 한두 종이 아니지요. 그냥 쑥부쟁이, 가새쑥부쟁이, 개

개쑥부쟁이/ 가는쑥부쟁이/ 까실쑥부쟁이

쑥부쟁이, 까실쑥부쟁이, 가는쑥부쟁이… 이렇게 휴대용 도감을 찾아 비교해 가다 보면 그놈이 그놈 같고, 아까 본 이놈이 그놈 같고, 아닌 것 같기도 하고… "아이고 머리야~ 그냥 모조리 '쑥부쟁이들'이라고 허자" 해버리고 말지요. 그래도 몇 가지만 한번 구분해 볼까요?

조금 더 가니 쑥부쟁이들과는 확연히 다른 '품위 있는' 들국화가 있습니다. 바로 구절초지요. 구절초도 역시 여러 종인데 우리 동네에서 흔히 볼 수 있는 구절초는 가는잎구절초더라구요. 구절초(九節草)란 이름은 왜 생겼냐면, 한방에 식물의 가지와 잎을 끓여서 보혈강장제로 만드는 약이 있는데 그 약 이름이 九節草膏이고, 그 약을 만드는 풀 중에 주로 쓰이는 풀이 바로 이 풀이니까 결국, 이 풀은 '약풀'인 겁니다. 구절초의 다른 이름은 仙母草. 과연 신선의 어머니를 떠올릴 만큼 모든 사람을 이롭게 하는, 고상하고 품위 있는 꽃입니다.

갑자기 주변이 노랗게 되면서 완전히 분위기가 다른 세상을 연출해 냅니다. 누가 노란색을 미지근한 색이라고 했을까요? 이렇게 강렬한 느낌을 주는걸!

참으로 희한한 것은 풀들이 무슨 색깔을 맞추었는지 곳곳에 온통 노란색 꽃들이 모여있는 겁니다. 산국에, 미역취에 이고들빼기, 그리고 산뜻한 노란색의 쑥방망이까지… 아마도 그렇게 보아서 그렇게 보이는게지요.

노란 국화 중 가장 헷갈리는 산국과 감국의 차이나 공부할까요? 꽃의 크기로: 산국은 1-1.5 감국은 2-2.5센티, 잎의 밝기로: 산국은 밝은 초록색, 감국은 검푸른색, 줄기의 색으로: 산국은 불그스름하거나 흰색, 감국은 검푸른색. 역시 두 개를 나란히 놓고 보면 확실히 차이를 알겠는데 따로 만나면 이놈이 감국인지 산국인지 도무지 헷갈려서… 작년에도 헷갈렸는데 올해도 또 헤맸네요. 사진은 확실히 산국입니다.

산국/ 미역취/ 이고들빼기/ 쑥방망이

◀ 자주쓴풀
▲ 참취꽃, 흰색의 꽃도 아름답지만 잎사귀의 향취는 나물 중에 으뜸이지요.

이렇게 들국화 산행을 하고 있는데 난데없이 족보가 전혀 다른 친구가 고개를 내밉니다. 한 눈에도 예사롭지 않다며 아내는 벌써부터 흥분해서 호들갑입니다. 아직까지 우리가 보지 못한 꽃이라는 거지요. 저는 시큰둥입니다. 당장 이름은 기억나지 않아도, 도감에서 분명히 본 적이 있는 풀이니까요. 그래서 하는 말이, "거기 용담과에서 찾아보셔~…"
'자주쓴풀'입니다. 역시 용담과인데 이름 그대로 '용의 쓸개'만큼(누구 용의 쓸개 맛 보신 분 계슈?) 쓰다는 거지요.

사진을 찍다 보니 이놈이 정말 기막히게 예쁩니다. 이렇게 예쁜 꽃에 쓴맛을 담고 있다니… 그러게 너무 예쁜 거 좋아하지 마세요. 쓴맛 보게 되니까… 허허…

이렇게 한참을 들국화에 묻혀 있다가 내려오는데 아내가 탄성을 지릅니다. 내년 봄엔 여기 꼭 와야겠다고요. 온갖 나물 밭이라는 겁니다. 미역취에, 씀바귀에, 참취까지… 사람이란 게 그렇더라구요. 나는 온통 꽃만 보

엉겅퀴 열매/ 쑥부쟁이 열매/ 서양민들레 열매

았는데 살림꾼 아내의 눈에는 똑같은 것들이 반찬거리로 보였던 거지요.

산에서 내려오면서 나도 목사답게 꽃 말고 다른 것도 좀(심오한 것 말입니다) 담아보자고 생각했습니다. 그러고 보니 눈에 들어오는 것이 있더군요(이걸 섭리라고 하지요).

들국화 친구들은 무엇 때문에 그토록 가을 산을 물들여가며 찬란하게 꽃 피울까요? 바로 이것 때문이지요. 씨앗을 맺기 위해서.

그런데 곰곰이 생각해보면 들국화 열매의 공통점이 있지요. 자신의 유전자를 담은 열매를 널리 퍼트리기 위해 남의 몸에 바늘을 꽂는(도깨비바늘이나 도꼬마리처럼) 아주 고약한 방법을 쓰는 놈도 더러 있지만, 대부분의 들국화는 바람에 날려 보낸다는 겁니다. 바람에 날려 보내려니 별다른 비결이 없지요. 오직 자신을 비우는 수밖에는…
그러자니 자신 안에 있는 모든 것, 색깔까지도 온통 가을볕에 살라 버리는 겁니다. 아무것도 남김없이…

역시, 그렇더라구요. 높이 날고 싶은 자는, 어디든 멀리 가고 싶은 자는 자신을 깨끗이 비워야 합니다. 그래야 가벼워지고, 하늘을 향해 날 수 있지요. 멀리멀리…

돌아오는 길에 외암마을 옆으로 핀 코스모스를 보았습니다. 하긴 코스모스도 국화과군요. 멀리 멕시코에서 이민 온 친구라는데 어느새 우리 땅에 확실히 터 잡아 우리네 가을 정서를 대표하고 있습니다. 참 넉살도 좋은 놈…

그놈도 들국화라고 한컷 찍어주다가 확실히 알게 되었습니다. 들국화 친구들이 그토록 좋은 이유를…

그래요. 들국화 배경에는 언제나 풍요롭고 넉넉한 들판이군요. 자신을 비우면서 주변의 풍요를 불러오는 친구들.

더도 말고 덜도 말고 그저 들국화 같은 사람이 되었으면 좋겠습니다.

가을 코스모스, 외암마을 들판

이야기 일곱.......
장어의 꿈

장어바위가 잠겨있는 송악저수지

"저~기, 지금은 저수지 물속에 잠겨있는, 저기쯤에 큰 바위가 있었지요. 그 아래에는 바위틈이 있고 그 틈 속에 그놈들 굴이 있었지요. 시누대 대나무를 나무젓가락 굵기 정도로 한 발쯤 되게 깎아서 그 끝에다가 바늘을 묶어 고정시킵니다. 거기에다 아주 굵은 지렁이를 꿰어서 바위틈 굴 속에 밀어 넣지요. 그리고 슬슬 흔들면 '묵끈'하고 신호가 와요. 그러면 그놈 힘에 맞추어서 잘 땡기면 따라 올라와요. 팔뚝만 한 놈이 올라오면 얼마나 재미있던지…" 〈아산시 송악면 삼거리 아래에서 신태식 씨(65세)〉

"갯물이 들어오잖아유. 그러면 지렁이 열 마리쯤 잡아다가 노끈으로 둘둘 말아서 호두알만하게 뭉치를 만들지유. 그러면 지렁이가 조금씩 삐져

배타고 다니며 장어낚시하던
선장포구 옛터

나오지유… 그렇게 해서 두어 발쯤 되는 끈에다 묶어유. 그리고는 뱃전에 늘어뜨리고 노를 천천히 저어가다 보면 묵지근하게 물어유. 잡아댕기면 딸려나오지유. 그놈이 글쎄 얼마나 욕심이 많은지 물 바깥으로 딸려나오면서도 입에다 물고 놓질 않어유. 뱃전에 패대기를 치면 그제서야 떨어지거든유. 참, 지 죽는줄도 모르고… 욕심 많은 놈이유 그놈이…"

〈아산시 선장면 장터 정옥산 씨(75세)〉

예당저수지

"돼지대가리 하나를 구해서 빨랫줄에 길게 묶지요. 그리고는 저수지 주

번 깊은 쪽에다가 던져넣어요. 그리고는 한참을 기다리다가 그 줄을 잡아땡기면 그놈들이 그 속에서 그 살 파먹느라고 우글거리는데… 서로가 뒤엉켜서 쉽게 도망도 못가요. 동네 아저씨들이 그렇게 잡는 걸 자주 보았는데 좀 징그럽기는 해도 얼마나 신나던지… 한 번에 한 바케스 잡는 것도 봤어요."
〈예산군 광시면 이상진 씨(43세)〉

갯물이 드나들던 삽교천

"갯물이 빠져나가면 이놈들이 수렁 속으로 숨어 들어가지요. 쇠로 만든 작살이 있는데 끄트머리가 이렇게 구부러져서 날이 있어요. 그걸로 한쪽으로 몰다가 긁으면 거기에 찍혀 나오지요. 팔뚝만한 놈이 펄떡이면서 찍혀 나오면 얼굴이고 어디고 진흙이 튀어서 한참을 잡다 보면 온몸이 진흙투성이가 되지요. 그래도 그게 얼마나 재미있었는지… 많이들 잡았지요."
〈아산시 선장면 정해곤 씨(48세)〉

" '주낚' 이라고 있슈. 긴 노끈 줄에다가 이만큼씩한 바늘을 죽~ 달아놓은 건데 그래서 주(줄)낚이지유. 그놈은 별걸 다 먹어유. 그래서 거기다가 붕어새끼도 달아놓고, 미꾸라지도 달아놓고, 개구리 뒷다리를 꿰어놓기도

해유. 그리고 대여섯 개에 하나씩 이만큼한 돌맹이를 달아서 다리 아래에다 던져놓지유. 그래야 물에 가라 앉잖유. 그놈들은 주로 밤에 무는데 새벽에 가서 줄을 잡아당기면 줄줄이 딸려나오지유. 참 재미있었지유."

〈당진군 합덕읍 상동리 김홍태 씨(56세)〉

송악면 월구리 앞냇가

"그놈들은 낮에는 돌아다니질 않아요. 돌 밑에 숨어있지요. 작은 돌맹이 아래에는 없어요. 주로 큰 바위나 징검다리 아래 같은 데에 있어요. 장정 서넛이서 그 큰 돌을 떠들면 쑥 튀어나와요. 그러면 손에 모래를 한 움큼 쥐고 있던 날렵한 젊은이가 잽싸게 그놈을 움켜쥐거든요. 얼마나 미끄러운지 모래를 쓰지 않으면 잡을 수가 없어요. 팔뚝만한 놈을 손에 움켜쥐면 얼마나 힘이 좋은지…"

〈아산시 송악면 평촌리 조병찬 씨(64세)〉

뱀장어. 학명은 Anguilla japonica. 충청도 일대에서 널리 쓰이는 이름은 배암장어 또는 장어. 학명 Anguilla는 뱀, 뱀 모양이라는 뜻으로 몸이 매우 긴 원통형. 주로 강어귀나 상류, 계곡까지 널리 분포하며 대표적인 회유성 물고기입니다.

뱀장어의 생활사는 거의 신비에 가까울 정도로 아직 명확히 밝혀지지 않은 부분이 많습니다. 뱀장어는 민물에서 3~5년간 살다가 산란할 때가 되면 가을철에 하루에 16㎞ 이상 헤엄쳐 바다로 내려갑니다. 그렇게 몇 일, 혹은 몇 달을 아무것도 먹지 않고 바다로 가는데 그렇게 해서 일본 오키나와 아래, 타이뻬이 남쪽, 필리핀 위쪽에 있는 깊은 바다의 중층에 가서 산란을 한답니다.

뱀장어 그림

알은 크기가 직경 약 1mm 정도인데 한번에 700만 개부터 1,200만 개(우와!)의 알을 산란하고 그 수정된 알은 2, 3일 안에 부화하는데, 그 부화한 모양이 마치 버드나무 잎처럼 생긴 렙토세팔루스(뱀장어 유생)는 그 깊은 바다에서 낮에는 표면으로 떠오르고 밤에는 깊은 바다로 내려가고 하면서 며칠 동안 수직이동을 되풀이하면서 해류를 따라 사방으로 퍼져갑니다. 그렇게 퍼져나간 뱀장어 유생은 해류를 따라서 자기 어미가 자란 강어귀까지 올라오면 바닥으로 내려앉아 자리를 잡은 후에 실뱀장어 단계로 발달하고 그 실뱀장어는 강 입구에서 떼를 형성하여 강으로 오르는데 이때가 11월에서 4월까지구요. 이때 산채로 잡은 실뱀장어는 아직 부화기술을 갖지 못한 뱀장어 양식에 있어 가장 중요한 자원이기 때문에 대단히 비싸서 '금장어'라고 부르기도 합니다.

뱀장어가 지나는 길 – 도비도 앞바다

실뱀장어 때에는 주로 유기물 부스러기를 먹는데 몸이 커지면서부터 지렁이, 새우, 게, 물고기, 곤충, 개구리 등 물속에 있는 온갖 유기물을 닥치는 대로 먹습니다. 뱀장어의 수명은 보통 4년에서 6년이면 성적으로 성숙하고, 성숙한 뱀장어는 산란을 위해 바다로 가는데 산란 후에 거기서 죽는 것으로 알려져 있습니다. 하지만 바다로 돌아가지 못해 못에서 산 뱀장어의 경우 20년에서 35년까지 살았던 기록도 있습니다.

허준의 동의보감에는 '뱀장어는 맛이 달고 독이 없다. 다섯 가지 치질과 부스럼에 특효가 있고 부인들의 음부 가려움 병을 고친다. 능히 오장이 허한 것을 보하고 폐병을 치료한다.'고 했고, 서유구의 '전어지'에는 '뱀장어는 살모사와 비슷하여 뱀고기라고도 부르는데 겨울과 봄에는 굴속에 숨어있다가 5월 초에 비로소 나타난다. 이때에 잡은 것이 맛이 좋다. 강에서 사는 뱀장어는 살이 야물고 지방분이 많으며 구우면 향기가 좋다. 벌레를 죽이는 효과뿐 아니라 풍을 없애는 약효도 높이 평가된다'고 씌어있답니다. 뱀장어는 곧바로 부작용이 없는 천연 항생제-약인 겁니다.

우리 동네 뱀장어는 하루아침에 다 어디로 갔을까요? 아산시 곡교천, 예산군 무한천, 삽교천(한내), 당진군 합덕읍(버그내) 쪽에서 흐르는 물. 어디서나 살고 있어 그 많은 추억을 전해주는 그 많던 뱀장어는 어디로 갔을까요?

1979년 10월 26일을 기억하세요? 사람들은 그날을 두고 아직도 말들이 많지요. 조국 근대화의 위대한 영도자가 비명에 돌아가신 날이라고 말하는 사람들이 있는가 하면, 일본군 장교 출신 독재자가 그 죗값을 받은 날이라고 말하는 사람들도 있지요. 암튼 그날 서울의 궁정동 어느 술집에서 터진 총소리에 이 나라의 운명이 달라졌다고 말합니다. 그날은 과연 역사적인 날입니다. 물 바깥에서는…. 사람들은 그날을 두고 '삽교천 종합개발이 완성된 날'이라고 칭송합니다. 그날로 해서 수 십만 평의 논이 만들어졌고 물 걱정 없이 농사짓게 되었다는 겁니다. 물 밖에서 살고 있는 사람은 거기만 보지요. 물속에서 무슨 일이 일어나는지는 알지 못합니다.

삽교천 방조제 배수갑문

1979년 10월 26일. 그날은 뱀장어들에게는 통한의 날입니다. 분단의 날이고, 이산의 날이고, 참으로 황당한 날이었습니다. 그들은 그 해에도 수천 년을 그리했던 것처럼 본능이 부르는 대로 바다의 꿈을 안고 대양을 향해 힘차게 행진해 가고 있었지요. 그때 그들은 유년의 추억이 가득 담긴 갯내음을 뼛속 깊이 느끼면서 헤엄쳐 가고 있던 순간, 거대한 장막이 앞길을 막아버린 겁니다.

그 후로 25년이 지난 2004년 지금 이 넓은 삽교천에는 몇 마리의 뱀장어가 살고 있을까요? 삽교천 방조제를 둘러싸고 즐비한 장어구이집은 삽교천에서 살고 있는 장어와 어떤 관련이 있을까요? 이제는 이미 알려진 비밀인데요. 삽교천이든, 어디든 모든 장어는 저~쪽 남쪽에서 차를 타고 올라온답니다. 아직도 배짱 좋게 '자연산 장어'라고 써 붙인 집도 있긴 하지만요.

송악저수지 아래 장어가 살던 둠벙

길은 없을까요? 여기 장어가 꾸던 대양으로 나갈 꿈을 이루어줄 길은 없을까요? 실뱀장어 떼가 삽교천을 거슬러 올라 내포땅 곳곳의 하천으로 퍼져나갈 길이 없을까요? 인간이 하는 일이 무엇이나 그렇듯이 남을 위해 배려하는 마음만 있으면 길은 어디에나 있지요. 생태수로 건설. 가장 빠른 시일에 해야 합니다. 삽교천 배수갑문에 회귀 어류를 위한 생태통로를 건설한다면, 우리는 장어에게 길을 열어줄 수 있습니다. 또한 그것을 관광 자원화한다면? 물고기가 드나드는 길을 특수유리관으로 만들어서 관광객들이 그곳으로 오르내리는 물고기를 관찰할 수 있다면? 정말 뭔가 신나는 일이 일어날 것 같지 않습니까?

이야기 여덟........
우리가 불나비입니다

옛날 학창 시절, 둘러앉은 친교 시간에 어떤 음치 선배님의 18번. 얼큰하게 취하면 더욱 목청 터져라 불러 재키던 노래가 있었는데…
"불을 차아자 헤에~ 메는 불나비처럼 밤이면 밤마다 자유 그리워어 하얀 꽃들을 수레에 시일코 앞만 보고 걸어가는 우린 불나비" 후렴을 부르려면 큰 숨을 몰아쉬어야 합니다. "오 자유여~ 오 기쁨이여어~ 오 평등이여~ 오 평화여어~ 내 마음은 곧 터져버릴 것 같은 활화산이여. 뛰는 맥박도 뜨거운 피도 모두 터져 버릴 것 같았애애~." 마지막 3절 가사가 아주 멋지지요. "친구여 가자가자 자유 찾으러, 다행히도 난 아직 젊은이라네. 가시밭길 험난해도 나는 가알테야 푸른 하늘 넓은 들을 찾아갈 테야."
당시 군사독재정권의 억압적인 정치 현실에 비장히 맞서던 젊은이들의 마음이 통했던 노래여서 그랬을까요? 그때는 몰랐습니다. '불나비'라는 말 자체가 사실은 말이 안 된다는 것을…

나비와 나방의 차이는 무엇일까요? 더듬이 모양, 날개 무늬, 앉을 때 날개가 접는지 펴는지… 하지만 가장 쉽게 구분하는 방법은 활동 시간이지요. 나비는 낮에 활동하고 나방은 주로 밤에 활동하지요(더러 예외는 있읍니다만). 그러니까 밤중에 불로 날아드는 놈들은 모두 나방이지, 나비가 아니지요. 그러니까 '불나비'는 없는 겁니다.

애호랑나비(luehdorfia puziloi)

얼룩물결자나방(lyloptera bella)

그런데 나방은 왜 불로 뛰어들까요? 나방은 야행성. 낮에는 잠을 자고 밤에 먹이도 찾고, 번식도 하는 야행성인데, 어두운 밤에 날아다니기 위해서는 뭔가 표시(기준)가 필요하지요. 그래서 나방은 밤하늘에 떠 있는 별들, 그중에 가장 큰 별인 달빛을 나침반처럼 이용한답니다. 달빛을 기준으로 일정한 각도를 측정해서 목표물로 날아가는 겁니다. 그렇게 살기를 수백 년, 아니 수 천 년 했겠지요. 별과 달은 틀림이 없어서 아주 좋은 등댓불이 되었던 거지요. 그런데 인간이 밤에 빛을 만들어 내면서부터 이 정교한 나침반 체계가 교란된 겁니다. 나방은 사람이 만들어 내는 빛을 달빛으로 착각해서 그 빛을 향해 빙빙 돌다가 전등에 부딪치거나 횃불에 타 죽는 비극적 운명에 처하게 되는 겁니다. 정말 나방 입장에서 보면 인간이란 동물은 죽음을 부르는 사자입니다. 확실히 압시다. 나방이 불빛으로 날아드는 것은 노랫말처럼 자유를 찾기 위해서도, 평화를 얻기 위해서도, 불이 좋아서는 더더욱 아닙니다.

오히려 밤에 광적으로 불을 좋아하는 것은 인간입니다. 어디 볼까요?

송악저수지 뚝방길의 가로등

푹푹찌는 열대야로 잠 못 드는 여름밤. 시원한 바람이 부는 밖에 나가 모깃불에 감자 몇 알 박아놓고 아이들과 함께 밤하늘 별자리 전설을 들려줄 수 있을까요? 아니면 연인끼리 앉아 밤하늘의 별을 세면서 사랑을 속삭일 수 있을까요? 그도 아니면 시민단체나, 천문학 동우회에서 여름밤 프로그램으로 망원경과 천문지도를 챙겨 들고 행성을 관찰할 수 있는 곳이 우리 주변에 얼마나 있을까요? 송악저수지 뚝방. 거기가 그런 곳이었지요. 송악동네 사람들에게는 여름밤 앞마당으로, 아산 시민에게는 휴식공간으로, 풀벌레와 물고기들에게는 여름밤 활동공간으로 볼 일이 많은 곳이었지요. 그런데 작년에 난데없이 거기에 환한 가로등을 줄줄이 설치하면서, 그곳은 이제 더 이상 별을 볼 수 없는 곳이 되어버렸습니다.

겨울밤 초가지붕 아래, 따뜻한 아랫목에 둘러앉아 할머니가 들려주는 호랑이 담배피던 시절 이야기, 화롯불에는 군밤, 고구마가 익어가고…겨울밤 돌담너머 창살로 비쳐오는 불빛은 우리네 따스한 정서를 담고 있습니다. 어디 가면 볼 수 있을까요? 외암리 마을! 우리네 정서를 담아보자고

외암리 마을의 가로등

외암리 마을을 두 바퀴나 돌았지만 그 불빛은 찍을 수가 없었습니다. 동네 골목마다 대낮같이 밝히는 가로등. 그저 차가운 불빛만이 여기가 이제는 관광지임을 드러내고 있습니다.

온양역 앞 장식등

제가 어렸을 적 예산의 시골 마을에서 살았는데 동네 어른들은 누군가 큰돈이 생기면 "온양 한번 가지?" 했습니다. 온양은 돈 쓰는 곳이란 의미지요. 이 말 속에는 묘한 의미도 함께 담겨 있었습니다. 그래서 이어지는 말이 "마누라한테 쫓겨날려구?"였습니다. 온양의 무엇이 사람들을 그토록 유혹했는지는 모르겠습니다. 하지만 지금에 와서 굳이 온양의 옛 명성(?)을 되찾아야 할까요?

온양 시내 가로등

야자수 가로등 설치비가 1개당 250만 원, 전기료 월 8만 원정도 온양 시내에 설치된 야자수 가로등이 모두 15개. 1년 유지비가 시설비 포함하여 약 5천2백만 원이군요.
은행나무 장식등 설치비가 1나무당 55만 원, 모두 214개 내외 설치비만 1억 2천만 원이고, 전기료는 월 500만 원이니 겨울 세 달을 켜면 1천5백만 원.
아산시가 온양 시내를 불빛으로 장식하는 데 사용한 돈은 어림잡아 2억이 되는군요.
과연 이 빛이 얼마나 많은 사람들에게 유인 효과를 발휘할까요?

인간에게는 정말 불을 자학적으로 밝히는 성향이 있나 봅니다. 그토록 많은 에너지를 오직 밝히는 데에만 쓰다니요. 덕분에 횃불만 켜들어도 달려들던 그 많던 불나비들은 우리 곁에서 너무도 많이 사라졌습니다. 나방이 죽는 것이 뭐 그리 대단한 일이냐구요?

나방은 대부분 꽃의 꿀을 먹지요. 때문에 꽃가루를 수정시켜 풀과 나무의 열매를 맺게 하는 중요한 일을 합니다. 특별히 이른 봄에 피는 매화나 바람꽃 같은 꽃은 아직 추운 날씨로 곤충이 나오기 전이기 때문에 숲속에서 성충 상태로 겨울을 나는 나방이 없으면 수분을 할 수가 없답니다. 나방은 벌레시절이나 성충시절 모두 거미나 말벌과 같은 곤충의 먹이가 되고, 개구리나, 도마뱀이나, 각종 새들, 특히 박쥐의 먹이가 됩니다. 또 나방은 저수지나 냇가에 빠지면서 물고기의 중요한 먹이가 되지요. 이는 나방이 없어지면 물고기도, 개구리도, 새들도, 풀이나 나무 열매도 사라지게 된다는 뜻입니다. 인간에게도 재앙이지요.

우리는 지금 막대한 돈을 들여 밤을 화려하게 밝힘으로써 우리의 재앙을 부르고 있는 겁니다. 지금 죽을 줄 모르고 불로 뛰어드는 놈은 불나비가 아니라 바로 인간입니다.

이야기 아홉........

내외바위를 아십니까?

내외바위(겨울철)

얼마 전 독일에서 유학하고 온 친구와 이야기하다가 들은 이야기입니다. 방학 때 독일에 있는 관광지 몇 군데를 돌아보던 중에 그 이름도 유명한 라인강의 '로렐라이 언덕'에 가보았답니다. 그런데 그 친구 말이 '김이 샜다'는 것입니다. 그 유명한 로렐라이 언덕이 뭐 대단한 협곡에 있는 것도 아니고, 규모가 별로 크지도 않고, 그저 물살이 좀 센 강 한쪽에 평범해 보이는 바위가 하나 솟아 있는데 그걸 보겠다고 세계에서 다 모여들더라는 것입니다.

하긴 자신도 어렸을 때부터 "옛날부터 전해오는 쓸쓸한 이 말이…" 하는 독일 가곡을 부르면서 멋진 풍경을 기대하며 찾았는데 정말 실물은 '정말 별로더라'는 겁니다. 오히려 우리나라 백마강의 낙화암이나 논개의 한이 서려 있는 진주 남강의 풍광이 훨씬 뛰어난 곳이라면서 새삼 문화콘텐츠가 가진 힘을 생각하게 되었다고 했습니다.

엊그제는 서울에 갔다가 택시를 탔는데 뒷좌석에는 우연히 일본어로 된 관광안내책자를 보았는데, 거기 엉뚱하면서도 재미있는 이야기가 있었습니다. 최근에 구리시 아차산에서 태왕사신기라는 드라마를 촬영하던 중에 사람 얼굴을 닮은 바위를 발견했는데, 그 얼굴이 드라마 주인공인 배용준을 닮았다고 해서 일본인 관광객들이 몰려온다는 겁니다. 구리시에서는 그 지역의 드라마세트장을 보존하고 '고구려지역'으로 개발해서 관광수입을 올리고 있답니다.

사실, 자연이란 말 그대로 '스스로 그렇게' 있는 것인데 거기에 인간의 삶의 과정을 통해 사연이 생기고(역사), 이야기가 만들어지고(전설이나 드라마), 시나, 그림이나 노래가 만들어지면서 문화적인 가치가 만들어지는 거지요.

송악면 외암마을에서 강당골 계곡 쪽으로 오르는 길옆 논 한가운데에 첫 눈에도 예사롭지 않게 보이는 바위가 있습니다. 마치 서로를 마주 보는 것처럼 서 있는데 한쪽에 있는 바위는 약간 뾰족하고 다른 쪽에 있는 바위는 평퍼짐합니다. 오래전부터 동네 사람들은 그 바위를 '내외바위'라고 불러왔습니다. 내외는 요즈음 식으로 '부부'라는 뜻이지요. 그리고 윗부분이 뾰족하게 생긴 바위를 숫바위라고, 평퍼짐하고 아래쪽이 움푹 패인듯한 바위는 암바위라고 불렀답니다. 세련된 전설이나 그럴듯한 사연들은 아직(!) 없지만 이 정도면 누가 보더라도 아주 훌륭한 문화재입니다. 누군가 문학적 상상력이 있다면 금슬 좋은 부부 이야기를 창작할 수도 있을 것이고, 누군가 다산을 기원하는 염원을 담아 신비로운 전설도 만들어 낼 수 있을 겁니다. 어쩌면 애틋한 사연이 있는데 전승 과정에서 끊겼거나 널리 알려지지 않았을 수 있겠지요. 아무튼 어느 시대 누가 붙였는지는 모르지만 바위에 이름까지 붙어있다면 이미 그것은 지역의 소중한 문화재입니다. 그런데…

얼마 전 아산시에서는 강당골과 광덕산을 외암마을과 연계하여 관광자원으로 개발하기 위해 도로공사를 진행하고 있습니다. 그런데 그 도로공사가 하필이면 그 내외바위 한가운데로 계획되어 있습니다. 그 계획대로라면 내외바위는 영원히 사라지게 되겠지요?
어디 지방자치단체에서는 없는 전설까지 만들어 인공으로 조형물을 세우고 문화자원으로 삼으려고 안간힘을 쓰는데 우리 아산시는 이름까지 붙어있는 바위를, 그것도 관광지로 개발한다는 이유로 없애는 겁니다. 도로를 새로 만든다는 것은 그 지역주민들의 생활뿐 아니라, 그 지역의 경관에, 생태환경에, 그리고 문화에 아주 큰 영향을 끼치는 일인데 그런 큰 규모의 공사를 계획하면서 이런 조사를 했을까요? 그동안 몰랐다면 지금 공사진행을 멈추고 다시 계획을 해야 할 것이고, 혹, 알고 있으면서도 그렇게 계획했다면 정말 안타까운 일입니다. 관광자원을 개발한다면서 관광문화 콘텐츠가 되는 문화재를 스스로 없애버리는 것이기 때문입니다.

내외바위 공사 중

인근에 이런 식으로 도로공사 과정에서 사라지거나 땅에 묻어버린 문화자원 이야기를 들었습니다. 좌부동 쪽의 장군바위가 그렇고, 우리 송악면의 복구미 마을 앞에 있었다던 거북바위가 그렇더군요. 가뜩이나 외암마을에서 강당골로 계곡 따라 자연스럽게 오르내리던 길을 관광지로 개발한다며 터무니없이 넓히고, 산을 무작시럽게 깎아 직선화하면서 '베려 버리는' 도로공사인데 이제는 그런 어처구니없는 개발 그만해야 하지 않을까요?

모든 생명 하늘같이
송 악 교 회

송악교회와
마을교회

기사글

송악교회와 마을 목회*

왜 마을인가?

마을은 하나님께서 창조하신 인간과 모든 생명이 더불어 살아가는 터전이다. 특히 농경사회에서 마을은 인간이 생산과 문화, 교육 등 삶을 공유하면서 자율적인 자치와 문명을 실현해왔다. 농촌에서 마을은 인간이 서로가 더불어 살아가는 가족공동체이며 동시에 자연과 인간이 생명을 공유하는 유기적인 생명체였던 것이다.

* 마을목회 유형별 사례와 신학적성찰(대한기독교서회).

아산시 송악면 친환경농업단지 평촌들

마을과 함께하는 송악교회 추수감사축제

이제 산업화가 급속히 진행되면서 농경사회가 산업사회로 편입되는 과정에서 농촌마을은 해체되고 삶이 개인화하면서 그 개인은 효율성과 경쟁을 원리로 하는 시장경제 체제로 들어가 버리고 마을공동체도 위기를 맞이하게 되었다.

한편, 인간의 탐욕과 무한경쟁을 기반으로 발전해온 근대산업 문명은 농업도 역시 화학비료와 과도한 화학농약을 사용하고, 농산물의 품목과 생산과정에서 시장 논리에 따른 영농방식과 화석, 전기에너지의 사용으로 농촌의 생태환경도 생물종 다양성을 잃어버리고 자원의 과도한 사용으로 이제 그 한계에 다다랐다.

마을 목회는 그 대안으로 교회가 농촌지역사회공동체를 회복하여 마을에서 인간과 더불어 살아가는 모든 생명이 함께 나눔과 섬김, 돌봄과 평화, 공생을 실현하고자 하는 통전적 목회인 것이다.

마을 목회 어떻게 준비할까?

교회와 마을의 상황과 여건에 따라 다르겠지만 가장 먼저 해야 할 것은 교회와 마을에 대한 깊고 정확한 이해가 필요하다. 무엇보다 교회에 대한 이해와 준비는 가장 중요하다. 교회는 마을 목회의 제안자가 되기도 하고, 홍보와 소통의 통로가 되기도 하며, 과정에서 나타나는 갈등을 조정하고, 끊임없이 헌신적인 지도자를 배출하여 새로운 비전을 제시하고 추진해 가는 근거가 되기 때문이다. 하지만 역사가 오래된 교회일수록 교회 안의 구조적인 문제와 여러 가지 일로 마을의 일을 '세상적인 일'로 구분하여 마을로부터 고립되어 있는 경우가 많다. 교회의 지도자가 마을의 지도자, 교회의 헌신자가 마을의 헌신자가 되도록 모이는 교회와 동시에, 흩어져 선교하는 교회로 평신도를 양육하고 훈련하는 일이 참 중요하다. 그리고 목회자와 교회는 마을의 역사, 생태환경, 인적구성, 산업과 경제, 교육과 문화를 보다 실제적이고 정확하게 이해해야 한다. 이를 위해서는 체계적이고 다양한 방법을 사용하여 마을에 대해 전체적으로 이해하고, 문제점과 대안을 찾아낸다. 그 과정에서 인적, 물적, 생태적 자원을 발굴할 수 있고 마을의 발전 방향과 방안을 주민과 함께 소통하며 모색할 수 있다. 특히 목회자는 그 마을의 생태자원(농산물, 나무, 풀, 물고기, 야생동물, 지명유래, 전설…)에 대한 깊은 관심을 갖고 연구하는 것은 마을 주민들과 소통하는 좋은 통로가 된다.

어떻게 시작할까?

교회와 목회현장(마을)에 대한 이해가 깊어지면 시작은 어떻게 할 것인지는 현장 상황에 따라 적합한 계기가 주어질 것이다. 필자가 약 30년 전 농촌마을 개척교회(서들교회)에서는 성인 교인이 한 명도 없는 상황에서 마을 어린이들과 청소년들과 어울려 놀면서 자연스럽게 교회에 들러 공부방과 문화(피아노, 음악), 생태놀이 프로그램으로 시작했다. 아이들과 청소년들에게 영어와 독서를 지도하고, 피아노를 가르치며 재미있는 노래 부르기, 마을 주변의 생태환경에서 놀이(나물뜯기, 물고기잡이, 새사냥-사실은 새 쫓아다니기, 쥐불놀이, 연날리기…)를 함께하면서 아이들의 부모들과 만나게 되고 그 부모들과 살아가는 이야기를 나누면서 마을의 과제와 대안을 찾고, 매주 발행하는 마을소식(서들이야기)을 통해 교회가 마을일과 사람에 깊은 관심과 관계가 있다는 것을 알리면서, 그 과정에서 신앙생활을 시작하는 교인들이 생기게 되고 마을과 교회가 소통하는 통로가 만들어지게 되었다.

송악교회에서는 그 과정이 달랐다. 이미 창립 50주년이 되어가는 교회였고, 선배 목회자들에 의해 교회에 인적, 물적 토대가 마련되어 있었고, 좋은 지도자들이 준비되어 있었으며 그들은 또한 마을의 좋은 지도력이기도 했다. 약 3년에 걸쳐 교회와 지역사회에 대한 조사와 연구를 통해 농

2000년부터 조직적으로 시작한 마을친환경농업

촌교회로서의 선교전략을 세우게 되었고, 그 결과 교회 안에 농민선교특별위원회를 조직하면서 교육과 훈련을 통해 친환경농사와 지역친환경농사의 토대를 마련했다. 그 결과 2001년에 '송악동네친환경농사연구회'라는 이름으로 약 30농가가 참여하는 마을유기농조직이 만들어졌고, 2-3년 만에 유기농생산자 조직인 한살림아산생산자연합회 송악지회로 발전했다.

마을공동체 속에 깊이 들어가는 교회

농촌마을공동체는 속성상 삶의 모든 영역을 공유하게 되어있다. 농사는 단순히 농사로만 구분되지 않는다. 젊은 농민의 이농문제를 해결하려면 교육과 문화, 생활 전반의 문제를 고민하고 함께 해결해 가야 했다. 이를 위해 교회와 마을을 연결하여 학습생태계, 복지생태계, 문화생태계를 조직하고, 이를 활성화시켜 결국은 생명과 삶을 함께 나누는 생명의 망으로 연결해 나갔다. 지역 내의 학교를 마을의 인적 자원과 적극 결합하도록 하고, 지역아동센터를 설립하고, 지역의 문화자원을 적극 발굴하

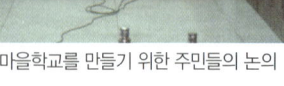
마을학교를 만들기 위한 주민들의 논의

여 결합하는 교육 문화의 토대도 마련하게 되었다. 제도권 학교를 마을의 학교로 변화시켜 가는 과정은 참으로 여러 사람의 협력과 참여, 도움이 필요한 결코 쉽지않은 일이었지만 학교운영위원회를 통해 지속적으로 노력하는 과정에서 좋은 교사들이 발굴되고, 지원해 들어오면서 놀라운 성과를 얻게 되었다. 요즈음에는 상당한 사회적 인식의 변화가 있어 적극적으로 시도해보면 좋은 성과를 얻을 수 있을 것이다.

이제 코로나19로 인해 한국교회 목회 전망은 참으로 어둡기도 하지만, 새로운 목회적 관점을 가지고 농촌의 생명 목회를 지향하는 입장에서 보면 또 다른 기회가 될 수 있다. 교회의 외형이 축소되고, 대내외적으로 현실적인 어려움을 겪게 된 오늘날 한국교회에 가장 중요한 목회적 관점은 생명을 살리는 목회일 것이다. '사람의 생명'을 살리고 사람의 생명과 직접 연결되는 농사와 자연생태계의 건강한 보전을 지향하는 농촌 목회는 우리 모두의 희망일 수밖에 없다.

이런 관점에서 보면 '농촌의 마을 목회'는 농어촌 마을의 생명력을 회복

반딧불이지역아동센터 마을축제 공연

지역농업을 통한 통일 쌀 보내기

하는데 그치지 않고 그 건강성을 회복한 농촌마을공동체를 통해 인근 도시(소비)마을 공동체를 건강하게 복원하는 데로 나아가게 되어 도시와 농촌이 서로 먹거리와 생명을 매개로 지속 가능한 세상을 만들어가게 되는 것이다.

현재의 송악교회와 마을공동체

송악교회에서 시작한 친환경유기농운동은 농업을 지속 가능한 생명 농업으로 만들어가고 있고, 마을의 학교(초등2, 중등1)를 변화시켜 마을과 함께하는 교육공동체로 만들어 가고 있고, 이를 기획하고 조정하고 협력하는 지역 내 영농조합, 교육문화협동조합, 그리고 여러 가지 사회적 기업들과 법인들이 만들어져 활동하고 있다. 특별히 송악 마을은 교육과 문화영역에서 놀라운 성과와 발전을 이루고 있으며 이들 가운데 송악교회 성도들은 지도자로, 헌신자로 섬기고 있다.

송악교회가 우리 지역에서 구체화한 꿈은 '생태공동체 마을'이다. 이는 모든 '생명이 살기 좋은 마을'이고 동시에 '살아있는 마을'이며 '함께 사는 마을'인 것이다. 그래서 우리는 자주 "모든 생명 하늘같이!"라고 말

송악골어린이집 아이들의 논두렁 놀이

한다. 사람들뿐 아니라 마을을 이루고 있는 모든 존재들(피조물)이 각자에게 주어진 존재의 의미를 살리며 생명력이 충만한 삶을 살아가는 것이다. 주님의 몸 된 교회를 통해서 세상을 하나님의 나라로 만들어가는 것이 목회인 것이다.

농촌종합복지마을(커뮤니티 케어)로

2019년부터 지역의 노인과 장애인, 그리고 취약계층의 주민들을 서로 돌보는 '함께돌봄마을'을 준비하고 있다. 어린이들과 청소년, 그리고 젊은이들과 노인, 특히 재가복지서비스가 필요한 노인들과 요양 서비스가 필요한 노인분들을 마을에서 함께 돌보며 교육과 문화를 함께 나누는 체계를 만드는 일이다. 여기에 친환경농업도 사회적농업으로 발전시키고 노인과 장애인, 주민과 도시민들이 함께하는 치유와 회복의 농업(케어팜)으로 발전해가는 전망을 세워가고 있다.

지역사회와 함께 만들어가는 생태 공동체
– 송악교회 이종명 목사 이야기*

이주현 목사(매원교회)

요즘, 전 세계에서 우리나라의 문화적 역량이 빛을 발하고 있다. 이른바 한류가 바로 그것이다. 미국과 일본의 문화를 베끼기에도 버거워했던 극동 아시아의 작은 나라, 그것도 분단국에서 전 세계 음악과 영화 등 문화의 흐름을 주도하리라고 그 누가 감히 생각이나 했을까? 한국의 노래와 영화에 환호하는 세계인들의 모습을 본다는 것은 그 내용의 옳고 그름을 떠나 기분 좋은 일이다. 정부에서도 이를 반긴다. 국가적인 위상이 올라가기 때문이다. 국가적인 위상이 올라가니 한국에서 생산된 모든 제품에 내한 이미지도 좋아진다. 같은 값이면 한국산을 신호하는 풍도가 형성되니 경제계에서도 반길 일이다.

한 국가의 문화적인 역량은 국가의 이미지를 좌우한다. 문화적인 파급력이 크면 클수록 국가의 위상은 올라가고 그 위상은 한 국가에 대한 신뢰와 고스란히 연결된다. 이러한 현상을 하나의 이론으로 확립한 학자가 미국 하버드 대학교의 조지프 나이(Joseph S. Nye) 교수다. 그는 1990년에

---

* 당당뉴스 기사 승인 2022.05.28

출간한 저서《주도국일 수밖에 없는 미국: 미국 국력의 변화하는 본질》 (*Bound to Lead: The Changing Nature of American Power*)에서 "소프트 파워"(soft power)라는 개념을 사용했다. 그는 소프트 파워를 정보 과학이나 문화, 예술 따위를 앞세워 상대방의 행동을 바꾸거나 저지할 수 있는 힘으로 이해하면서 "한국이 세계에서 가장 큰 성공사례 중 하나라고 생각한다"고 하였다.

문득, 복음을 전하는 것을 지상과제와 존재 근거로 삼고 있는 교회에도 이러한 소프트 파워가 필요하지 않을까 하는 생각이 든다. 사회적 공신력을 상실하고 방황하는 오늘날 교회의 모습이 어른거리기 때문이다. 소프트 파워의 본질은 패권적 요소가 없는 역량이다. 어떤 경우에서든 패

◀ 송악교회
▼ 이종명 목사 가족
  – 이봄(27), 정현순(사모, 58) 이한(30)

송악 놀장 풍경(2019년 10월 1일, 오마이뉴스)

권적 요소가 보이면 소프트 파워는 상실된다. 희생과 사랑이 녹아있는 십자가 복음을 존재의 근거와 방식으로 삼고 있는 교회는 생태적으로 패권적일 수 없다. 그래서 십자가 복음에 세워진 모든 교회는 사회적 공신력이 나타나게 마련이다. 오늘날 교회가 우선적으로 회복해야 할 것은 바로 그것이 아닐까 싶다. 그러한 관점에서 오늘날 무한경쟁을 본질로 삼는 신자유주의 시대에서 교회의 소프트 파워는 무엇으로 나타나야 하는지는 이 시대를 살아가는 모든 교회가 성찰해야 하고 풀어야 할 숙제이다.

충남 아산시 송악면 송악로 810에 위치한 송악교회(온양동지방), 송악교회는 바로 그러한 숙제를 지역과 함께 풀어나가는 교회이다. 신자유주의 파고 속에서 신음하는 자들을 보듬어 안고 그 문제들을 마주하며 변화시켜 나가는 교회이다. 작지만 지역사회를 움직이는 엄청난 소프트 파워를 발휘하는 교회, 그래서 결코 작은 교회라고 할 수 없는 송악교회를 찾아 그 교회를 담임하는 이종명 목사(61)를 만났다.

송악교회와 마을 목회

송악면 소재지에 자리한 송악교회는 한국 전쟁 중인 1951년 11월 5일, 송악초등학교 교실에서 시작되었다. 이후 70주년을 맞이하는 현재 송악교회의 모습은 실로 놀랍다. 초등학교 교실 한 칸에서 시작한 교회가 송악면 일대를 변화시키는 주역으로 변했으니 말이다. 그렇게 변화된 송악교회의 모습을 단 몇 시간의 인터뷰로 소개한다는 건 불가능한 일이다. 그래서 7시간에 걸친 인터뷰로도 모자라 웬만한 책 한 권 분량의 원고와 기사를 훑어봐야 했다. 그 기사 가운데, 2019년 10월 1일, 오마이뉴스 기사(노준희 기자)가 눈에 띄어 일부를 소개한다.

"전국에 소문난 아산시 송악마을, 그 변화에 그가 있었다."
"만나고 싶은 사람들이 있었다. 자신을 내려놓고 자연과 사람들과 조화롭게 살기 위해 애쓰는 사람들, 그들을 만나고 싶었다. 좀체 자신의 업적이라고 자부하지 않는 그들이 조용히 이끌어온 변화를 기록하고 싶었다.

(중략)

나 하나의 삶도 조화롭게 가꾸기 벅찬 자본 중심 사회의 그늘 아래서 과연 그들은 어떤 마음가짐으로 자신과 다른 사람의 삶의 변화를 추구했을까. 왜 그랬을까. 통찰의 지혜로 자신을 다스려온 그들 삶의 궤적을 통해, 우리 삶의 때를 닦을 혜안을 구해보고자 한다."

송악지역 온 마을 사람들이 모여 잔치를 벌이는 "송악 놀장" 모습을 취재하는 기자의 눈은 경외심으로 가득 차 있어 보인다. 모두가 떠나 노인들만 남아있는 오늘날 농촌의 현실을 누구보다 잘 아는 기자에게, 젊은 이들과 어린아이들의 활기찬 모습이 그렇게 신비로운 모습으로 비친 것이다. 송악골을 이렇게 활기찬 지역으로 바꾸는 데는 누가 봐도 그 한 가운데 송악교회가 있다는 사실을 부인하지 않는다. 그래서인가 송악면 지역의 명소 11곳을 소개하는 "이야기가 있는 송악 마을 지도"(사회적협동조합 송악 동네 사람들 제작)에 송악교회가 당당하게 이름을 올리고 있다. 이는 단순히 70여 년이라는 역사만으로 될 수 없는 일이다.

그렇게 변화된 송악면 지역에는 곳곳에 송악교회의 흔적들이 묻어있다. 늘 중심에 서 있었지만, 결코 주인이 되지 않고 선한 영향력을 끼치는 것으로 만족한 송악교회와 이종명 목사의 흔적들이다. 그 흔적들이 너무 많다. 일일이 나열하는 것조차 버거울 정도다. 그 많은 사업들을 만드는 것도 쉽지 않지만 지금까지 유지하는 일은 더 어려운 일이다. 그렇게 송악면 일대에 남긴 송악교회의 흔적들 속에는 공통점이 있다. 교회가 아닌 마을 중심의 공동체 정신이 스며있다는 점이다. 그리고 생명을 살리는 생태와 환경친화적인 사업들이라는 점이다. 그 사업과 활동들을 지면에 다 실을 수 없어 대략적인 개요만 싣도록 한다.

먼저, 이 목사는 교회에 부임하자마자 지역농업과 농민을 살리는 사업으로 지역의 특성을 살려 '친환경생태농업'을 시작하기로 하고, 교회 안에 뜻을 함께하는 성도들이 모여 '농민선교위원회'를 조직했다. 수차

례의 강좌와 현장답사, 교육과정을 거치고, 훈련과 논의 과정을 통해 교회와 지역의 미래농업을 고민하면서 1998년 교회 안에 '농민선교위원회'를 출범시켰다. 이 목사가 송악교회 부임한 지 3년 만의 일이다. 이어 2000년 2월, 뜻을 같이하는 지역 농민들과 함께 '송악동네친환경농사연구회'를 창립하였고, 인근 지역에서 활동 중인 한 살림 생협과 연계하여 '한살림 송악면지회'를 창립하게 된다. 이들이 중심이 되어 현재 송악면 지역에서 약 150여 농가가 논농사 약 20만 평, 밭농사(잡곡, 야채, 시설 채소 등) 약 20만 평으로 재배작물도 쌀, 콩, 잡곡, 여러 가지 야채와 버섯, 벌꿀 농사 등으로 친환경 농사를 확대해 가고 있다. 그리하여 오늘날 전국에서도 손꼽히는 친환경 농업 단지로 자리를 잡았다.

송악교회는 이렇게 친환경 농업 운동이 지닌 가치와 과제를 함께 풀어내기 위해서 도시 소비자와 지역 농민 생산자와의 만남을 지속하고 있다. 그래서 해마다 지역 주민들과 도시민들이 함께 만드는 추수 감사 축제를 연다. 그리고 연중 프로그램으로 생태체험 교육프로그램(논 생태 탐사, 송악 저수지 철새 탐사, 반딧불이 탐사 등)을 운영하며, 농사 체험 교육프로그램(친환

다라미 자운영 마을 농촌체험 프로그램

송악교회 사회복지관- 송악골어린이집

경 모내기, 논매기, 메뚜기 잡기와 추수 체험 등) 등을 통해 도시민들의 친환경 작물의 소중함과 생태 감수성을 심어주고 있다. 그 외 지역에 다양한 농업 생산, 가공, 유통 공동체를 조직하면서 친환경 '겨레벌꿀영농조합'(2005)을 세웠고, 유기농 콩나물을 생산하는 '송악골영농조합법인'(2006)을 세우기도 했다.

송악교회의 친환경 생태 공동체 사업은 교육영역까지 미쳤다. 한국 사회의 특성상 어린이 교육은 마을 공동체의 중심 주제가 될 수밖에 없다는 판단 때문이다. 그리하여 1991년에 '사랑선교원'으로 세운 교회부설 유아교육 기관을 '송악골어린이집'으로 이름을 바꾸면서 생태 유아교육의 모델을 만들어 냈다. 이러한 시도는 지역사회 안에 제도권 학교(초등학교와 중학교)의 교육 내용을 바꾸는 데까지 나아갔다.

더불어 사는 공동체 안에는 정서적 공감대를 만드는 문화 활동이 매우 큰 역할을 한다. 하여 1998년에 송악교회의 문화부에서 풍물패를 조직했다. 입소문이 나면서 지금은 지역 내 자연부락 단위로 풍물패가 만들어졌고, 학교의 교육 운동과 연결되면서 지역 내에 여러 공동체에 활력을 불어넣어 주고 있다. 이러한 분위기는 지역 내 다양한 재능을 가진 사람들이 결합되면서 다양한 장르의 문화모임(주민 연극 동아리, 영화감상 모임, 아빠들의 마을밴드, 그림 모임, 난타팀, 인문학 독서 모임 등)으로 발전해 가고 있다.

그 외 지역 복지사업 '지역아동센터 송악반딧불이교실' 설립(2005), 지역 내 노인 복지 사업인 '사랑의 오병이어' 설립(1997), 에너지 협동조합 '송악에너지공방'(2012) 등, 일일이 나열하기가 정말 버거울 정도다. 하여, 송악교회의 사업과 활동에 대하여 더 알기를 원하는 분들에게 포털 검색을 해 볼 것을 권유하고 싶다.

흙에 개어진 복음 – 모든 생명을 하늘같이

그러면 도대체 이 많은 사업과 활동을 시작하고 운영하게 된 계기와 그 힘은 어디서 비롯된 것일까? 송악교회에는 "세상을 변화시키는 교회"와 같이 모양새 나는 큰 타이틀은 보이지 않는다. 대신, "모든 생명을 하늘같이"라는 소박하지만 진지한 표어가 눈에 띈다. 이 표어 속에는 송악교회의 현재와 미래의 모습이 담겨있다고 볼 수 있다. "모든 생명"이라는 표현 속에는 먼저 목회의 영역이 단순히 교회 울타리에 머물러 있지 않음을 보여준다. 교회 경계를 생명이라는 범우주적인 영역으로 확장, 살아있는 모든 생명을 보듬는 일이 송악교회의 목회 영역인 셈이다. 나아가 지역 모두가 송악교회의 목회 영역이다.

고 이호운 목사
(1911~1969)

교회의 모든 사업과 활동이 지역사회와 마을을 염두에 두고 이뤄진다는 뜻이다. 이 목사는 그런 목회에 대한 소신과 철학은 처음부터 그러했고 앞으로도 그러할 것이다. 이러한 이 목사의 목회 철학과 신념은 목원대학교 전신인 감리교 대전 신학교 교장이셨던 고 이호운 목사(1911~1969)의 영향이 컸다.

이 목사는 목원대학교 신학과에 입학(81학번)을 하면서 신학 수업이 시작되었다. 어려서 일찍 아버지를 여읜 터라 생활이 늘 곤궁했던 이 목사는 예산에서 중학교를 마친 후, 삽교고등학교에 진학했다. 예산 읍내 명문 고등학교에 갈 수 있을 만큼 성적은 출중했으나, 신생 학교로 우수한 학생을 유치하고 있었던 삽교고등학교에 장학생으로 입학을 한 것이다. 삽교고등학교 인근에 위치한 삽교교회는 이 목사에게 일종의 안식처였다. 그리하여 그곳에서 거의 살다시피 신앙생활을 하였다. 그러면서 학생부 활동을 통해 봉림산에서 기도하면서 성령 체험도 하게 된다. 그러다가 중학교 때부터 꿈꿔왔던 국문학자, 시인의 꿈을 접고 목회자의 길을 염두에 두고 목원대학교에 1년 장학생으로 입학하여 학군단(ROTC) 4년 장학생이 되었다.

이 목사에게 대학 생활은 파란만장 그 자체였다. 입학할 때 꿈은 부흥강사였기에 당대 최고 부흥사가 되기 위해 영어 공부에 정진하기도 하였으나 당시 시대 분위기와 신학교 특유의 아카데믹한 분위기의 냉랭함을 견디지 못해 방황하기도 한다. 그러다가 선배가 건네준 책 "목원의 꿈"(이호운 학장의 유고집)을 접하면서 일대 전환을 하게 된다.

책에 쓰인 글의 요지는 '흙에 개어진 복음'이었다. "예수님께서 하나님 아들 보좌로 인간을 구원한 것이 아니라 가장 어둡고 낮은 곳에서 갈릴리 민중과 함께 구원하셨는데, 수가성 여인, 문둥병자, 죄인, 가난한 자들, 세리와 창녀들 가운데서 녹아져 예수님의 말씀이 개어졌다. 맹인을 눈뜨게 하실 때 진흙을 개어 그 사람 눈을 뜨게 한 것처럼, 흙에 복음이 개어져야 구원이 일어난다"는 뜻이다.

"목원의 꿈"을 이룬 이종명 목사

이렇게 "흙에 개어진 복음", 이 한마디에 이 목사의 삶의 전환점이 이뤄진다. 유레카(Eureka) 모멘텀-Aha Experience-이 일어난 셈이다. 그때부터 이 목사의 꿈은 농촌 목회로 바뀐다. 광주 항쟁 직후, 전두환 군부독재가 활개 치던 시대, 농촌 목회를 꿈꾸는 신학생을 편안하게 놔둘 리 없었다. 당시에 학생들 사이에서 나돌던 일종의 금서(해방 신학 등)들을 접하면서 시대정신에 부합하는 삶의 모습을 만들어가던 터였다. 그러면서 자연스레 접한 운동권 동료들, 그리고 당한 고난은 어쩌면 예고된 삶의 여정이었다. 1983년 ROTC 훈련을 마무리할 즈음에 학군단 단장의 전갈을 받고 교문 밖에서 기다리던 보안사 군인들에 끌려가 구타와 모진 고문을 당하기도 했다. 그때 그 기억은 아직도 이 목사에게는 악몽이다. 가장으로 책임을 다하기 위해 지원했던 ROTC도 퇴출되었고 방위 복무(부선망독자)를 마친 후, 본격적인 운동권 활동가로 나서게 된다. 그러면서 대전과 천안 등지에서 EYC활동과 기독교농민회 청년조직 담당, 남부연회 청년관 등 활동을 하면서 조직 전문가로 경력을 쌓게 된다. 그러다가 농민회가 전국농민회로 단일화되는 과정에서 농촌 목회 현장으로 나오게 되는 계기가 마련되었다. 신학 공부를 하든, 기관에서 조직 활동가를 하든 교회라는 현장은 절대로 떠나지 않는다는 이 목사의 조금은 고지식한 신앙을 통해 그 길로 인도하심을 받은 게 아닌가 싶다. 교회 현장에서 전도사로, 성가 지휘자로 활동을 이어가며 지금의 아내도 만나 결혼을 하고 가정을 꾸리게 되었으니 말이다. 아무튼 부흥강사를 꿈꾸며 영어 공부에 정진하던 신학생의 변화가 참 별나게 다가온다. 이 또한 하나님이 사람을 사용하시는 방법일 터이다.

구계리 둔병 추억 - 회유성 어류인 뱀장어와 꽃게

그래도 그렇지, 모든 사람이 故 이호운 목사님의 유고집으로 인생이 그렇게 변할 수는 없는 노릇이다. 이 목사가 "흙에 개인 복음"에 그토록 감동을 받은 데는 이유가 있다. 그 글귀가 떨어져 튼실한 결실을 맺을 수 있을 만큼 이 목사의 삶 속에 옥토가 준비되어 있었던 것이다.

이종명 목사 고향 구계리 개천과 고향집

그 의문을 풀어줄 요량인지, 만나자마자 나를 데려간 곳이 이 목사의 고향이다. 송악에서 차로 30여 분 달려 도착한 곳, 공주시 유구면 구계리였다. 구계리는 동국여지승람 10승지(十勝之地) 중 한 곳이다. 10승지란 전쟁이나 천재(天災)가 일어나도 안심하고 살 수 있다는 열 군데의 땅으로 경치나 지형이 뛰어나고 굶주림과 전쟁을 면할 수 있는 피난처를 의미하는 곳이다. 그만큼 깊은 산골이라는 뜻이다. 6.25 한국 전쟁 시 군인들의 발길이 닿지 않은 곳으로도 알려져 있다. 이 목사는 그곳에서 태어나 어린 시절을 보냈다. 초등학교(예산 신양)를 다니기 전까지 그곳에서 살았으며 부친께서 건강 문제로 구계리를 떠나 예산 신양면 소재지로 이사를 나갔지만 불과 2년 만에 세상을 떠나셨다. 그 후로 방학 때만 되면 구계리 할아버지 댁에서 지냈기에 어린 시절의 추억이 오롯이 녹아있는 곳이다.

이 목사는 그곳에서 뱀장어와 참게에 대한 추억을 회상했다. 회유성 어류인 뱀장어는 5~10년가량 담수에서 성장한 후, 금강을 통해 서해와 남태평양 심해에서 알을 낳고 죽는다고 한다. 높은 수압에서 알이 부화한 후 투명한 실뱀장어가 되어 다시 돌아와 성어가 될 때까지 담수에서 자란다. 금강에서 구계리 계곡까지 올라온 뱀장어와 참게를 잡아서 불에 구워 먹던 추억이 아직도 생생하다고 했다.

그러나 그런 생생한 어린 시절의 추억이 언제부터인가 끊겼다. 금강 하구 둑 때문에 길이 막힌 것이다. 이 목사에게는 이러한 현실이 안타까움과 슬픔으로 자리했다고 했다. 언제부터인가 구계리에서는 그 흔하디흔한 뱀장어와 참게를 볼 수 없다는 사실이 고스란히 상처로 남은 것이다. 인간의 탐욕으로 뱀장어와 참게의 길이 막혀 멸종되는 모습은 이 목사에게 어린 시절의 추억을 앗아간 것으로 끝나지 않았다. 그런 모습이 남다른 생태 감수성으로 되살아나 오늘날 생태 목회와 공동체를 향한 열정으로 나타난 셈이다. 어린 시절부터 차곡차곡 쌓여있던 생태 감수성이 복음을 만나 꽃을 피운 모습, 그게 바로 오늘날 송악골 일대를 모범적인 생태 마을로 일구어 낸, 친환경 단지의 모습이 아닌가 싶다.

이 목사에게 마지막 꿈이 있다. 남다른 생태 감수성과 신실함으로 가꾼 교회와 삶의 터전을 뒤로하고 이제 은퇴 이후의 삶을 염두에 두고 있다. 누구나 다 꿈꾸는 그런 편안하고 안락한 노후가 아니다. 장애를 가진 자녀들을 둔 부모들과 뜻을 같이하는 지인들로 구성된 사단법인 "온마을 사람들"을 출범시켰다. 70이 넘어서도 농촌을 지키며 농사를 짓겠다는 당찬 포부가 담겨있다. 이는 발달장애를 앓고 있는 아들(이한)의 영향이 컸다. 자신보다 오래 살아야 할 장애 아들을 둔 아버지의 애틋함이랄까, 그 문제조차 지역 공동체와 함께 친환경 농업으로 풀어나가려는 그 뜻이 참 아름답다. 그러한 선배의 부름을 받고 수년 전 송악교회로 부흥회를 왔던 어느 목사님의 글을 허락도 없이 게재한다.

송악감리교회 이종명 목사님,
처음 만난 후배 목사, 낯설어도 일단 껴안고 보는 목사님
이름 모를 산중에서 만난 노루귀의 수술을 세다가
하나님이 나도 하나, 둘, 셋 헤아리시겠구나 깨닫고
한참 울었다는 목사님

아픈 아들 때문에 인생의 밑이 빠지도록 흔들렸지만
모든 생명 하늘같이 여기는 것이 신앙이라고
세상 향해 현수막 내건 목사님

동네 아이들에게 꽃 친구, 나무 친구, 들판에 메뚜기 친구
계곡의 가재 친구 맺어주며 어른 친구 되어주는 목사님
이런 목사님이 좋아 부산에서 대구에서 아산까지 이사와
친구 맺는 교인들

부모 없는 어린이들, 술 먹고 길을 잃으니
개인 과외 하는 교인에게 월급 40만 원 쥐어주며
이 아이들 좀 살려달라 부탁하는 목사님
목사님 말씀, 하나님 말씀이라 들으며 기꺼이 손해 보는 교인들

제주 강정 마을, 평택 쌍용자동차, 서울 광화문 광장
고난받는 이들의 농성장에서 밤늦도록 분노하다가
송악 마을에 내려오면 이제 너무 늙어 교회도 나오지 못하시는 어르신들
찾아가 마음 살펴드리는 목사님이 부흥회 하라고 불러서 갔다가
몸 둘 바를 모르고 나흘 동안 벌벌 떨다 왔습니다.

집에 돌아오니 제 심령이 부흥했습니다.
이종명 목사님 생각하면 자꾸 가슴이 뭉클합니다

추모글

내가 만난 이종명 목사, 마을 목회의 장인(匠人)

_ 김홍선(안산명성교회 목사)

故 이종명 목사는 전두환 군부정권 시절 가난한 고학생으로 신학수업을 이어가야 했기에 자의 반 타의 반으로 장학혜택이 있는 학군장교후보생(알오티씨)으로 학업을 이어가고 있을 때, 당시 군부정권의 학원 민주화 탄압의 일환이었던 대학생 프락치 강요대상으로 징발되어 온갖 신체적 정신적 괴롭힘을 당하다가 신앙 양심상 더 이상 괴이한 세력들에게 끌려다닐 수 없어서 괴로워하던 중 뜻하지 않은 폭행시비 사건에 휘말려 학군후보생 자격박탈을 당하여 방위병으로 병역을 마치게 되었습니다. 그는 도회지에서 신학교에 다니는 아들이 훌륭한 목사가 되기를 소원하며 시골 예배당 마룻바닥에서 새벽마다 기도하신 홀어머니의 외아들이었습니다.

그는 평생의 목회를 고향 충청지역에서 시골 목회, 마을 목회로 펼쳐온 사람이었습니다. '모든 생명을 하늘같이'라는 목회 표어를 주보와 강단에 적어놓고 하나님의 나라를 꿈꾸던 목원동산에서 길러낸 참 목동이었습니다. 평생을 민주화 운동과 마을 목회와 장애인 복지와 농촌 목회를 위하여 최선과 정성을 다하여 모든 것을 갈아 넣은 참 목자였습니다.

그는 소명의 자리요, 삶의 자리로 부름받은 송악 마을을 하나님께서 창조하신 인간과 모든 생명이 더불어 살아가는 터전으로 고백했고 농촌 마을은 인간이 자연과 더불어 살아가는 가족 공동체이며 동시에 자연과 인간이 생명을 공유하는 유기적 생명체라고 말하곤 했습니다.

그는 송악 마을을 자기 사명의 '땅끝'이라 고백하며 모든 생명이 살기 좋은 마을, 모든 생명이 살아 있는 마을, 모든 생명이 함께 더불어 하나님의 뜻을 이루어내는 이 땅의 천국으로 만드는 '생태 공동체 마을'로 성장하기를 꿈꾸던 목사였습니다.

그는 교회의 부흥성장과 마을의 미래 농업을 고민하며 자신의 은퇴 시기인 2030년까지의 장단기 발전 계획을 수립하였고 그 계획 속에서 사람을 가르치고 세우고 찾아내고 복음적 가치를 확산시키며 '건강한 교회와 행복한 마을'을 설계하던 생명 디자이너이며 마을 목회의 장인(匠人)이었습니다.

요한 웨슬리 목사는 '세계는 나의 교구다'라고 외쳤는데 그는 '마을이 곧 세계다'라고 선포하고 교인들의 개인적 경건훈련과 교회의 사회적 성화실천을 위하여 목양일념으로 목회 정도를 걸었던 주님의 종이었고 마을 주민의 희로애락을 함께했던 송악 마을의 친근한 주민이었습니다.

그는 생명, 생태, 평화의 가치를 목회 현장과 지역 운동에 녹여내느라고 정작 자신이 녹아내리는 것을 인식하지 못한 채 마을과 교회에서 30년 목회를 하던 중 그 도상에서 뜻하지 않은 가시와 암초를 만나 깊은 우울의 병을 얻어 그 병을 이기지 못한 채 하늘의 품에 안기었습니다.

필자와는 신학교에서 만난 40년 지기이며 가장 아끼는 후배였던 그는 송악교회를 사랑했고, 송악 교인들을 존경했고, 송악 마을을 기름지게 하려 했고, 주변의 온갖 소외자들의 친구가 되어주었고, 이 시대의 사회적 약자들에게는 돈과 목소리를 보태는 목사였습니다. 그는 교권주의자들을 가까이하지 않았고 교계나 교단의 높은 자리에도 앉아보지 아니하였고 목회 경력 2~30년이면 누구나 한 번쯤 해본다는 감리사조차도 탐하지 않았고 늘 꾸밈없고 소탈하고 검소하고 순수하고 맑은, 착하디착한 주님의 머슴으로 일생을 살다가 생명, 생태, 평화의 꿈을 다 이루지도 못하고 안식의 처소로 거처를 옮긴 것입니다.

그가 말년에 교회 안팎의 풀리지 않는, 풀어야 하는 무거운 짐으로 얼마나 힘들어했는지를 필자는 가까이에서 안타깝게 바라보았습니다. 그의 생명 다함은 목원의 큰 별이 진 것이고, 마을 목회의 좋은 모델이 떠난 것이고, 한국교회의 소중한 자산을 잃어버린 것입니다.

고인의 생전의 성품과 인격으로 볼 때 아마 그는 숨지는 순간까지 자신의 목회지였던 송악교회와 송악 교인들을 넉넉한 사랑으로 품었을 것이고 남겨진 동료 선후배 목회자들에게는 수줍은 미안함을 가지고 떠났을 것입니다.

이제 그는 떠났고 우리에게는 깊은 고민과 숙제를 남겼습니다. 목사와 교회, 목사와 교인, 교회와 마을, 기득권자와 사회적 약자, 자본주의와 하나님 나라… 사회의 민주화와 교회의 개혁갱신, 정의와 평화 그리고 창조 질서의 보전…. 산은 높고 해는 기울고 길은 멀고… 이종명 목사와 나누었던 대화의 주제들이 고스란히 우리의 숙제가 된 듯합니다.

유가족은 아내와 발달장애 외아들인 한이와, 성악 공부를 마치고 아름다운 꿈을 꾸며 찬양을 좋아하는 딸, 봄이가 있습니다.

故 이종명 목사의 남겨진 유족들이 부디 이 황량한 세상 속에서 무사 안녕 건강 평안하기를 두 손 모아 간절히 기도하게 됩니다.

故 이종명 목사를 추모하며

_ 윤병민 (예동교회 목사·목정평 회원)

우리 곁을 급하게 떠나 간 이종명 목사의 소천 소식을 받아들이기엔 너무도 갑작스럽고 황망할 따름입니다. 또한 친구와 선후배로 그리고 남편이요 아버지로 맺은 여러 관계들이 그 안타까움을 나누기엔 우리에게 허락된 시간이 너무 짧습니다. 고인께서 하셨던 일과 이룬 업적들은 다른 시간과 기회에 마주해야 할 것 같습니다.

뜻밖의 소식을 접하고 한참을 있다가 자주 읽는 시가 떠올랐습니다.

> 흔들리지 않고 피는 꽃이 어디 있으랴
> 이 세상 그 어떤 아름다운 꽃들도
> 다 흔들리면서 피었나니
> 흔들리면서 줄기를 곧게 세웠나니
> 흔들리지 않고 가는 사랑이 어디 있으랴
> 젖지 않고 피는 꽃이 어디 있으랴
> 이 세상 그 어떤 빛나는 꽃들도
> 다 젖으며 젖으며 피었나니
> 바람과 비에 젖으며 꽃잎 따뜻하게 피웠나니
> 젖지 않고 가는 삶이 어디 있으랴
>
> - 도종환, 〈흔들리며 피는 꽃〉

잘 아시는 대로 목사 이종명은 가정과 교회와 마을과 지역과 교단과 시민사회 그리고 NCC와 제가 속한 목정평 등 여러 분야에서 열정과 자기헌신으로 아름답고 향내 나는 꽃을 피우고 많은 열매를 맺었습니다. 그런데 그것은 어느 탁월한 인물의 자연스러운 결과라기보다 흔들리며 젖으며 피워낸 결실이었습니다. 이 자리를 빌어 고인께 깊이 감사를 전합니다.

이 시를 이종명 목사의 삶과 견주다가 아쉬운 구석을 발견합니다. 이 시처럼 꽃을 피우고 열매를 맺으면 그것으로 다 된 것일까요? 꽃을 피우고 열매를 맺은 후에도, 나무는 잎을 떨구며 겨울을 맞이합니다. 이 분에게도 여전한 어려움과 눈물이 있었다는 아주 평범한 사실을 말입니다. 우리는 가끔 '업적'을 남긴 사람에게도 그늘이 있고 시름이 있다는 사실을 잘 받아들이지 못합니다. 이 분의 아픔을 헤아리지 못하고 함께 나누지 못한 나와 부족함을 새깁니다. 정말 미안하다고 말하고 싶습니다.
그리고 이제 우리들에게 주어진 이 분이 남긴 과제들, 잘 이어받기를 다짐합니다.

'동네 아저씨 같이 선하신 분', '하나님께서 외로우셔서 급히 데려간 착한 사람', '흔들리며, 젖으며 꽃을 피운 참사람'

이종명 목사님, 애쓰셨어요. 한참은 예수님 얼굴에 당신이 겹쳐질 것 같네요. 이제 평화의 나라에서 주님과 안식하시길 빕니다.

° 이글은 2023년 12월 7일, 이종명 목사 장례예배 드리며 나눈 추모사를 다듬은 것입니다.

이종명 목사를 그리며

_ 이영우 (온마을사람들 이사장)

1994년 송악교회를 떠나면서 후임자로 이종명 목사를 장로님들에게 이렇게 소개했습니다. "10년 넘게 이종명 목사를 봤습니다. 제가 아는 이종명 목사는 이런 사람입니다. 진실한 신앙인입니다. 하나님께서 자신을 농촌교회 목회자로 부르셨다고 확신하고, 농촌교회 목회자에게 필요한 자질을 갖췄습니다. 사역을 감당하면서 자신을 내세우거나 말을 앞세우는 사람이 아닙니다. 하나님이 기뻐하시는 일이라고 확신하면 온 힘을 다해 그 일을 수행합니다. 그리고 찬양도 잘합니다. 그런데 사모님은 어떤 사람인지 잘 모릅니다. 사모의 역할을 잘할지, 못 할지 모르겠습니다." 그때 이영직 장로님이 이렇게 말씀하셨습니다. "저희가 목사님을 모시는 것이지, 사모님을 모시는 것은 아닙니다. 이종명 목사님을 후임 목사님으로 인사구역회에 추천하시지요."

당시를 회상하면 두 가지 생각이 떠오릅니다. 하나는 송악교회 목사로 제가 잘한 일은 후임자를 이종명 목사로 세웠다는 것이고, 다른 하나는 이종명 목사가 없었다면 제가 송악교회에서 이임하지 않았을지도 모른다는 것입니다.

옆의 사진은 선후배 몇이 태백산에 오르며 찍은 사진입니다. 제가 가벼

게 천제단까지 오른 것을 보면 적어도 20년은 지난 사진입니다. 산은 보이지만, 나무나 풀이나 꽃은 보이지 않는 사람이 저입니다.

그런데 이종명 목사는 달랐습니다. 저에게는 그냥 풀, 나무, 꽃인데 이종명 목사에게는 모두 이름이 있었습니다. 그것들 하나하나에 감탄하고 감격했습니다.

그날 이종명 목사는 저에게 선생님이었습니다. 그의 가르침으로 각자의 이름을 부르자, 저의 눈이 조금 열렸습니다. 그의 시선으로 주변을 바라보자 많은 것이 보였습니다. 몇 번째 오르는 태백산이었지만 그날은 더 풍성한 감동과 마음으로 산행을 할 수 있었습니다. 그 후 전에 보지 못했던 것들을 보게 되는 멋진 삶이 펼쳐졌습니다.

옆의 사진은 2015년 4월 30일 벌교의 한 여관방에 저를 혼자 남겨두고 나간 이종명 목사가 찍어서 보낸 사진입니다. 그때 이종명 목사와 이선영 목사 부부와 제가 조정래의 "태백산맥"과 박경리의 "토지"의 배경이 되는 곳을 여행하는 중이었습니다. 여행하면서 소설을 읽으면서 가졌던 느낌을 나누는 얘기가 계속해서 이어졌습니다. 서로의 감동이 같았음에 신나고, 내가 지나쳤던 느낌에 동의하면서 감탄했던 날들이었습니다.

선후배 사이가 아니라 친구 같다는 느낌으로 어깨동무라도 하고 길을 걷고 싶은 순간들이 많이 있었습니다. 지금도 그때의 행복이 다시 느껴집니다.

2년 전에 수도권에 있는 동문 몇이 서울에서 모였습니다. 그때 이종명 목사가 늦은 시간에 모임에 왔습니다. 몹시 피곤해 보였고, 뭔가 불안한 기색도 있었습니다. 그러나 헤어지기 조금 전이었고, 새벽예배를 위해 귀가해야 할 시간이었습니다. 이종명 목사를 위해 뭔가를 해야 할 것 같았습니다. 이종명 목사의 어깨를 감싸안으며 말했습니다.

"나는 네가 정말 자랑스럽다. 네가 감리교회 목사라서 자랑스럽고, 네가 송악교회 목사라서 자랑스럽다."

요즘 가끔 생각합니다. '그날 내가 귀가하지 않고, 이종명 목사의 말을 충분히 들어주는 시간을 가졌으면 새로운 상황이 펼쳐지지 않았을까?' '이종명 목사가 많이 외로웠겠다.' 그런 생각과 함께 가슴 한쪽이 저립니다. "종명아, 너를 혼자 두어서 미안하다."

"난 목사님처럼 안살꺼여…"

_ 지동흠 (감리교농촌선교목회자회 회장)

일 년 전쯤이었나 보네요.
감리교농촌선교목회자회 여름수련회가 강화도에서 있었고 저는 그때 다른 일정이 있어서 좀 늦게 참석한 탓에 개회예배 설교를 마치고 내려가신 목사님을 만나지 못했지요.

그런데 목사님이 여러모로 힘들어하신다는 얘기를 듣고 수련회 마치고 집에 돌아와서 기도하다가 평소에 전화도 잘 안 하던 제가 무슨 생각에선지 목사님께 전화를 드렸었지요.

그때 제가 그런 말씀을 드린 것 같아요. "아이 뭐, 목사님 상황이 어떤지 난 잘 모르겠고… 뭔 일이 있었든지 없었든지 간에… 난 목사님께 이 말씀만 드리고 싶어서 기냥 전화했어요. 목사님, 목사님은 우리 감리교농촌선교목회자회의 회장님이시고 또 우리 농목의 대단한 자랑이세요. 목사님 같은 분이 어디 있어? 얼마나 애쓰셨고 얼마나 훌륭하게 사셨는지 다들 알아요. 거 뭐, 이런저런 일이야 되기도 하고 안되기도 하는 거니… 뭐가 잘 안되고 있드래도 좀 지나면 또 길이 열리겠지. 그러니 꼭 힘내셔, 기도할게요…"

그런데 목사님은 힘없는 목소리로 "내가 지 목사님하고 농목한테 미안혀…" 그렇게 말씀하셨지요. 대체 뭐가 미안하시다고 하는 건지 이해도 하지 못한 그 통화가 마지막 통화가 되었네요.

평소에 살갑게 다가가지도 못하는 저에게 목사님은 그런 말씀을 하신 적이 있어요. "지 목사님, 나는 지 목사님이 부러워. 지 목사님처럼 살고 싶어…"
도대체 뭐가 부럽다고 하신 건지… 이래저래 살펴봐도 잘하는 것도 하나 없는 내가, 주님의 그 과분한 사랑과 신뢰 덕택으로 이러구러 간신히 목사 노릇하고 있는 내가 왜 부러우셨던 건지… 난 아직도 잘 모르겠어요… 그런데 목사님이 그렇게 황망하게 우리들 곁을 떠나고 난 뒤에 그 말이 계속 맴돌았어요…
목사님은 나처럼 살고 싶다 하셨지만, 또 생각해 보건대 나는 목사님처럼 살고 싶지 않아요. 아니 그렇게 못 살아요…
마지막이 된 지난여름 목사님과의 통화처럼 목사님은 참으로 존경받아 마땅한 농목의 자랑이고 감리교의 자랑으로 사셨어요. 나같이 대충대충 사는 이는 감히 흉내 내기도 어려운 그 성실함과 헌신의 삶을 우리는 다 기억하고 있어요.

목사님이 떠나시고 난 후, 목사님이 다른 어떤 직함보다도 자랑스럽고 귀하게 여긴다고 말씀하셨던 감리교농촌선교목회자회 회장을 제가 맡게 되었어요. 저는 농목 회장이 과분하고 부담스러울 뿐인데… 그래서 오랫동안 성실하고 훌륭하게 "생명, 영성, 공동체" 감리교농촌선교목회자회

를 이끌어 가시느라 애쓰셨던 목사님이 더욱 그립고 그리워요…

목사님처럼 살고 싶지 않다고 말씀드렸지만…
우리 이종명 목사님께서 감리교농촌선교목회자회 회장으로 정의와 생명과 평화를 위해 앞장서 헌신하고 힘쓰셨던 그 귀한 삶을 기억하고 잘 따라가려고 기도하며 나아갈게요…
지금 우리는 심란하고 불의하며 혼란스러운 세상 속에서 살아가고 있지만 목사님이 그렇게 사셨듯… 아름답게 사랑하고 멋지게 충성하는 보배로운 신앙의 일꾼으로 힘차게 달려 나아가도록 당신의 친애하는 동지들을 늘 응원해 주세요…

내가 아는 이종명 목사

_ 박정민 목사(대한기독교감리회 충북연회 감독)

이종명 목사를 생각할 때마다 '바보 같은 울 엄마'가 생각난다. 아버지의 사업 실패로 피폐해진 가정을 일으켜 보시려 자신의 몸을 돌보지 않던 몸부림… 그리고 그대로 부서진 바보 같은 울 엄마!

바보 같은 울 엄마 1
찌들어가는 가난에 점점 깨어진 병조각처럼 날카로워진 가족들의 마음… 그래서 날카로운 말로, 행동으로 서로에게 깊은 상처를 남기던, 그 깨진 병조각 같은 마음을… 품으면 품을수록 지신은 더 깊은 상처를 입으면서도 늘 슬픈 미소를 잃지 않던 바보 같은 울 엄마!

시간이 흐를수록 갈가리 갈라지고 찢어져 가는 동지들의 마음을 하나로 보듬으려 온몸을 던졌던 이종명 목사! 그 깨진 병 조각 같은 마음들을 품으면 품을수록 자신은 더 깊은 상처를 입으면서도 늘 흙 같은 미소를 잃지 않던 바보 같은 울 엄마 닮은 이종명 목사!

바보 같은 울 엄마 2
한 가정의 살림살이를 천명으로 알고 '한 집안을 이루어 살아가는 일'을 위해 자신은 서서히 죽여가시던 바보 같은 울 엄마!

끊임없이 남을 죽이려는 죽임 살이 한가운데서 '남을 살리면서 살아가는 일'을 자신의 사명으로 알고 자신은 서서히 죽여가면서도 가정 같은 교회, 가정 같은 지역사회를 살리려 몸부림치던 바보 같은 울 엄마 닮은 바보 같은 이종명 목사!

그런데 바보 같은 울 엄마의 삶이… 당신의 몸이 재로 부서지고 나서야 예수님을 닮은 삶이었음을 알게 되었다. 이종명 목사, 당신의 몸이 재로 부서지고 나서야 비로소 그 바보 삶이 예수님을 닮은 삶임을 알게 되었다.

당신들은 우리에게 슬픈 미소를, 흙 같은 미소를 남기셨다. 눈을 감아도… 눈을 떠도, 그 미소는 지워지지 않는다. 그 미소는 당신들 앞에서 걷고 계신 바보 같은 예수님의 미소를 닮았다.
바보 같은 예수님을 닮은 울 엄마!
바보 같은 울 엄마를 닮은 이종명 목사!
나는…!
우리는…!

"바위처럼 너의 자리를 꼭 지켜줘…"

_ 임순혁 (송악교회 교인)

저에게 하신 마지막 말씀이었습니다. 작년 10월 어느 날, 이런저런 이유로 오랜만에 만나게 된 목사님께서는 저를 보자마자 꼬옥 안아주신 후, 옛날 어느 노래 가사처럼 바위처럼 살아가라고 말씀하시곤 어디론가 홀연히 가셨는데, 그것이 제가 본 목사님의 마지막 모습이 될 줄은 상상도 못 했습니다.

저는 초등학교 1학년 여름성경학교 때 처음 송악교회를 나오기 시작했고, 초등학교 6학년 때 새로 부임하신 이종명 목사님을 처음 만났습니다. 그로부터 30여 년이 지나는 동안 목사님은 저의 삶의 곳곳에 계셨습니다.
제가 초등학교를 졸업하던 날을 비롯해서, 새벽기도를 드리고 고입 시험을 보러 갔던 날, 세례를 받고 하나님의 자녀로 다시 태어났던 날, 가슴 떨리던 대학교 합격자 발표의 순간, 평생의 반려자를 만나 결혼식을 했던 날에도 목사님은 함께 계셨습니다.

나의 학창시절, 청년대학시절, 졸업하고 다시 송악에 왔을 때, 그리고 가정을 이루고 새로운 삶을 살아가는 모든 과정 속, 저의 인생의 거의 모든 이벤트에, 모든 순간마다 항상 함께해 주셨고, 그때마다 저를 응원하고

지지해 주셨습니다. 또 저의 신앙생활에 특별한 전환점이자 버팀목이 되어준 소나무십자가찬양단에도 한없는 애정을 보여 주셨습니다.

지금 와서 생각해보면 정말 감사한 일이지만, 안타깝게도 그 소중함을 그때는 잘 알지 못했습니다. 목사님은 언제나 그렇듯 당연하게 계속 옆에 있어 주는 분이라고 생각했습니다.

작년 여름쯤 교회 내외부적으로 많은 힘든 일이 있었던 그 시기의 어느 날 교회 앞마당에서, '무슨 일이 있어도 순혁이 곁을 떠나지는 않을거야!'라고 저에게 말씀하셨는데, 당연히 그래야 했고, 그럴 것을 의심하지 않았습니다. 하지만 얼마 지나지 않아 그때 저에게 하셨던 약속을 지키지 못하게 되셨습니다. 어쩌면 목사님께서 짊어지셔야 했던 삶의 무게가 그 약속의 무게보다 훨씬 더 커서 저와의 약속을 지키지 못하신 것 같습니다.

저의 삶의 모든 곳에는 아직도 이종명 목사님의 흔적이 남아있고, 달라진 것은 아무것도 없는데 오직 달라진 건 목사님이 제 곁에 안 계시다는 것 하나뿐입니다. 저의 결혼식 때 말씀해 주신 축사를 프린트해서 화장대 유리 밑에 넣어놓은 것도 그대로 있고, 현관문을 열면 목사님께서 집들이 선물로 주신 야생화 액자가 아직도 제일 먼저 저를 반겨주는데, 단지 달라진 건 목사님이 제 곁에 안 계시다는 것 하나입니다. 왜 지키지도 못할 약속을 하셨냐며 속으로 원망도 많이 했었습니다. 하지만 전후과정속에서 알게 된 많은 이야기들은 오히려 그 아픔의 무게를 나눠드리지

못한 저를 자책하게 만들었습니다.

그래서 '바위처럼 너의 자리를 꼭 지켜달라'고 하신 마지막 말씀을 기억하면서 더욱더 최선을 다해 살아가야겠다고 다짐합니다. 그것이 제가 존경하고 사랑했던 목사님께 드릴 수 있는 단 한 가지 약속이라고 생각합니다.

송악교회가 주님의 성전으로 은혜로운 예배를 드리고 부흥하여 주님의 말씀을 널리 전하는 그 길에 티끌만 한 도움이라도 된다면, 묵묵히 제가 할 수 있는 역할에 최선을 다하는 것이 마지막 목사님께서 제게 해 주신 말씀을 지키는 삶이라고 생각합니다.

그래서 먼 훗날, 언젠가 다시 만나는 날, 그분께서 그러했던 것처럼 꼬옥 안아드리면서 그 말씀대로 열심히 살았노라고 꼭 말씀드리고 싶습니다.

당신의 삶에 동의합니다

_ 김영미(송악반딧불이지역아동센터 전 센터장)

사진 한 장을 오랫동안 바라보았다.
나의 퇴직선물로 받은 사진첩 첫 장에 머무른 나의 시선.
나는 벌써 세월을 뛰어넘어 그 시간에 가 있었다.
2005년쯤으로 기억된다.
앙상한 겨울나무 가지 사이로 하늘이 시리도록 파랬다. 반딧불이 아이들과 겨울 캠프로 영인산에 갔을 때였는데 모두가 웃고 있다. 이젠 청년이 된 남자아이 한 명이 중지손가락을 하늘로 향해 보였다. 그래서 눈시울이 찡하고 코끝이 맵다가 또 웃었다. 햇빛에 눈이 부셔서 눈을 뜨지 못하고 웃는 표정들…
그들 곁에 목사님이 계셨다. 봄이와 한이도, 마을 교사인 우리들도, 마을의 아이들도 그땐 우리의 제자였는데 이젠 반딧불이의 교사가 된 보연샘도 보였다. 그때 함께 있던 그 공간 속에서 목사님은 무엇을 상상하고 계셨을까? 이상했다. 이젠 만날 수 없다니…. 얼마 전의 기억같이 느껴졌다.

목사님과 나는 어떻게 만나게 되었을까?

내가 송악에 이사 오게 된 것도

내가 어느 날부터 송악교회에 나가게 된 것도

내가 마을의 아이들을 돌보는 송악반딧불이지역아동센터의 교사가 된 것도

그리고 송악의 작은 학교를 살리기 위해 목사님과 함께 마을 교육에 참여하게 된 것도

이 연결고리를 어떻게 설명할 수 있을지?

전혀 상상도 할 수 없는 삶들의 여정을 송악에서 만나게 되었다.

내가 목사님을 처음 만난 건 송악교회였지만, 목사님께서 추구하고 꿈꾸는 삶과 가치에 대해 엿보게 되었던 것은 역촌리 마을회관의 새마을도서관을 개방하고 싶어 목사님께 연락을 드려 의논했을 때일 것 같다.

도서관에 새 책을 구비해 놓고도 운영할 사람이 없어 문을 열지 못하고 닫혀있는 것이 못내 아쉬웠고, 도서관을 개방하여 마을 주민들과 함께 공유하기를 희망했다. 그래서 도서관을 운영하기 위해서는 적어도 하루에 2시간 정도 지켜줄 자원봉사자가 필요하다고 생각해서 아이들 교육에 관심이 많았던 목사님께 도움을 요청하였는데 그 얘기를 듣고 목사님께서도 반기시며 방과후 돌봄도 같이 해보면 좋겠다고 하셨다. 그렇게 시작된 것이 반딧불이지역아동센터이다. 역촌리 마을회관 도서관을 개방해 도서 대출을 해주면서 그 공간에서 사회적 경제적으로 돌봄이 필요한 아이들의 마을 교육이 시작되었다. 그렇게 목사님을 만나게 되었다.

지역에서 교육, 생태, 인권, 평화의 의미가 필요한 곳. 어디에나 목사님이 계셨고, 어려움을 겪고 있는 교회나 현장에 늘 가서서 기도하고 위로해

주시려고 노력하셨다. 교회 안에서의 목회도, 어려운 현장에서의 목회도 같다고 생각하셨다. 그래서 하나님이 계시는 곳이면 모두가 평화롭기를 희망하셨다.

지금 생각해보면 목사님은 아이들과 어르신들에게 유난히 더 관심을 가지셨고, 그들과 같이 있을 때 행복해하셨다. 송악교회 어르신들을 직접 운전해서 모시고 여행 다니는 것을 좋아하셨다. 여행가는 차 안에서 어르신들의 굴곡진 인생 이야기를 듣고 위로해 주시고 노래도 부르며 맛있는 음식을 자주 나누셨다. 그분들과 얼씨구나 춤추며 자연속에서 한바탕 웃으시며 힘든 일들은 같이 훌훌 털어버리셨다.

목사님은 항상 들떠 있거나 설레는 어린아이 같았다. 늘 즐거워 보였고, 오늘은 또 어떤 재미있는 일이 일어날까? 하고 기다리고 있는 어른아이 같았다. 그 모습이 삶과 사람을 대하는 평소의 모습이셨다. 그래서 아이들에겐 최고의 친구였다. 나는 개인적으로 오랜 시간 만났지만 사실 아직도 그분이 누구인지 모르고, 그저 아득한 기억 너머로 그분의 호기심 가득한 표정과 설레는 웃음과 몸짓만 어슴푸레 떠오른다.

내가 현장에서 만나는 목사님은 갑자기 기쁜 소식 전하려 예고 없이 쏟아지는 여우비 같아서 늘 당황스러웠다. 그 모습에 적응하는 데 상당한 시간이 걸렸다. 그렇게 오랜 시간이 지난 후에는 숲생태프로그램으로 자주 전화하는 사이가 되었다. 반딧불이지역아동센터 아이들 수업이라면 어떻게든 진행하러 오셨고, 아이들도 목사님 수업을 무척 즐거워했다.

목사님은 형식을 미리 만들지 않는 분이셨다. 계절과 그날의 날씨에 따라 또 아이들의 욕구를 반영하여 목사님께서 어렸을 때 재미있게 놀아 보셨던 것으로 프로그램을 진행하셨기에 그게 아이들의 정서에 맞았다. 생각해보면 가재를 잡으러 계곡을 쫓아 오르고, 꿩을 잡으러 간다며 새총을 만들고, 운동장에서 잣치기, 봄에는 버드나무 피리를 만들고 논둑길을 걸어 개구리를 보러가고 겨울엔 토끼몰이를 가고 한 여름밤에 손전등도 제대로 없이 설화산을 오르다가 길을 잃어 헤매고 그러다가 여름밤 정상에 도착해 아이들과 누워 올려다봤던 쏟아지는 별빛은 잊히지 않는 추억이 되었다. 아이들과 함께 모험과 도전을 즐기셨다. 산으로 들로, 냇가로, 밤길로, 밤숲으로, 가보지 않은 길로 우리를 데리고 갔다. 가르치기보다는 같이 즐겼고, 그저 자연에 아이들을 맡기셨던 것 같다. 숲에서는 다람쥐가 되고 나무가 되고 새가 되어서 아이들과 짹짹거리며 놀았다. 아무리 피곤해도 5분만 머리 누이고 일어나면 에너지가 샘 솟는 분이셨다. 나는 목사님의 넘치는 에너지가 부럽고도 신기했다.

반딧불이 아이들과 월라산 아래로 토끼몰이를 간 적이 있었다. 목사님과 아이들의 눈 쌓인 산등성이에서의 토끼몰이는 신선한 충격이었다. 두고 두고 나의 뒷담화에 끼게 된 이야기이기도 하다. 토끼가 나온다고 생각하고 아이들과 토끼몰이를 하는 상상을 해보시라! 산 중턱쯤에서 아래까지 아이들이 팔 하나의 간격을 두고 강강수월래를 하는 형태의 포위망을 형성하고 위에서 목사님과 몇 명이 토끼를 몰고 내려오면 토끼를 한쪽으로 몰아서 잡는 놀이였는데 실재 토끼를 잡는 게 목표였지만, 번번이 실패했고, 토끼를 잡아 본 적은 없다. 그 목표를 가지고 아이들이 눈 덮인

겨울 골짜기를 신나게 달리고 탐색하면서 충분한 놀이를 경험하는 게 목사님의 바람이었던 것 같다. "토끼가 나타났다!"는 목사님 목소리에 아이들은 달리고 달리다 넘어지고 뒹굴고 웃고 소리 지르다가 토끼를 잡지 못해 실망할 새도 없이 아이들은 언제 그랬는지 모두 잊어버리고 눈싸움을 신나게 하다가 해가 져서 센터로 돌아오는데 나만 녹초가 되어 있었다. 많은 날이 그랬다. 지금 생각해 보면 웃음이 난다. 그 세계 속으로 쉽게 빠져들어 갈 수 있는 목사님이 이해되지 않았지만 이제는 조금은 이해가 된다.

목사님은 정해진 형식을 그대로 좇는 분은 아니셨다. 가끔은 관계에서 사회적 거리가 필요하지만, 모두와 허물없이 가깝게 지내고 싶어 하셨던 것 같다. 그래서 많은 사람들을 돕고 싶어 했고, 솔직하게 자신을 내보이셨고, 나눌 게 조금이라도 있다면 자신의 방식으로 아낌없이 주고자 했다.

누군가가 마을에 찾아오면 반기셨고 동네방네 돌아다니시며 소개해 주고 싶어 하셨다. 마을의 친환경 농업 현장, 마을의 교육 현장인 송남초등학교, 학교 도서관, 마을 공간 해유, 반딧불이지역아동센터 등 그밖에 다양한 공간들을 보여 주셨다. 미리 약속을 하고 오시기도 하지만, 보통은 차 한잔하러 마실 오시듯이 자주 오셨다. 예고 없이 찾아오는 모든 사람들을 기쁘게 맞아 주셨고, 도움이 필요한 사람들을 모른 척하지 못했던 분이셨다. 목사님의 색깔과 하나님이 주신 성정으로 서로 다르게 우리에게 베풀어주고 가셨지만, 정작 자신은 제대로 돌보지 못하셨다.

어느 날 내게 "권사님은 왜 제게 기도 부탁을 안 하세요?" 이런 말씀을 하신 적이 있다.
진심으로 나와 소통하고 어려운 부분을 알고 기도해 주고 싶어 하셨다는 것을 이제야 안다.
그리고 내가 말은 못했어도 진심으로 기도해 주셨음을 안다.
내가 마을에서 하는 일들을 자랑스러워하셨다는 것을 안다.

이웃 사람들을 만나면 내가 자주 했던 말이 있다.
목사님은 말씀도 좋지만 글이 더 깊은 감동을 주는 사람이라고,
좋은 것을 더 많은 사람들과 더 넓게 나누기를 좋아하는 사람이라고,
한번 간 길보다는 가보지 않은 길로 우리를 인도했던 사람이라고
명예와 돈보다는 사람을 성장시키고 돕는데 더 관심이 많은 사람이라고

나를 나와 가족에서 이웃의 아이들과 마을로 마음의 눈을 옮기게 해주

신 분.

그래서 그 아이들의 인생과 함께 흔들리고 넘어지고 일어서야만 했던 인생길에서 원망도 했었지만, 내가 작년에 20여 년의 마을 교사로서의 책임을 다하고 퇴직을 하게 되었을 때 누군가를 성장하도록 돕고, 나도 성장할 수 있는 길을 열어주셨음에 깊이 감사를 드렸다.

목사님께 짧은 몇 마디를 전하며 이 글을 마무리한다.

나는 당신을 잘 모릅니다.
잘 알고 있었다고 생각한 건 나의 착각이었습니다.
당신의 삶에 동의합니다.

당신이 우리에게 주고자 했던 따뜻한 사랑을 기억하며
목사님의 가족과 몸담았던 송악교회와 송악마을과
좀 더 평화로운 세상을 위해
늘 기도하겠습니다.

미안합니다.
고맙습니다.
사랑합니다.

아름다운 눈빛을 가진 청년, 이종명 목사님이 그리워집니다

_ 이세중(송남초등학교 전 교장)

아침에 학교에 출근을 하면 밀짚모자에 하루 농사를 시작하고 집으로 향하며 건네는 "이 선생님 반갑습니다"라는 행복한 목소리와 해맑은 웃음을 보며 하루를 시작했다.

우리들은 태어나면서부터 관계 속에서 살아간다. 처음 엄마 품속에서부터 시작하여 가족, 이웃, 마을, 학교, 직장 등 그 속에서 끊임없이 많은 사람들과 함께하며 삶의 지향점도 정해지곤 한다. 노동. 농민. 교육. 시민사회 운동도 돌아보면 이념과 철학을 공유하며 더 나은 세상을 위한 같은 지향점을 향해 힘을 모아나가는 과정이라 생각한다.

내가 처음으로 목사님을 만나게 된 것은 예산 삽다리로 거슬러 올라간다. 기독교 집안인 처갓집은 처남들이 목회자의 길을 걷고 있고 처는 같은 학교를 다니며 여름성경학교 후배였다고 하니 이미 이때부터 내 의지와는 상관없이 관계 맺음은 되어 있었다.
전교조 초창기에 정부의 탄압이 극에 달할 때 공간은 다르지만 목사님은 역시 맨 앞에서 우리들의 호위무사처럼 늘 함께하며 어려운 뒷바라지도 해주셨다. 이런 인연이 결국은 송악 마을에서 4년이라는 시간을 함께 호흡하며 지내는 계기가 되었는지도 모르겠다. 공모교장으로 송남초에 지원할 때도 마을과 함께 할 수 있는 교육과정을 고민하면서 맨 먼저 이종명 목사님과 함께하는 교육과정을 그리며 미소 짓던 기억이 선하다. 동지로, 선배로, 시민사회 활동가로 자주 만나 이야기 나누고 고민거리를 함께 이야기할 수 있는 순수한 청년 같은 목사님은 나에게는 언덕배기였고 쉼터 같은 편안한 존재였다.

수서생태교육을 하기 위해 송남초 아이들과 수업하는 모습을 보면 세상에 저렇게 맑고 밝은 마음을 가진 사람이 있을까 할 정도로 한참을 멍하니 쳐다보곤했다. 아이들과 물장구를 치며 흠뻑 젖은 옷에는 물이 아닌 사랑이 줄줄 넘쳐흘렀다.
독거어르신들께 매주 반찬 배달을 하는 '오병이어' 활동, 장애인들의 보금자리를 꿈꿨던 '온마을사람들' 등 어둠에 빛이 될 수 있는 일이라면 주저하지 않고 앞장서서 사람을 모아 힘을 실어주셨다.

교회를 방문하는 목사님들을 비롯한 손님들이 오면 학교에 들러 마을 자랑, 송남초 자랑을 입에 침이 마르게 자랑스러워하던 모습이 이제 선하게 떠오른다.
한번은 이슈화 되고 있는 단체의 대표를 선뜻 맡아 활동하는데 교회 신도 중에 자기는 그런 목사님과는 함께 할 수 없다며 교회를 그만 떠나겠다고 연락이 왔다며 눈물을 글썽거리는 목소리가 전화기 너머로 들려왔다. 차 한 잔에 이야기를 나누면서 보았던 잔잔한 호수 같은 순수한 모습이 떠오른다.

성탄절 전날 교회에서 공연을 한다며 손수 만든 초대장을 받고 친구들을 따라 찾아갔는데 아이들이 신나게 뛰노는 모습에 이 곳은 교회 신도들만의 공간이 아닌 동네 아이들의 제2의 놀이터이며 제2의 학교이고 마을의 쉼터로 예배당의 가장 아름다운 모습을 보았다. 저는 목사님 같은 분과 한 시공간에 함께하고 있다는 자체에 행복을 느끼며 한참을 교회에서 머문 기억이 난다.

마을과 학교와 더불어 함께하는 교회로 목사님보다는 포근한 동네 형님 같던 분, 동네 아저씨 같던 분, 우리 송남초 친구들에게는 동네 할아버지 같은 목사님이 그립습니다.
하늘나라에서는 어려운 일들은 훌훌 털어버리고 외암천 냇가에서 아이들과 물고기 잡으며 껄껄껄 웃던 품 넓은 목사님으로 훨훨 날아다니시길 바랍니다.
목사님 그립습니다.

레인 메이커

_ 천경석 (아산YMCA 전 이사장)

이종명 목사님은 참 소중한 분이었다.
우리에게도, 우리 지역에도 참으로 소중한 분이었다.

영화를 잘 모르고 자주 보는 편도 아닌 내가 아주 여러 번 본 영화가 있다. 〈더 파워 오브 원〉이라는 영화다. 매 학년 초 또는 학기 초마다 수업 들어가는 교실에서 학생들과 함께 본 기간이 20년 남짓 되니 100번은 훨씬 넘게 본 셈이다. 역사를 공부하는 마음가짐을 위해 필요하다고 생각해서 귀한 세 시간씩을 썼다. 욕심 없는 척하며 끄트머리 자투리 시간에 슬쩍 두 마디쯤 말을 하고 마무리했다.
여러분은 누구나 모두 소중한 사람이다.
나는 여러분 모두가 레인 메이커가 될 수 있다고 믿는다.

진짜 그렇게들 되기를 바라는 마음이었지만, 실제로 사람들에게 마음을 열고 시간을 나누고 사랑을 베풀고 함께 열정을 불태우는 사람을 만나기는 결코 쉽지 않다. 그렇게 귀하고 소중한 분을 내 고향 아산에서 만나 오랜 기간 인연을 이어 올 수 있었음에 감사한다.
내 개인적인 감사와 더불어 시민의 한 사람으로서도 정말 감사하다.

1995년부터 아산에서 근무하기 시작하면서 아산을 사람이 사람으로서 사람답게 살 수 있고, 그렇게 살기에 좋은 지역사회로 만들고 싶다고 생각할 때 이종명 목사님은 이미 벗들과 손잡고 발걸음을 내딛고 있었다. 이따금 서 있기조차 힘들어 보일 때에도 그는 걸었다. 눕지 않았다. 교회에서, YMCA에서, 송악에서, 아산 곳곳에서, 그리고 또 냇가에서, 논에서, 땡볕 아래에서, 모닥불 곁에서 나무 아래에서 광덕산에서 허름한 사무실에서 역전 광장에서 그의 발걸음을 탁한 목소리를 쉰 땀 냄새를 너털웃음을 아이들 부르는 소리를 찬송가를 외침을 어쩌다 눈물을 접할 수 있었다.

……

너무나 소중한 분이어서 이리되었는가, 아산을 이 세상을 정말로 하늘나라처럼 만들까 봐 저어하여 하늘이 시샘하였는가. 나는 지금껏 그처럼 그렇게 살지 못했고, 이제야 비로소 나도 마음과 시간을 나눌 수 있겠다고 생각할 즈음 내 소중한 벗은 혼자서 온갖 짐을 지고 떠났다.
아픔마저도 손에 움켜쥐고서. 이렇게 아프게.

그리고 남은 나는 생각한다. 생각해야 한다.
무엇을 해야 하나, 어떻게 해야 하나.

나의 아빠에게

_ 이봄

알바하면서 가장 힘들었던 순간을 얘기하라고 하면, 손님이

- 이름이 참 예뻐요, 누가 지어줬어요?
- 아빠가 지어주셨어요
- 아빠한테 감사해야겠어요~

이런 대화를 나눌 때 였어. 이런 대화를 하고 나면 아빠가 더 보고 싶더라. 아빠가 떠나고 다가온 봄은 더 이상 춥지 않아 서러웠고, 봄이 지나 여름이 되니 봄의 소중함을 알게 됐고, 가을이 오면 봄처럼 짧지만 선선한 날씨에 기분이 좋겠지. 또 겨울이 오면 벌써 일 년이나 지났다는 사실에 놀랄 거야. 계절 이야기 나온 김에 아빠와의 세절 이야기 좀 해볼까 해…

봄

글쎄… 봄엔 무얼 했더라…
어렸을 땐 우리 가족 다 같이 산에 오르면서 봄나물도 따고. 아빠는 꽃 사진도 찍고. 우리 가족만의 피나물 군락지 스팟에서 가족사진도 찍고…. 아빠가 들고 다니던 작은 나이프로 봄이 와서 물이 한껏 오른 버드나무 잘라다가 버들피리도 만들고… 나중엔 아빠가 기다란 버들피리를 만들

어 구멍까지 내서. 음정도 낼 수 있는 경지에 다다른 게 얼마나 신기하던지….

몇 해 전 봄에는 내가 갑자기 산수유를 보고싶다고 해서 전라도까지 내려 갔었잖아. 난 평생 운전면허는 안 따도 되겠다 싶었지 뭐…
어디 가고 싶다고 하면 다 데려다주는 아빠 있는데 뭐 하러 내가 운전해?
그때 아빠 사진들도 많이 찍어둘걸…

가장 최근 봄엔 같이 달래 캐러 갔었던 것 같아. 평촌리 냇가로…
그때 열심히 달래 캐고 아빠가 냇가에 돌다리 만들어 놓고 건너라고 했고. 나는 신발 무조건 젖을거라고 싫다고 절대 안 건넌다고 티격태격하다가 결국 건너고 신발도 양말도 다 젖고… 아빠는 나한테도 엄마한테도 한 소리 들었지. 그래도 아빠한테 성질부리고 해도 난 내 손 꼭 잡아주는 아빠의 두껍고 투박한 손이 좋았어.

여름

여름은 참 많은 추억이 있지.

얼마 전에도 엄마랑 얘기했던 봉화마을 사건! 봉화마을로 여름휴가 가기로 했는데. 가려고 했던 곳이 아닌 전혀 다른 봉화마을로 가게 됐던 그 사건… 그때 그래도 커다란 강도 있었고 수영도 하고. 아빠 특기인 물고기도 잡고….

기억나? 오빠가 갑자기 물고기에 튀김가루를 묻혀왔다.

그래서 아빠가 잘했다고 했는데 모래였던 거… 아빠가 황당해했었지.

그리고 그거보다 더 어렸을 때 내가 팔뚝만 한 숭어 잡은 날.

아빠는 그날 이후로 낚시는 봄이가 잘한다면서 맨날 나한테 낚시시켰잖아.

귀찮으면서 귀여웠어!

농목 목사님들이랑 제주도 갈 때 자전거 가져갔던 것도 기억난다.
목사님들이 신기해했었지. 딸내미가 아빠 쫓아다니는 것도 신기해하고,
거기다 자전거도 같이 타고… 그런데 내가 자전거 타는 걸 별로 안 좋아
했어서 아빠가 좀 서운해했을 것 같아 그치?
난 걷는 게 좋고 아빠는 달리거나 자전거 타는 게 좋은 사람이라서…
나한테 맞춰주기 참 어려웠겠다. 아빠…

커서는 반디 나올 때쯤 항상 나한테 전화했었지. 언제 보러오냐고…
사실 내가 보고 싶었던 거지? 집에 자주 안 내려갔어서 미안해.
나도 아빠랑 살았으면 행복했을 텐데…

그리고 어린이집 캠프 끝나면 항상 남는 봉숭아꽃으로 아빠가 봉숭아 물
들여 줬었잖아. 근데 꼭 엄지손가락은 아버지를 상징한다나 뭐라나 하면
서 안 들여줄라고 그래서 그거 때문에 또 티격태격~~
나는 그냥 들이라고!!!! 아빠는 안 된다고!!!!
참 우리 둘 다 고집 셌다 그치. (결국은 한번 빼고 제가 이겼습니다. ㅎ) 그래도
그렇게 해주는 아빠가 어딨어. 난 아빠가 우리 아빠였음에 감사해…

가을
가을엔 뭘 했나…
같이 밤 주으러 다니고 봉곡사도, 마곡사도 산책 가고.
왜인지 모르겠는데 오병이어 독거노인 반찬 배달도 가을에만 따라다녔
던 거 같아. 내가 가을에 집에 더 자주 내려갔었나 봐.

난 근데 그냥 가을에 20년도 더 넘게 살던 그 집에서 아빠가 따다 준 으름이랑 다래 먹으면서 뒹굴거리는 게 좋았어. 아빠는 내가 뒹굴거리는 거 되게 싫어했는데… 난 그냥 빈둥빈둥 아빠가 해주는 된장찌개 먹고, 아빠가 해주는 붕어찜 먹고, 아빠가 해주는 민물새우탕 먹고, 아빠가 사다 주는 팥빙수 받아먹고… 그런 게 좋았어.
그냥 아빠랑 있는 그런 사소한 것들이 참 좋았어.

겨울

우리 가족은 참 바다를 좋아해서 겨울에도 바다를 자주 갔어.
겨울 바다 보러 자주 가고, 가면 회는 비싸다고 꼭 칼국수나 조개구이 먹고 왔었어. 아빠 회 좋아하는데 내가 회 한번 살걸…
그리고 어렸을 때는 아빠가 연 자주 만들어줬었는데 커서는 안 만들어 줬잖아. 그래서 내가 막 엄청 졸라서 만들어 준 적 있지. 그때 너무 설레고 좋았어.

난 아빠의 그런 일상들을 다 사진으로 남기고도 싶었고, 이런걸(별걸) 다 할 줄 알면서 사는 사람도 있다는걸 남기고 싶기도 했던 것 같아.

그때 아빠가 얼마나 까다롭던지. 무슨 줄은 명주실이어야 하고 종이는 뭐여야 하고 암튼… '아 그거 그냥 한 번 날릴 거 걍 하믄 되지' 하고 생각했는데. 심지어 잘 날지도 못했잖아.

그때 생각하면 또 웃음 난다. 뭔가 자기만의 철학이 있으면서도 허술해… 사람이 허술했어…

작년 겨울엔 눈 오는 날 오랜만에 십몇 년 만에 아이젠 한번 끼고, 눈 오는 날 등산 가자고 아빠한테 말해야지 하고 생각하고 있었는데.

영영 말할 수 없게 됐네.

아빠가 나한테 자주 했던 말 중에 "아빠랑 놀아줘서 고마워"라고 했던 말 있지? 내가 하고 싶은 말이야!

아빠…

"이런 심술 많고 불만도 많은 딸이랑 팔짱 꼭 끼고 함께 해줘서… 함께 놀아줘서… 고마웠어! 아빠."

moments

photo essay

01

어린시절–청년

태어난지 백일
수줍은 초등학생
중학교 시절
삽교감리교회 앞에서
고교 시절

photo essay

01

목원대 대학 시절

photo essay
02
송악교회와 함께

창립 50주년 기념예배(2001년)

photo essay
02

야유회/ 안면도 여행

감리사배 어린이축구대회 광돌이 우승
성탄절 이브
어린이 야외예배
필리핀 선교
여름성경학교

부활절 찬양예배

photo essay
03
송악마을과 함께

송악마을과 함께

송악골어린이집과 함께

photo essay
03
송악마을과 함께

광덕산을 지키는 사람들
야생조류협회와 함께
송악동네 친환경농사연구회 발대식
친환경농업 오리 넣기

photo essay
03

송악마을 골목미술제
반딧불이아동센터 개원식
반딧불이아동센터 생태 교사

꽃은 참 예쁘다
풀꽃도 예쁘다
이꽃 저꽃
저꽃 이꽃
예쁘지 않은 꽃은 없다

photo essay
03

송남초 생태 교사
자연환경해설가 활동
송악숲학교 모임
송악 아빠모임과 함께

photo essay
03

온마을사람들 개소식
치유와 회복을 위한 공동 농사
온마을사람들 발기인 총회

photo essay
04

지역사회와 함께

아산 YMCA 30주년
충청연회 농어촌선교위원회

photo essay
04

아산 인권선교위원회
푸른아산 추진위원회

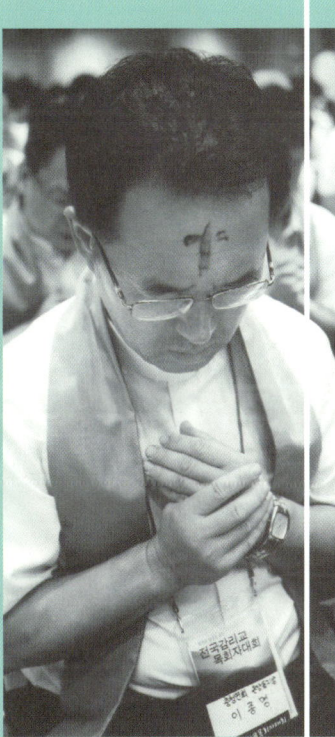

photo essay
05

가족과 함께

moments

이종명 목사 생애 연보

1961. 7. 20 충남 공주 마곡사 인근 유구 산골마을에서 출생
1979 충남 예산 삽교고등학교 졸업하다.
1981 대전 목원대학교 신학대학 신학과 입학하다.
1989 목원대학교 신학대학을 졸업하다. (문학사)
1989 대전과 천안 등지에서 EYC활동과 감리교청년회 활동하다. 기독교농민회 청년조직 담당, 남부연회 천안청년관 전도사로 학생회를 조직하다.
1990 농촌목회의 꿈을 안고 첫 단독목회로 당진 합덕 서들교회를 개척하다.
1994 아산 송악감리교회 담임목사로 부임하다.
1998 송악면 독거노인 반찬배달사업을 중심으로 한 '오병이어사회복지회'를 설립하고 송악마을어르신돌봄사업을 이어가다.
2001 외국인 노동자의 인권보호와 의료지원을 위한 충남지역 최초의 노동자지원센터의 설립을 주도하다.
2002 노인돌봄복지센터 설립을 꿈꾸며 노인복지 정책을 배우기 위해 호서대학교 행정대학원 사회복지학을 전공하다. (행정학석사 취득)
2003 장애아동의 교육과 사회통합을 위한 충남장애인부모회아산지회 감사로 활동하다.
2006 IMF 외환위기 이후 송악지역 내 한부모가정 및 조손가정 아동의 급식과 사회교육을 위한 송악반딧불이지역아동센터를 설립하고 대표를 맡다.
2014 충청연회농어촌선교위원회 총무 및 부위원장을 맡다.

2016~2020 농촌생활공동체를 일구어가는 로컬푸드 협동조합 고랑이랑의 이사로 활동하다.

2013~ 생태계보존과 교육활동을 이어가는 송악숲학교를 만들고 대표로 활동하다.

2018 농촌목회와 송악지역 친환경농업 확산과 감리교단내 농업과 도시간 교류협력의 공로 등을 인정받아 감리교농촌목회자회 회장으로 선임되다.

2020 발달장애인들의 자립경제와 공동생활공동체와 마을돌봄공동체 형성을 목적으로 한 사단법인 온마을사람들을 설립하고 이사장으로 활동하다.

2022 아산YMCA 이사장으로 취임하다. 아산지역 첫 시민단체인 아산YMCA와 이주노동자들의 권익과 인권 보호를 위한 아산이주노동자센터의 창립 멤버로 지역사회 청소년·환경·생태·이주노동자·시민운동 영역에서 20여 년간 위원, 이사 등으로 활동하다.

2023 1990년대 중반부터 아산지역 노동자, 농민, 외국인노동자 등 소수자들의 인권신장과 권리보호를 위한 아산기독교인권선교회 활동을 이어왔으며 충남NCC 수석부회장, 충남목회자정의평화협의회 회장, 전국목회자정의평화협의회 공동의장 직을 수행하다.

2023. 12. 6 하나님의 부르심을 받다.

편집후기

일보다 사람이 중요하지요. 아름다운 것은 작은 것에 담겨있지요. 그저 침묵이 좋구요.
속을 단단히 비워야죠. 풀꽃처럼 가볍게 가야지요. 가난에도 풍요에도 흔들리지 않아요.
스스로 부끄러워하지 않는 한 내 삶에 부활은 영원이 없는 거지요….
목사님의 글을 엮어내며 은총의 여름과 가을을 지나게 되었어요. 그분 곁에 닿을 수 있도록 더 깊어져야겠습니다.

_ 박사라

"어서 오세요 누님!" 하면서 사람 좋아 보이는 웃음을 활짝 웃으며 맞아줄 것 같은데…
1년이라는 세월이 지나갔네요. 목사님의 숱한 글을 읽어가면서 가슴 먹먹한 느낌이었습니다. 늘 열정을 다해 말씀하셨던 목소리를 듣는 것 같은 착각을 느끼기도 했습니다.
이제 추모 문집에 담긴 목사님의 글을 통해 영원히 곁에 있을 것 같습니다. 늘 환하게 웃어주던 목사님이 다시금 보고 싶네요~~

_ 이복희

유고 문집을 준비하며 목사님의 수많은 시와 글과 사진들 보며 송악의 작은 들꽃, 나무, 산새, 하늘 그리고 밤하늘 반딧불이 같은 아이들과 어르신을 사랑하셨던 목사님을 다시 만났습니다.
저희 부부의 결혼 주례자이시며 세 아이 모두의 세례자이셨고 언제나 저희 가정을 위해 기도하며 달려와 주셨던 이종명 목사님 이제 송악의 길가 만나는 작은 꽃, 나무, 새들, 그리고 하늘을 바라보며 아름다운 것은 무엇이나 작은 것에 담겨 있다던 목사님을 기억하겠습니다.

_ 김기연

교회에 가면 늘 주보 앞면을 먼저 보았습니다. 목사님의 한주가 담긴 짧은 시 한 편을 읽으며 늘 진한 감동과 함께 삶을 되돌아보곤 했었지요. 언젠가는 꼭 시집을 내시면 좋겠다 생각했는데 오랜 시간이 지난 이제야 목사님의 책을 내게 되었네요.

책을 만드는 과정이 쉽지는 않았어요. 무엇보다 목사님의 글과 사진들이 너무 많았기 때문입니다. 송악의 모든 생명이 담긴 수만 장의 사진들 중에서 발췌하는 게 쉽지 않았거든요. 송악의 풀과 꽃이 궁금하시나요? 내 어린 날, 젊은 날의 사진이 궁금하나요? 잠시라도 목사님과 함께했던 시간이 있다면 그의 보물상자 안에 들어있을지도 몰라요.

편집하느라 어쩔 수 없이 글을 또 읽고 읽으며 그 시간 속으로 같이 들어가 웃다가 울다가 화내다가 아프다가 그래 그렇지 끄덕이다가… 여러 감정의 고개를 넘고 또 넘느라 힘들었지만 그 고개를 다 넘어온 지금, 어려웠지만 책을 만들기를 참 잘했다 싶습니다. 마지막만 아니라 목사님의 삶의 여정 모두를 기억할 수 있게 되었거든요. 송악의 아이들과 어르신들, 가족과 친구들, 송악교회와 마을, 풀과 꽃, 모든 생명을 사랑했던 그 순간의 이야기들을 만나며 이제 남은 것은 그리움 그 하나입니다.

목사님이 남기신 이 책이 모든 이에게 깊은 위로와 사랑으로 전해지길 기도드립니다.

_ 홍승미

나의 오빠 이종명 목사가 내게 했던 마지막 고민은 30여 년 넘게 해온 목회의 컴퓨터 파일 정리에 대한 것이었다. 나는 그의 고민을 들으며, 내 PC처럼 온통 얽혀 있는가 보라고 생각했다. 그래도 그건 외장하드에 옮겨서 천천히 하면 되지 않겠냐고 어쭙잖은 조언을 했으나, 그는 그 정도가 아니라며 연거푸 한숨을 쉬었었다.

그가 홀연히 떠난 후 내가 맨 먼저 들여다보았던 그의 컴퓨터 폴더는 상상 외로 너무 깔끔하게 정리되어 있었다. 최근 2년 전까지의 자료가 교회, 사회, 가족, 나의 글로 분류되어 있었고, 무엇보다 '나의 글' 폴더는 주제별로 모아져 있었다. 그가 고민했던 파일 정리란,

컴퓨터 파일이 아닌 그의 감정과 생각, 마음을 나누고 분리해야 한다고 생각하니, 그것이 얼마나 어려운 일이었는지 깨닫게 되었다.

송악골 자연과 사람들, 지상낙원인 그곳을 지키겠다며 온몸을 투신한 나의 오빠, 이종명 목사! 그의 숨결이 담긴 '나의 글'을 마주할 용기조차 낼 수 없었던 시간이 있었다. 동생으로서 내가 할 수 있는 것이 고작 출판사를 연결하고 표지를 고르는 작업에 손끝 하나 얹은 정도라 미안한 마음이 가득하다. 수십 번 그의 글을 읽고 고르며, 이제는 목차까지 외워버린 편집위원님들께 특별한 감사의 마음을 전한다.
함께 해준 모든 이들께…
사랑하고 존경하는 나의 오빠, 이종명 목사의 시 한 구절을 드린다.

"그저 주어진 시간만큼 그리워하면서
주어진 사랑만큼 감사하면서
우리,
풀꽃처럼 가볍게 가자구요." - 《한계령에서 배우다》 中

_ 이명화

이종명 목사 시와 에세이

모든생명 하늘같이

지은이　이종명
엮은곳　이종명 목사 추모문집 편집위원회
펴낸날　2024년 12월 6일(초판 1쇄)
펴낸이　최병천
펴낸곳　신앙과지성사
　　　　출판등록 제9-136 (88. 1. 13)
　　　　주소 | 서울시 서대문구 연희로 177 옥산빌딩 2층
　　　　전화 | 335-6579·323-9867·(F) 323-9866
　　　　E-mail | miral87@hanmail.net
　　　　http://www.miral.co.kr

ISBN 978-89-6907-389-1　03230

값 30,000원

※ 펴낸이의 허락 없이 이 책의 전체나 부분을 어떤 수단으로도 이용할 수 없습니다.